南无本师释迦牟尼佛

寂天菩萨

入行论释·善说海

无著菩萨 著
索达吉堪布 译

西藏藏文古籍出版社

图书在版编目（CIP）数据

入行论释·善说海 / 无著菩萨著；索达吉译.
—拉萨：西藏藏文古籍出版社，2013.7（2019.8 重印）

ISBN 978-7-80589-320-4

Ⅰ.①入…　Ⅱ.①无…②索…　Ⅲ.①大乘—佛经—注释—藏语、汉语
Ⅳ.①B942.1

中国版本图书馆 CIP 数据核字 (2013) 第 143374 号

入行论释·善说海

作　　者　无著菩萨　著　索达吉　译
责任编辑　索朗次旦
策　　划　天利文化
装帧设计　陶　然
出版发行　西藏藏文古籍出版社（拉萨市色拉路 22 号　邮政编码　850000）
第二编辑部（北京）：北京市东土城路 8 号林达大厦 A 座 13 层
邮编：100013　电话：010-64466847
打击盗版：0891-6949998　13908990085
印　　刷　北京盛通印刷股份有限公司
经　　销　全国新华书店
开　　本　16 开（710×1000）
印　　张　25.5
字　　数　180 千
版　　次　2013 年 7 月第 1 版
印　　次　2019 年 8 月第 4 次印刷
标准书号　ISBN 978-7-80589-320-4
定　　价　46.00 元

目　录

无著菩萨传

益西坚赞大师 著
索达吉堪布 译

无著菩萨吉祥贤降生于吉祥萨迦寺西南方二由旬半处，一名为扎嘉之地，此地周围遍布白色山岩，其上有辽阔丰饶的牧场，下边则是平坦肥厚的农区，整个地区完全被翠色欲滴的草原覆盖，犹如一块温润剔透的蓝宝石静静地铺在大地上，让人顿生无尽的悦意。其父名功秋华，其母则叫琫准，藏历木羊年（1295年），尊者伴随着种种瑞相诞生于此世间。当其初入胎时，母亲就在梦中看到观音菩萨融入自己的心间，而当他出生时，外境中亦显现出各种与观音菩萨有关的征相：此地以前从未曾出现过的妙香飘满虚空、充盈大地；悦耳动听的乐音传遍诸方；大地震动；天空中降下花雨；当地民众从来没有目睹过的鲜花、草木自此繁盛生长……其后为他取名功秋桑博（宝贤）。

出生后，他的身相即具有佛菩萨的相似相好，众人都说他就像能给眼目带来清新感受的甘露一般令人赏心悦目。降临人间之后，他与生俱来的寂静、调柔、温顺、正直、慈悲等心性品质就逐渐散发出来，以至在他很小的时候，其行为表现之水准就远超一般凡夫之所作所为。若究其原因，当属无量生世以来，尊者一直串习如海般之二资粮所致。幼年时，从他的日常举止当中即可看出非常稀有的一种未来发展趋势。比如，有一天，当功秋桑博正躺在母亲怀里时，突然刮起了一阵狂风，狂风夹裹着树枝直上虚空。孩子见到后立刻大哭不止，母亲问他为何如此难过，他就用小指头指着天空说道："一个有情被卷到空中去了。"母亲连忙安慰他说："那不是有情，那是树叶。"听到这句话，小功秋桑博才停止了哭泣。又有一次，秋天里的某一天，当天地冻天寒并降下大霜，功秋桑博上午离开家到外面走动，结果等他回到家中时家人发现他的衣服不见了。父亲急忙问他："你的衣服呢？"他回答说："碰到一些非常可怜的众生，见它们被严寒逼迫，我就把自己的衣服给它们了。"父亲为了查证就带着孩子一起去看个究竟，结果当他们来到一处遍满蜘蛛的坟堆时，果然发现在那些快冻僵的蜘蛛身上正盖着功秋桑博的外套。为防止衣服被风吹走，孩子还在衣服的四周压上了一些石头。

童年时的尊者即具有如是轻自重他的菩提心。

他有时会说："我要修行。"言罢即依毗卢七法之坐式安坐且思维法义，他就这样经常以圣者之行为度日。有时他也会哭，每当此时，家人便把经书拿给他，而他随即就会停止哭泣并面露高兴之色。别的孩童打他时，他只是哭一哭而已，根本不会还手打对方。后来，一个名叫蒋阳顿有坚赞的人将他迎请到萨迦寺，并问起过他这些事情是否属实。尊者当时回答说："尽管大家都有这种说法，但我却想不起来了。不过，每当碰到有人对佛法表示不恭敬时，我的心里就会很难受。小时候，我的嗔心就很少，慈悲心倒很具足，别人行善时我都会随喜其功德。因为这些原因，我对任何人都不会恶语相向。记得在我很小的时候，有天在萨迦嘎颇门口，一人没有任何理由地故意打我的头，最后打得头上都起了大包，即便这样，我还是没对他生嗔恨心。跟其他小孩做游戏时，如果他们输了，我当时反而会因此而心里痛苦并哭泣不已；如果自己输了，心中反倒没有任何不愉快的情绪。与伙伴们捡柴火时，若他们拾到了我却未捡着，此时我一点也不觉得难受、痛苦；如果自己捡到了别人却都没捡到，我就会担心他们父母会因此而责骂他们，想到这，我一定会把自己捡来的木柴分给大家，有时也会帮他们捡一点儿。回想孩提时代所玩的那些游戏，大多不出建造佛塔、讲经说法、禅定等项内容，基本上都是在以善法度日。"

尊者父母去世得很早，五岁时他就被外祖母抚养了。住在姥姥家时，他经常要放羊，当时因为要交税，姥姥不得不杀掉一些羊只。每当看到有人在杀羊时，他心

里便明白又到了给官员上缴羊肉的时候。当那些人拖着羊群奔向屠宰场时，他边哭边生起不可遏制的悲心。虽说拉着那些人不让他们走，但这一切都无济于事，长时间拖拽着他们后，尊者最终往往会哭昏过去，而那些羊还是会被送到断头台上。经历了这些事后，尽管姥姥对他依然疼爱有加，但他对人世间的种种虚情假意却生起了强烈的厌烦心。九岁时，他终于从放羊之地逃脱，并来到了叔叔仁钦扎西所在的萨朗寺庙。在那里，他开始学习文字、诵经等，不管所学为何，他总能做到过目不忘，当时的人们都称他为不凡之人。

想到以前的高僧大德都是在佛陀的教法下出家、守持清净戒律并精进闻思修行，尊者便来到萨朗寺诸上师面前请求也能让他追寻前辈的足迹前行。结果，十四岁那年，他终于圆满了自己的心愿：是年六月初八上午，萨朗寺喇嘛欢巴上师为其作轨范师，堪布仁钦华桑当他的亲教师，仁钦多杰上师则担当了日晷师一职，尊者如是于圆满僧团中受了沙弥戒，并得法名桑博华（贤吉）。当其时，前未曾有之妙香遍满大地，悦耳音声缕传来，天空中降下花雨，诸如此类的吉瑞征兆皆为当地民众所耳闻目睹。尊者在诸位上师前庄重承诺：今后纵遇命难，亦要守持住清净戒律！

遵循前辈大德的行持风范，受戒后，他即舍弃一切今生琐事，开始精进、专注于闻思如来经典，并背诵经文且思维法义。对家乡的财富、受用、眷属等，他一概无所贪求，为报答叔父仁钦扎西当初对自己的收留、照管之恩，他将属于自己名下的田地、屋舍全都赐给了他，并教诫他说："从今往后，你要好好行持善法，对毫无实义的世事万不可执著牵挂。我的田产，再加上原本就属于你自己的，这些财物已足够维持你日常生活之用。若还觉生活无着，那我即便化缘也会供养你。不用担心，认认真真修持就是了。"

尊者曾反复思考过这一问题：即所谓佛法必须以讲经说法以及实修来弘扬、护持，也就是说，通过闻思、讲辩以持守教法；通过修行以持守证法。每念及此，他便发愿要拼尽全力深钻阐释如来教法密意的诸大经论，并及祖师大德解释它们的著疏。怀着这种信念，十五岁时，他便来到渥东艾森寺之分院艾悟佛学院，并投师根迦上师门下，从其精研《阿毗达磨杂事集》。因他与生俱来就具有调柔、寂静、安忍、慈悲等心性特点，为防止别的道友生起嫉妒心，他就故意在人前摆出一副特别孱懦、低劣的神态。不过，不管尊者自己如何伪装，无数生世以来串习善法的功德力却让他的智慧远远超越常人通过多年精进才能得到的那点儿智慧境界。某次，一个名叫蒋阳荣巴尼玛坚赞的人对寺庙里的僧人供斋，在庙里所有年轻聪慧的僧人们聚集起来以后，他向大家提出了这么一个问题："俱舍里说无贪受是痛苦，那么我请问，既然已无贪爱，痛苦又从何说起？何况无贪又直接与痛苦相违。"对此问题，当时在场的众多僧众竟无一人能予以解答。

尊者知道后就对那人回答说："《俱舍论》中讲有些声闻阿罗汉虽然没有了具贪之烦恼，但却摆脱不了业力所致的痛苦感受，故无贪受与痛苦并不相违。"如此回答后，所有大智者皆深感稀有。南扎上师当即赞叹道："你的回答无有丝毫拖泥带水之处，确实已与无著菩萨无二无别，完全堪当第二无著之美誉，理应成为众人的礼敬处。"自此之后，人们便称其为渥东无著。

尊者对《弥勒五论》、《瑜伽师地论》、《二律仪论》、《八品论》[1]等论著中所阐发的道理一一通达无碍，恰似印度无著菩萨一般。同时，他亦深解《入菩萨行论》、《学集论》、《经集论》、《龙树六论》等论典的旨趣。将这些论著全部掌握后，尊者又想将因明理论了然于胸，于是，他又来到吉祥萨迦寺，并拜著名修行者雄甲上师为师，从其学习《因明七论》、《集量论》等因明专著，并尽皆了悟，尤其对《定量论》更是用心颇深，且理解透彻。法胜论师以及庄严、天自在慧、释迦慧、伽那些等诸大论师所造的因明注解，不论从文字还是意义角度，他都可称通盘解悟，就像当初的法称论师一样。大菩萨自己也曾说过："我本人比较懈怠也不怎么精进，但在我的智慧面前，万法皆可被同时通达。"他有时即会以这种玩笑的方式道破天机。如是修学后，尊者最终彻底明了了二胜六庄严所有论著的精义。

二十三岁时，他以云游僧的身份前往后藏各大寺庙进行辩论。对那些执持邪见者，他以教证理证将其各个击破；对那些坚持正见者，他则予以摄受，并同他们一起云

[1] 《八品论》：古印度佛学家世亲论师所造、阐明弥勒学的八种论著：《庄严经论释》、《辨法法性论释》、《辨中边论释》、《注疏道理》、《作业品》、《五蕴品》、《二十颂品》、《三十颂品》。

游四方。当时的人们都纷纷议论说："像渥东无著这样的大智者，以前从未出现过。"

在他三十岁的那一年，即藏历木鼠年，十月六日上午，以堪布香森仁钦衮为轨范师，南卡桑给为羯磨师，更嘎坚赞为屏教师，夏嘉香秋为日晷师等，在如是具足所要求之数量的僧团中，尊者于艾悟佛学院受了近圆戒。从那时起，他就对四部毗奈耶中所宣讲的有关开遮持犯之种种规定严持不犯，他就好像优波离尊者又亲临雪域藏地一样，成为了持戒精严之僧团的顶饰。

三十二岁时，蒋阳多有及其眷属、更嘎坚赞上师、更邦朗卡扎、香森仁钦衮等人劝请他担当达热寺住持一职，尊者拒绝了。后来，那巴琼帕坚赞、仁钦西日本巴也劝请他接受住持之职。面对众人诚恳、认真的请求，他担心若再拒绝就会有违背上师教言之嫌，思前想后，尊者最终还是挑起了达热寺住持这一重任。后应以香森仁钦衮为主的诸大上师、善知识以及下擦瓦的善知识、僧众之请，他到那里创办了艾热佛学院。

多年以来，他对所有众生皆如母待独子一般慈爱怜悯，从未曾退失过片刻的轻自重他之菩提心。

为了弘扬佛法，他一直未间断过讲经说法，每次传法时，他总爱同时开讲《现观庄严论》、因明、《阿毗达磨杂事集》、《大乘庄严经论》、《宝性论》、《入菩萨行论》这六部论典；除此以外，于相应时间内，他还适时宣说显密佛经并及注疏；在以蒋阳顿有坚赞为主的众多善知识面前，他则广讲甚深窍诀。因担心会对闻思造成障碍、影响，对超度等法事他一概予以拒绝。尊者就这样尽心尽力地弘传佛法，依凭其菩提心之神威，每次讲法时，他都能做到吐字清晰、不会掉字或遗漏，并因之而使其所说极富吸引力，且易于使弟子生起定解。尊者语言的慧光遣除了弟子们心灵的愚痴晦暗，同时也开启了他们智慧的心莲，一生中，他培养出的得意高足共有十位，至于其他的大智者则举不胜举，其名声诚可谓遍满整个大地。尊者即如是刹那也不散乱地弘法利生，在达热寺的七年时间里，他始终保持着这种心不外散的状态。

三十八岁时，蒋阳顿有坚赞劝请他造《大乘庄严经论》的注疏，著作完毕后，他如是说道："如果写明此书乃由蒋阳顿有坚赞劝请而造，别人就会认为那就像说空话一样（此句句意不明）。"故而书成之后，他并未写上劝请者的姓名。《大乘庄严经论注疏》经过一番辛苦努力后，终于圆满完成了，它是尊者所造的一部大部头著作。此后，他又造了《宝性论注疏》。

当时，一位名叫者嘉的上师劝请他造一部《入菩萨行论释》，恰在此时，许多大智者聚集于邦·洛近登巴[2]译师处向其询问当今时代谁最精通《入行论》这一问题，因众人对此事历来众说纷纭，比如有人就认为杰顿巴大师最了解此论的真义。而译师则评价道："于藏地而言，对《入菩萨行论》最为精通者当属果仓巴、无著上师二人，其对《入行论》了解之深似无人可比，二人的相续中已具足此论的全部意义。"

在渥东讲经说法时，他经常都会用自己的财物资助一些上师、道友，有人曾请他想一个能招财、守财的良策，菩萨当即就干脆地回答说："以邪命求财绝对不应理，因其不符合佛陀教言，亦与前辈高僧大德的行持背道而驰。前人舍弃今生一切意乐与无意义之行为，他们所言所行完全合于佛陀教言与法度，并严格护持三戒；在此基础上，他们又广行菩萨道。因此说，如果想要有所行持的话，那就一定要按照我的行为规范如理而行。"他随即便开始宣讲《佛子行》。为使自他众生尽皆趋入佛子之行持，他在每一颂词结尾都加上"佛子行"三字，以此方式最终圆满创作了由三十七颂组成的不朽名篇《佛子行》。后上房顶校稿时，他把文稿放在面前，就在此刻，一阵狂风突然平地刮起，瞬间就把法本席卷而去，一张纸都没给尊者留下。但他不灰心，又重新依照心中所忆将其整理了出来。如今，《佛子行》早已是传遍诸方，其缘起还应追溯至那场大风所导致的突变吧。

正因为大菩萨发心极为广大，故各宗各派之修行人都对他非常崇拜，并十分仰慕其教言中所流露出的智慧，特别是对《佛子行》更是赞不绝口，以至本论流传久远、影响力深广，确实称得上世代风行。不论何种身份者，见之都会恭敬合掌；虽说有人未能如理秉承教言、依而实行，但他们也对本论有敬信心，并将之当成发愿

[2] 邦·洛近登巴：亦名坚慧，生于1276年，曾翻译有印度佛慧所著《集量论注疏》、《时轮经义疏·显真论》等论著，并著有《三身明论》等著作。

时的殊胜对境，这些都是现量可见的事实。有次尊者生了重病，弟子们请他留下遗书，他则毫不迟疑地回答说："我的遗书就是《佛子行》！"

大菩萨守持如来一切教法的宏愿实际上已得成就，善财童子当初曾依止过一百多位上师，与其相似，无著菩萨一生中也依止过四十位善知识及两位无与伦比的如意宝般的根本上师。具体说来，他们分别是：

广闻博学时曾依止过的十位善知识：十四岁时，在一名叫蒋阳昆顿的上师前闻听发心、般若、因明、俱舍、大威德、佛母修法、不动佛修法等；于根迦上师前闻听《阿毗达磨杂事集》等与弥勒菩萨有关的论典；于嘉样尼玛坚赞前听受《定量论》；在萨迦派大智者雄甲上师处从其闻受《因明七论》及注解；在扎西衮上师前听闻《阿毗达磨杂事集》；在阿阇黎释迦香秋前听受《现观庄严论》；又于卓比地方的量士夫索南衮面前听闻《广般若》、《般若八千颂》及《般若八千颂释》等经论；在蒋阳牙吉前听受《般若二万颂》、《般若八千颂》等般若方面的经论及《瑜伽师地论》等论典；还在邦·洛近登巴译师前听受了《瑜伽师地论》、《摄大乘论》、《阿毗达磨杂事集》、《能仁密意庄严论》、因明理论、羯磨事业、《缘起经释》以及《中观次第修法》等中观方面的论著，还有《时轮金刚续释》、密集金刚修法、《般若八千颂摄义》及注释、《菩萨论道》、《辨五蕴论》、十一面陀罗尼、佛智足尊者所造《摄集经释》等；第十位善知识则是果仁钦桑科，他为尊者教授了《阿毗达磨杂事集》。

对无著菩萨恩重如山之十位善知识是：桑杰文上师，尊者五岁时曾于萨朗寺在他面前接受了胜乐金刚灌顶，人们普遍认为，在接受灌顶的同时，他即认识了心的本体；在萨朗寺的仁钦欢巴、仁钦华桑堪布面前学习别解脱戒律及其学处；在多德瓦上师处修习尊胜修法、陀罗尼咒、度母四曼茶罗、二十一度母修法等，并获大威德猛修灌顶、开许灌顶以及月幢菩萨所造《八食子仪轨》、《五钉教言》、《修心宝顶》等传承；又于喇嘛那巴上师琼帕坚赞前接受、听闻有关瑜伽方面的灌顶、窍诀及其深法要；另一位大恩上师即是香森仁钦衮堪布，他在堪布面前接受了胜乐金刚、度母、大轮续、喜金刚、黑敌、无量寿及普明佛灌顶，并听闻了《能仁密意庄严论》、三种《摄

大乘论》、《弥勒五论》及其注释、《唯识二十颂》、《唯识三十颂》，且前后六次听受发心仪轨，又于其前得到了尊胜开许灌顶、玛哈噶拉灌顶、阿且目食子灌顶、食子仪轨等；在上师热巴仁钦朗前听闻了文殊真言修法，后依而实修，结果其辨别智慧大大提高，尊者自己就曾说过“现在已能背诵《般若十万颂》了”；又在大堪布甲渥华桑前闻受《三精华》、《大圆满心性休息》等触部法门（**无垢光尊者所造**）的一百个窍诀；于日巴华习前听闻有关赞叹大手印方面的相关法要，如那诺六法、俱生大手印等；还有一位大恩善知识即是更邦南卡扎巴上师，于其前，尊者得到过两次胜乐金刚灌顶，还有马鸣菩萨所造的《本生传》、《学集论》、《经集论》，以及恒河大手印等法要。这位上师具有殊胜的预知未来的神通，某次他曾计划为自己造一所屋宅，当他与众人正就房屋的具体设计方案商讨、研究时，恰好无著菩萨也在场，上师就边笑边对他说道：“你可能会想这个老僧人肯定老糊涂了，要不然建这么大的房子干什么！不过我告诉你，谁享用它还说不定呢。”结果房子盖好后，上师只在里面住了一个冬天就示现生病了。他当时一面迎请尊者入住其中一面对尊者交代说：“我有四句话，你一定要记住：第一，我未死之前，你应守在我身边；第二，我死之后，于四十九天之内，你要日日为我修持仪轨；第三第四，等我死了，这所房子还有粮食都供养你，你必须接受。”尊者后依教奉行，他将青稞大多用于为上师举行的法会上，至于所接受的其他遗产则完全按照上师的遗嘱处理。他后来曾说过：“此房竣工后，上师只住过一个冬天，而我们则享用了三十多年，看来上师了知未来的神通的确厉害！”

在其前听闻过甚深法要的十位大善知识是：大上师根洛，尊者在他面前听受过发心仪轨、《佛子妙答》、《入菩萨行论》等法要；增巴云登嘉措上师，于其前得到过《大论续》、梵文度母法、不空成就罥索法等法门；多杰华上师，乃增巴云登嘉措之兄，他向尊者传授了《五钉加持》、《亲友书》等传承；任耶瓦上师，从他那里，无著菩萨听闻了行菩提心法门、《弥勒五论》及其注疏、阳贡巴所造三山法、《喻法宝积书》、《窍诀宝积书》等；江华阳顿有巴，在这位上师前，他得到了度母及大乐一髻之灌顶，还有发心仪轨、萨迦派不共之上师瑜伽、大中观引导文等法

要；布敦大堪布，于其前闻受了胜乐金刚、密集金刚灌顶，以及《吉祥胜续》、金刚萨埵灌顶、黑尊者修法、事业法之注疏等；十位善知识中尚有一位索南坚赞法王，他在法王座下接受了发心仪轨、度母灌顶、三部芝悟巴法门、胜乐金刚胜供法、《胜乐金刚生戒注释》、森巴译师耳传法、旃扎古昧所造《尊胜佛赞叹文》等传承、灌顶；热萨上师索南岭珠，他为尊者传了黑阎罗王灌顶与窍诀；洛桑上师，他给无著菩萨传授的是朗日塘巴格西所造的《修心八颂》；还有一位善知识则是修瓦类堪布些嘉智，他向尊者传授了观音菩萨法门。

于其前修习广大清净行之十位善知识是：德些更嘎坚赞、开增钦波、索罗大上师、夏巴更索上师、希嗝坚赞、章波龙的堪布十吉希嗝、华齐阿阇黎、堪布索朗桑给、嘉波华上师、南卡桑给上师等十位，尊者从他们那里都得到过法益。

至于无与伦比的如意宝般的两位上师则分别为：一切佛法之顶饰、一切利乐之源泉、大阿罗汉之化身、住于清净地之大菩萨——大堪布索南扎巴，在他面前，尊者得到过一切经续之精华、一切窍诀之醍醐、一切如来之妙道——大乘修心法门。得此法门时，因二人有无量世的师徒因缘，故尊者的两种菩提心就像夏季涌泉一般汩汩涌出、不竭增盛，他的空性大悲藏犹如汹涌之波涛一般，最终全部汇入自他二利的汪洋大海中。对无著菩萨无误开示菩提正道的大恩上师，尊者观其为如意宝般，与真佛无异，并对之生起了无伪的恭敬心。初见堪布如意宝时，他就有种与拜见真正的大圣者无丝毫区别的感觉，恰似阿底峡尊者一闻金洲上师之名号立刻就双手合十且泪流满面一样，他在每次提到仁波切的名字时，立即都会恭敬合掌并热泪盈眶。他曾赞叹说："我的上师所具有的悲心，任谁也无法相比。"故尊者自始至终都把堪布当作如意宝一般虔诚顶戴。于此上师前，他还得到过苦乐道用法、不空成就罥索法、药师佛开许灌顶及仪轨、《戒律根本律》、洛炯玛及具光佛母陀罗尼咒、阿底峡尊者所著《发心仪轨》、则达日等上师所造的《百法论》、杰中更瓦所造法要等法门。菩萨在上师前首先学习并精通五明，中间又具有并修行空性正见及无缘大悲心，获得殊胜成就后即开始不断饶益有情。

另一位无与伦比的如意宝般的上师则是与金刚持佛无二无别的仁钦西日本巴尊

者，在他面前，菩萨听闻并得到了时轮金刚灌顶、六加行引导等有关甚深密法方面的法要，尤其是三世诸佛唯一之妙道、一切大菩萨心之精髓——两种如意宝般的菩提心，故尊者对上师的信心与恭敬心与日俱增。他曾说过：“我相续中的大悲心乃依如意宝般的西日本巴尊者之加持方才得以生出。”因此，每提及恩师他就常常情不自禁地流下热泪并恭敬合掌。有一次，上师对尊者说：“到我跟前来。”然后就给他传授了以耳传耳、以心印心、能使巨大成就不断涌现、并且其本身的加持云雾缭绕不散、能使罪业深重者强行成就、令利根者即生成就、中根者中阴阶段成就、下根者也可于七世或十六世得到究竟解脱的空行母口气尚未消失的观音实修法门、俱生大手印法，并将缘起法门、略灌顶以及八关斋戒修法也一并传授予他。上师并且慈悲加持，为他创造了日后弘法利生之事业可达于广大无边之境地的缘起。从此以后，菩萨即按照《俱舍论》中教示的修法次第，在清净戒律的基础上，一步步闻思修行。对显密之道，他先依靠闻思断除了一切增益；遵循前辈高僧大德之行持风范，他又前往寂静地一心一意专心修炼。

尊者后将渥东艾悟达扃道场交给大弟子坚赞桑给。在他讲经说法时，蒋阳顿有坚赞及其眷属请求他能作艾悟的住持，对此尊者回答说：“我可以给你们另请一位上师。”随后他便前往萨迦寺，并对邦·洛近登巴译师说：“请你务必到艾悟作住持。”译师非常欢喜地回应说：“无著上师，你带来的消息令我深感受用，以前，我的上师雅德桑给坚赞未能拥有此道场，（而今我却得到了，）我看我们明天就出发吧！”在邦·洛近登巴译师到达艾悟的当天，尊者将《瑜伽师地论》等法本供养给他，自己就想趁此机会去寂静地苦行实修，为此他特意吟诵道：

“散乱如不净物应抛弃，为自他二利恒修禅定，心中切盼如是精进者，皆愿获得内外之寂静。

“嗟！嗟！忠诚友谛听：若欲得永久安乐，应思维老病死苦，且至诚三门行善。

世间琐事无意义，做之非理应断除，寿命犹如崖上水，刹那不住奔死处。

青春靓丽似花圈，挂于颈上色斑斓，一朝色尽花纷坠，今生刹那即灭尽。

所积资财无法用，突然孑然离人群，独自前往陌生地，今世诱惑难摆脱。

汗毛上耸粪下泄，眼眶深陷眼球凸，口干舌燥无食欲，身难挪动心迷惑。

受此诸般痛苦时，良医再多亦无用，财产经忏无能力，亲友深情徒唐捐。

眼睁睁望亲友面，自己手拽自衣裳，气息急促呼吸短，猛厉喘息近断气。

恐怖阎罗逼近时，虽住珍宝无量宫，十万勇士持利器，严加防护不能敌。

转轮王亦救不得，三界财富无能赎，故当速皈依三宝，勤积圣者之七财。

烦恼所积之财产，今生来世痛苦源，有漏烦恼之助缘，亲友分崩之祸根。

财富恰似蜂酿蜜，酿成难食芝麻许，为防他人损害之，失财丧命来守护。

安住世间转轮王，离开此世空手归，一丝不挂故当思，积累资财迷惑否？

永不灭尽安乐园，信戒闻施智惭愧，欲得长远之快乐，圣者七财理应守。

上师善友应依止，智者还须断烦恼，恶人如食染毒物，远离应如弃毒蛇。

六十四种狡诈索，女人以之缚贪者，谁人堪能贪著彼，断除解脱之根者。

富时逃跑亦紧随，衰时求助彼远遁，亲子弑父何足道，此等亲友谁信赖。

当面奉承暗中贬，恩将仇报饶益者，凡愚往来极密切，怀抱私心必欺汝。

故应力断世贪欲，内心斩断旧习气，全体剥尽无剩余，一心皈命依三宝。

一切有为皆无常，有漏皆苦执乐迷，涅槃寂静如欲得，当修离边之无我。

劣海翻涌恶缘浪，苦痛江河汇其中，恶人巨鲸实遍满，尘世浊海勿贪执。

自性快乐无他损，净水花果自丰富，贪嗔之声不得闻，寂静森林中安住。

蜜蜂嗡嗡起欢歌，孔雀踏出精彩舞，树枝随风影婆娑，部分成熟花叶果。

具八功德之河流，潺潺流水传歌声，水泡宝鬘所装饰，水底鲜花处处开。

如是寂静欢喜地，宣讲深妙法上师，师如第二佛陀尊，如子待母敬承侍。

师所宣说法乳汁，滋养智身愈强壮，日夜恒时不散乱，精勤修持彼妙法。

方便船上智慧桨，我欲凭之救度尽，轮回苦海中众生，诸法根本菩提心。

不求今生来世报，诸佛赞叹此布施。

戒乃一切功德本，害他如毒应断除。

嗔敌掠夺诸财富，汝应依止安忍军。

懈怠难成自他利，断除琐事精行善。

无禅定不见法性，应修无相之等持。

无智永不得解脱，应通甚深二谛义。

自他三世所造善，为诸众生得菩提，以三轮空智回向，三身现前菩提果。”

尊者即如是吟诵了上述偈文。

接着，他便来到一处具足《经观庄严论》中所讲的寂静地所应具足之功德的圣地——悟启求忠（**银水法堡**），这里曾涌现出无数个大成就者，就像风水宝地普陀山一样，下面就简要描述一下此圣地的境况与功德：

悟启求忠环境幽雅、寂静，安住此处定会令欢喜心不断生起，等持力亦会自然增上。放眼望去，五彩缤纷的花朵遍地盛开；侧耳倾听，各种鸟儿的宛转鸣音时时传来。整个地区遍满花草树木，到处呈现出一派生机盎然的景象。其前有属于四大河流之一的后藏河匆匆流过，河水一路喧腾流向远方；附近则铺满蓝宝石一般晶莹温润、秀色夺人的草地，各色鲜花星星点点地镶嵌在后藏河两岸。此地前方还有一嘉塘草原，其景色宛如用松耳石装饰的金质曼茶盘一样。此地不仅风光适人耳目身心，生活所需也很容易获取。另外，盗匪、猛兽也都不会光临这一雪山环绕的修行宝地。

从四十三岁开始，尊者就在这里闭关清修，除了侍者阿索南达的父母以及一位续木瑜伽士共三人作为护关者以外，他与外界断绝了一切联系，不再接见任何人。不管来访者的地位有多么尊贵或卑贱，他一概将其拒之门外。在关房的门口上，他还写下了如下语句：

“顶礼上师三宝！

“诸位欲见我者明鉴：

人生似秋日白昼一般短暂易逝，而阎罗死主却像西山影子般步步紧随。大限到来之时，我们只能独自一人默默承受，那时唯一能给予有力帮助的即是佛法。

“故不应以毫无实义之闲谈耽误自他行持善法，大家都应观修无常，并对此世间生起无伪的厌离心。不可懈怠度日，要抓住光阴尽快修行。殊胜无比之佛法与今世之世间法不可兼得，欲自在驾驭世间与出世法，怀抱此种想法者必定是自欺欺人之徒。

“诸位即便见到我，我也没有其他话可奉告，望众人各归自家，并精进行持身语之善法。”

他又写道：

“因前世造作不善业，故我于浊世转生边地，往昔身语意所造的一切业，都必将成为现在或将来遭受苦报的因。如今，既已进入寂静地的关房中，就应像扯断捆绑麦秆的绳子一样，放弃身体的一切行为造作；亦应似断弦之琴一般，停止语言的所有功用；还应如断了水的磨盘那般，将内心所起的分别念完全断除。上述誓言若有违背，就请玛哈噶拉对我进行严厉制裁！”

尊者即如是请空行、护法作证，并自此后不再与外界进行任何接触，他将今生的一切分别念全都铲除，专心精进修法，同时保持誓言的坚定，唯以闭关之方式日夜观修空性正见与大悲心等持。

在尊者如是闭关期间，某次艾悟格西前来迎请他出关广转法轮，尊者拒绝了这一请求。尽管未与格西见面，但他还是慈悲赐予了格西如下教言：

“南无罗给修鬲雅！

“在以无量的智悲事业光芒照耀一切众生、使之皆获暂时及究竟利乐的诸佛菩萨前，我恭敬顶礼！

“虽说心中充满悲悯，但我玛呢瓦却无法利益众人，想对他们有所饶益，却苦于力不从心。在此，我只能满含热泪、以无尽的悲悯心对弟子们说说我的心里话。

“若于暇满难得之人身宝洲，未取受丝毫的妙法如意宝，反以此身广行无意义之今生琐事，这样的话，自己将来一定会后悔不迭。因此凡具智者切勿自欺，而应清净戒律、不懈闻思修行、如理修持妙法，如此修为方能使暇满人身真正获得实义。

“对大众而言，不管身为老者抑或青壮年，谁都不愿死，也不会想到死，但死主却会突然出现在人们眼前。现在的我们对死亡毫无准备，看看你内心对主宰死亡有多大把握就可明了此点。故而不要再希求今生的名闻利养了，把精力用在行持能对来生带来利益的妙法上吧！果能如是，日后迎接来世时，你一定会胸有成竹。

“谁都不想受苦，谁都愿意快乐永随，因果无欺之道理想来大家也都明白，在这些前提条件下，如果仍一意孤行、造恶不止、不行善业，这种人若能成为智者，则世上还会有愚者存在吗？是故宁可今世受人欺侮，或困窘饿死，也要断恶行善，如此才称得上是智者之举。再看愚者，他们对饿鬼也会皈依，无慈悲心之辈皈依的对境竟然包括那些罪大恶极之人！其实这些人都非智者的皈依处，相反，他们不折不扣皆应成为智者悲愍的对境。所以说，我们理当一心一意皈依具足智、悲、力之三宝，一切暂时的苦乐境况都应了知为三宝加持所致，这样，我们就一定会获得短暂及长远之利益。业、烦恼所生之轮回三大痛苦，若执为快乐且希求不已，这无异于飞蛾投向木薪所生之火，（其结果只能是自取灭亡。）故当了知轮回本性为苦的事实，并力断轮回之因——业与烦恼，且为得解脱而不断行持善法。

“我们都知道离苦得乐是每个众生的心愿，故而为着自己的利益去损害别的众生，这种行为与人形旁生又有何区别？这些被伤害的众生在长劫轮回中多次以慈悲心饱受痛苦煎熬利益我们，如果伤害众生依然可以被称为修行人的话，则普天之下又有哪一个人不能被叫做修行人呢？他们曾无数次舍弃自己的快乐，为我们忍辱负重、含辛茹苦，现在，若大家把他们统统舍弃，那听闻大乘佛法还有何用？所以，为度化无边无际的众生，我们都应发起无上殊胜的菩提心，并断除自利之心行，以直接间接的方式利益一切有情，这才可谓是殊胜的士夫。那种对他众不会带来利益的无贪之快乐，应观若地狱之火般迅疾灭除；如果对他人有所助益，那么即便是无间地狱之火也应看作花园一般坦然承受且修持。所有显现皆如幻化，显现的当下，其本体即是空性，显空非一亦非异。若能如是详加观察，则万有显现均经不起勘验。它们的实相了不可得，无论如何执著，都不过是自心尚处于迷乱状态的证明而已。因此，修行人理应远离四边执著，一心安住于殊胜中观道中。假如因自私自利心而不断生起痛苦，且无法消除执实之病的话，那么依止与良医无别的上师又有什么用？整天享用妙法的作用又体现在哪里？故应遵循上师的教言，通过理证及智慧观察，享用妙法之妙药，断除执实病垢，精勤行持能带来自他二利之善法。

“虽已受持三戒，但又染污破戒，通过闻思也未能最终通达四聚戒之含义；虽欲利益众生，但自利之心却似烈火一般炽燃；虽住于寂静地，但却懈怠懒散……像我这样的人又哪里有资格教导别人！不过，言为心声，我写的全都是自己的心里话，只想对你们有所饶益，除此之外，绝没有夹杂任何别的个人目的在其中，望诸位见到后都能好好秉持。就算我们真的见了面，我也没有其他话可说，即便我死了，除了上述话语也不可能再有别的遗嘱。”

尊者即将此教言赐予了请求接见者。

几年当中，他除了通过一个小窗口接受供养的食物外，未与外界进行任何接触，甚至连关房的门都封死了，供养他的信财也一概拒不收受。有一次，在云登达作上师侍者期间，曾收留了信众供养的一整扇肉，以及一桶酸奶还有一瓶酒，未曾想上师见到后马上对云登达说：“你要享用就自己享用吧！”他自己则压根儿也不想接受这些东西。侍者无奈，只得将酸奶、酒倒掉，那整扇肉则送给了提水者。无著菩萨某次曾这样说过：

“在寂静地不会对名闻利养抱有希望，对美食珍馐也自然断除了贪执。为了挣脱轮回牢笼的束缚，于此日日都在精进修行。”

他就以这种方式坚持闭关了二十多年。

当时，一位全知法王也曾来到悟启并请求能与尊者见面，他还有一些佛法上的问题要请教大菩萨。对此尊者回答说：“我已发过誓言，要严格闭关，因而无法与你畅谈，以后再会晤吧。”至于法王所提的问题，则以书面形式作了答复，他本人并未迈出闭关房一步。

另一位法王索南坚赞莅临渥东时也请求能与尊者会晤，大菩萨则劝阻道：“这次希望你不要前来。”对于当时很多高僧大德、显赫人物的这类请求，他全部予以拒绝，从未为此而出过关。他的身体远离了散乱，语言远离了绮语，内心远离了分别念，如是刻苦磨砺，使他相续中的证悟境界日夜增上。他曾说过如下话语：

“在寂静处当心正清净无念时，忽然听到此人彼人相继死去的消息，每当这个时刻我就会想，我们的身体与水泡、风中灯火有什么区别呢？一样皆是连安住一刹那的力量都不具备！这种念头在这种情境下总会情不自禁地生起。”

侍者有时会请求将所住关房略加修缮，尊者此时就会告诫他说：“我们不一定会在此处居留很长时间，更何况修整房屋时免不了要杀害很多众生。”因此他一直未开许对自己的居所进行翻修。出关后他前往任耶瓦上师处，趁此机会，侍者偷偷将房屋作了修整。尊者回来后非常不高兴地说：“在你修盖房子的过程中，肯定会死许多虫子，我们一定要念经回向给它们，好好给它们作超度，这些有情实在是太可怜了！”当时，尊者还对自己写下了如下教言以自我劝勉：

“南无罗给修嚆雅！

“殊胜智悲力众生怙主，恭敬顶礼观世音菩萨，懒惰乞丐鄙人玛呢瓦，写下劝诫自己之教言。

“一入恐怖轮回狱，即遭老病镣铐缚，住于持兵死卒前，此生恒久心有否？
广大无际轮回海，业与烦恼狂风吹，恐怖恶趣漩涡上，名利之心想及否？
岁月山挡青春日，衰影障覆身群山，临死黑暗旋将至，安逸空闲汝有否？
头刺白发之铁钩，身体皱纹如绳缠，拘于无情死卒爪，放逸安睡汝能否？
光阴大军后紧追，死亡深渊前横陈，四维上下无处避，是否仍不舍闲谈？
脆弱水泡般身躯，种种恶缘风吹动，刹那安住无把握，邪念岂有空闲生？
今日不死难确定，死后不知去何处，无义琐事仍造作，岂非自欺欺人欤？
富人空手裸体去，高贵瞬间不能留，眷属群中孑然离，除去佛法何有益？
往昔贪求今生乐，虚度此生散乱过，若仍不断懈怠行，死时悔恨何太迟！
他众无能作损害，心清忆念窍诀时，未曾精进灭贪嗔，中阴迷乱无奈何。
降敌护亲皆无有，高官贱仆亦阙如，不调自心于静处，玛呢瓦你欲何为？
故断利养贪散心，恒依正知与正念，依凭悲智双运道，净除二取之习气。”

此自我教言尚有下述内容：

“老幼青壮无次第，不欲死时死忽至，诊治诵经皆徒劳，思此当断今生贪。
富人空手裸体去，高贵瞬间不能留，眷属群中孑然离，思此当断今生贪。”

他经常都会教导众人说：“观无常实乃甚深殊胜法门，若能生起无常观，则可成为初入佛门之因；无常观亦是求解脱者中间修行之鞭策；同时，它也是最终获取光明法身之正因。因此说，观修无常确为非常重要之修持内容。”因大菩萨自己已在内心深处确立起坚固无常观的缘故，所以他将贪欲等执著全部放下，也舍弃了一切对未来之筹谋策划，至于今生的那些凡情琐事更是弃如敝屣。正如噶当大德在古籍中所言："独行了自事，无著乃行境[3]。"对这句话，尊者确实可谓做到了身体力行。他已无丝毫贪著今世的念头，一直坚持行持圆满甚深正道。对那些有缘弟子他常传以正法，并反复强调说修行中的最大违缘即是不能看破今世；真修行人应走如来欢喜之道，应思维观修人身难得、寿命无常，并全力以赴力争达到不贪恋今生的境地。对此，他还有如下教诫：

"顶礼上师三宝尊！

"增上功德妙光芒，遣除过患之黑暗，礼敬诸佛菩萨已，宣说如理修行法。

入于解脱正道者，若仍希求世间法，较此更无大违缘，故应力断希求心。

无论闻思修何法，若杂世间法念头，不净毒物混镳中，尽皆败坏无剩余。

若于师友起争论，不顾痛苦发恶语，廉耻丧尽积财富，希求今世所导致。

为侵他人之财产，身心精于勤算计，毁坏自他今来世，希求今世所导致。

手中虽持经论灯，然为亲眷频争斗，直如迈向险深渊，希求今世所导致。

虽对亲属大布施，然以私心顾眷属，如此不得广大果，希求今世所导致。

虽严护戒如眼目，为名利缚不得脱，轮回监狱镣铐系，希求今世所导致。

虽曾长期修禅定，然以贪嗔毁他众，寂止反成不寂行，希求今世所导致。

病盗怨敌人说为，修行违缘实不然，心性调柔为顺缘，希求今世真障碍。

今欲如理修行者，应知希求今世念，实为障道大违缘，一切时断极为要。

即生利益难成办，即便实现难享受，唯有死亡自亲领，到时眷财有何用。

弃之深感极痛苦，思后断除今生慢，必死不知何时死，唯一佛法有利益。

转生不知生何处，佛法利益遍生处，秋积春日未必享，不积人又笑其愚。

死时唯佛法有利，现不修习极愚痴，求名利心尽断除，恒时无乱修正法。"

大菩萨就这样圆满了三士道的修持，他自己以身作则、言行一致地践履了上述

---

[3] 意为独自一人义无反顾地踏上修行之道，家人家事全部弃置一边；遇事对境不起任何执著，坦然安住方为修行人本色。

教言中所阐述的人身难得、寿命无常等道理，至于修成皈依的具体情况，则可从下面这则公案中一见端倪。

尊者在前往拉萨的途中，某日正沿着从贡唐到拉萨的一条河边行进，当时有七八个人骑着马正准备过河。当他们骑行到河中央时，突然全部沉入水底并迅即被河水淹没。大菩萨见状立即焦急万分地呼叫道："哎呀呀！哎呀呀！"随即便双手合十、紧闭双眼祈祷道："度母呀！度母！圣者度母！"

随着尊者的虔诚呼救，不大工夫，除一人一马外，其余人众与其坐骑不相分离、全都迅速升至岸上，而那人则被水流席卷而去。恰在此刻，尊者背后忽然冒出一个身着陈旧白色氆氇、身形长大之人，他腰间还系着一条毛兰草绳做的腰带。那人踊跃说道："我去！我去！"言罢即毫无顾虑地跃入激流中。他拽着落水者的手，终将其毫发无损地拖拉上岸。一到岸上，白衣人迅疾消失，在场众人个个深觉稀有。无著菩萨疑惑地说："这到底是怎么一回事呢？"身边有人答话道："会不会是祈祷度母感召的？他可能是度母的化身吧！"菩萨闻言不觉感慨有加："也许是吧，真是稀有难得啊！由此看来，一般情况下，只要自己能一心一意祈祷，三宝肯定不会欺惑我们，一定会给予如是的加持。"

有一年尊者看到侍者在种地，一见之下他立刻教诲侍者说："这样耕种会杀害很多众生，即便是种出来一大堆叶子，对我们又有什么用呢？"最终，他并未开许开荒耕种。有一年夏天，他又对侍者说："不要捡幽墨柴，这种柴火里依附有很多众生。我们能不死就足够了，生活所需倒是需要准备准备，但不一定要捡幽墨柴呀！"夏季看到油灯没有灯罩，他就会说："飞蛾扑过来会把它们烧死的。"于是他只让身边人白天供灯，夏天供灯则一律在清晨进行，对此他解释说："如供灯太晚的话，因看不清路面，众人脚下会踩踏死很多众生。"

总之，他对业因果的道理深信不疑，这方面的明证即是：纵遇命难，他也不会伤害哪怕是极微小的众生，而对那些相信业因果之人则经常赞叹。尊者已圆满修成大士道，可完全彻底地行自他交换法门，对任一众生都能无偏饶益。

某些施主要上战场时，他们拿着很多做食子的供品来到尊者面前请求他能祈祷

三宝护法对自己进行护佑，而尊者在为他们念诵仪轨时却说：“双方都应平息争斗，我们应如是祈祷，使人们的恶心、粗暴心理渐次消除，不应祈祷一方胜利、一方失败，希望大家也都能这样做。”他又说：“虽说施主希望自己能够获胜，但争执平息才能对双方带来真实利益。这样祈祷就已足够了，我们也算没有欺瞒施主。”

每当听到某某众生幸福、快乐的消息，他都会由衷地随喜道：“真是太好了！”口中如是说，脸上亦是一副欢喜无尽的表情。他曾说过：“因我苦楚狂风吹，他人脸上挂黑云，泪雨滂沱叹雷急，此等行持怎能为。以我快乐目光触，令其笑颜莲苑启，白牙花蕊尽显露，如是行为岂能舍。”一听闻他人的喜事，他就会无比地高兴。

在尊者的感召下，其住处附近的猛兽也不会互相损害，它们都能以慈心相待。别人送给他的一条猎狗，有只岩羊每每都想与其共相玩耍，这个时候，猎狗从不会伤害它。碰到乞丐正准备上前扑咬时，只要对方念诵观音心咒，它就决定不会再咬其人。还有只猫也特别温顺善良，每当它看到天窗中有小鸟雀时，一丝毫的恶心也不会生起，反倒显得特别欢喜。害怕小鸟飞走，它就藏在它们看不到的地方安静入睡。不仅与鸟和谐共处，它连老鼠也不加伤害。有只狼也不伤害任何众生，而且还不吃肉。另有只天鹅在尊者转绕（佛塔）时，也跟着一起转绕，尊者停下来，它也停步不前，无论尊者干什么，它都会模仿效行，大菩萨也特别喜欢这只天鹅。后当地出现战乱，尊者不得不离开悟启前往渥东，临行前他交代侍者：“不拿其他物品都没什么问题，但这只天鹅千万别忘了带走。”大堪布香秋泽睦闻听之后不禁赞叹说：“这些旁生的稀有行为表明，只要修成菩提心，什么都可以调柔自在。”

当地爆发战争后，尊者对悟启地方的百姓开示说：“不要贪恋财物，自己逃命要紧，我可以当那些跑不动的老年人的仆役，护理、照顾他们。”后来，能跑的人全都四散逃亡，剩下的老弱之辈则集中于尊者座下。当大队士兵怒气冲冲地来到尊者面前时，一睹无著菩萨慈颜，他们那粗暴、愤怒的言行举止立刻自然消尽，故而也就未伤害那些齐集在尊者身边的老人。不仅如此，他们尚祈求能得到尊者的加持，有些当时就对上师生起了信心，且泪流不止，还有人则痛自忏悔以前所造的杀人罪业。

尊者曾自忖过：我身边的弟子都依赖于我，我应以慈爱心保护、关照他们，他们互相之间也应和睦共处、慈悲相待、不起争斗。仰赖尊者教诲，每当众弟子在上师身边会集时，大家都能做到欢喜和合、互相赞叹，现场只听得一片悦耳之语。其实，他对所有众生都如母待独子一般慈爱关怀，其大慈大悲之心时刻溢于言表。对那些正在遭受苦难或造作痛苦之因的众生，他尤为关切、悲悯。

大概在尊者十六岁时，有一次，以前曾在财产方面给过尊者利益的某位格西对他说："明天有一件非常重要的事情，你替我处理一下吧。"遵照格西的委派，他便从渥东赶赴萨迦寺。途中，在一宽阔的草原上，他看到了四五只被狗妈妈遗弃的小狗。此情此景令他悲心顿起，一时间不觉泪流满面。此时他想：若把小狗送回渥东，那就没时间成办格西委托的事情了；若只管办事，把小狗扔在这里，现在是冬天，它们一定会冻死的，况且乌鸦、猛兽也会把它们杀害。思前想后，他最终决定还是先把小狗送回，晚上再接着办事。于是他带着小狗就往回走，路上还思量到：此事最好不要让格西知道。没想到在一个路口迎面就碰到了格西，格西面带不悦地责怪说："你耽误了我最重要的事！"听到格西的谴责，他显得非常不好意思，安顿好小狗，立刻就出发再次赶往萨迦。黎明时分，他终抵目的地，并将有关事宜办理妥当。吃了一点儿东西，便又马上往回赶，直到晚上才赶回渥东。格西见状深有感触地对他道歉说："你真了不起！我昨天骂你请你不要生气。"

大概在尊者二十岁时，艾悟寺院的僧人准备迁移他处，当时寺庙大门口有一跛足乞丐一直哭泣不止。尊者听不下去就上前询问道："你为什么哭呢？"那人答以："僧人们都走了，往后我向谁要饭呀？"尊者闻言立即安慰他说："不要着急，我可以把你带到新地方。"说完就回转身收拾了一根绳子，然后又对那乞丐说："你拿着行李，我背你。"乞丐面露难色："可我拿不动啊！"听到这儿，他便将乞丐的衣物、垫子先背过去，然后又返回来再将乞丐背到那里。

不用说真正见到众生受苦，就连听到别人说某某某如何如何苦，他都会难受万分地感叹说："我的老母亲实在是太可怜了。"就这么边生悲心，边哭泣不已，以至最终往往泣不成声。听到人们议论说：曾有人言朗日塘巴尊者是黑脸。尊者听说后回应道："想到如母有情的痛苦，我还怎么可能面露笑颜呢？！"无著菩萨就对

此公案评价说："朗日塘巴的话千真万确、真实不虚。"每想及苦不堪言的众生，他都会泪流满面，并说偈言：

"舍弃苦逼诸众生，自求寂灭安乐道，如弃火海中父母，清凉水池自沐浴。

众生曾舍己快乐，为救我等受煎熬，量逾大地海微尘，我何能弃彼等众。

饶益我之诸众生，难忍苦痛紧相逼，见闻忆念若漠然，我心是否铁打成？

为我除苦之母亲，无间地狱火烧身，对之若不起悲心，空长人身实畜生。"

当时，西藏发生了一些战乱，就连悟启前的草原上也搭盖起军营。他看到后就悲哀地说道："真是太可怜了，我的这些如母有情的心全都迷乱了，他们正造作往后备受痛苦的因，真是可怜可悲啊！"说到这里，他已在床上辗转反侧、痛苦得难以自制，甚至会因那些造恶业之众生而哭得昏厥过去。他还说过："三恶趣中众生多，人间受苦亦可悯，若能善加思维之，行苦因者极可怜。"在与人接触、交谈的过程中，若有人提到名闻利养、财富圆满、位高权重、造恶不断等话题，他就会显得非常伤心、难过。为免旁人听到后会生邪见，他尽量克制不去议论这些人事；若真实遇到这些可怜的众生，他对他们的悲悯之心及伤心之情就更不用说了。他曾教导众人道："我们这些修行人中，见到造作苦因的众生而能生起大悲心的其实很少，这说明自己即生当中也一直在行持非法行，诸如希求名利地位等，且不把此等行为观为过失，故才能将此等恶意识藏于心底。见到此类众生若能生起大悲心，就说明我们自己已将造恶看成非法。如果不对此详加审视，自己会变成什么都很难说。"

每次召开法会时，见到苦难重重的众生，大菩萨自己就会忍不住放声痛哭，别人受了感染，也随之啜泣、哀哭，以至整个法会到处都是哭声一片。有一次，一位法相师曾对此评价道："大堪布布敦和班钦上师在讲经说法时，众人一片欢声笑语，气氛非常热烈、欢快、鼓舞人心；而他们（指无著菩萨处）在开法会时，众人个个都很悲痛，看起来就像死了至爱亲朋一般，大家全都哭声阵阵、悲情难抑。"

大菩萨在闭关期间，曾以神通了知大堪布索南扎巴即将圆寂，于是他便突然出关前往堪布处进行探问。中途，遇到两人牵着一只山羊在行进，他便问他们："你们牵着它干什么去？"二人回答说："准备把它交给屠夫。"尊者闻言立刻生起悲

心，他哭着拉住山羊，并将半两金子交与二人："这个给屠夫吧，山羊必须卖给我。"他就这样将羊买下并放了生。等走到相达一块大岩石下时，他又说："我们在此休息一会儿吧，你们准备烧茶。"随行侍者为难地说："可这里没有水啊！"尊者颇显自负地回答："水由我负责，你们只管捡柴火、生火就是了。"等他们回来后，尊者将手指插入沙石中，且道："水就在这里。"结果，从其手指入地处，刚才还滴水皆无的地方，立刻就汩汩冒出清清水流。侍者心下暗想：这该不会是幻术吧？等烧完茶，那股水流还在向外涌出。后来，当他们探访完毕再回此处时，大家发现那里根本就没有任何水的痕迹。等见到堪布仁波切时，大堪布对他们的到来显得异常欢喜，并殷勤招待。无著菩萨则对堪布说："行菩提心仪轨，我以前曾在任耶瓦上师那里得到过，现在想在你面前再得到一次。如果你的身体状况允许，请慈悲考虑一下。"尽管堪布的身体非常差，但他还是答应了，并对无著尊者一行人说道："你们呈上供品吧，我可以给你们传授。"于是就将行菩提心的正行仪轨传给他们。后在祈祷时，整个大地都震动不已，天上也降下了天人花雨，地上则遍满妙香，乐器所出音声似雷声般隆隆传来，空中云彩也像彩虹一样绚烂无比。仪轨圆满后，大堪布欣慰地说："现在，我已将此法交付与你，我这个老僧人即便今天死去也不足惜！"如是说罢，仁波切即认其为法子。不久，大堪布即告圆寂，圆寂前，他老人家还念诵了一遍幻化八喻的偈颂，然后才安详示寂。堪布的弟子们异口同声地赞叹道："无著菩萨一定是以神通了知这一切的，否则也不可能恰好在堪布圆寂之前赶到。"

接受了这一传承后，他每天都要受持愿、行菩提心简略仪轨三次，他并且说："这些众生曾无数次舍弃自己的快乐，为我们忍辱负重、含辛茹苦，现在，若大家把他们统统舍弃，那听闻大乘佛法还有何用？所以，为度化无边无际的众生，我们都应发起无上殊胜的菩提心，并断除自利之心行，以直接间接的方式利益一切有情，这才可谓是殊胜的士夫。"在前后藏地区，他为大格西以及高僧大德们，还有成千上万的信众广传发菩提心仪轨，使他们全都成为了发菩提心者。其后，在以大堪布香秋泽睦为主的众多高僧大德的集会中，他又为众人传授行菩提心仪轨，并谆谆教诫说："在堪布仁波切索南扎巴面前，我曾求此仪轨，他老人家慈悲传与了我，并欢喜地说：

‘今将此法赐予你。’本来，我并没有传授此法的资格，但老人家让我务必广弘此仪轨，故不管怎样，这次我还是向诸位传授了这个仪轨。阿底峡师徒与三同门等大德住世之时，此法已极为保密；后来，能传授此法的人更是少之又少；若论及前后藏地区，则几乎没有可以传授此法门之人。跟随我的人中，以前相续中曾生起过菩提心的人很多，这次又对你们做了圆满传讲，希望诸位高僧大德中有能力者日后亦能广向众人教授此发心法门。”

至于尊者修自他相换的情况，则可具体见于下文。

有一名叫华耶的上师，当其修行时，适逢所居地出现一种名为畜癞病[4]的传染病。无著菩萨知道后就对他说：“望你能发大心，继续收养这些小虱子。若不堪其扰，我可以帮你。”过了一段时间，华耶上师身上的虱子一点儿也未见减少，随后他便前往秋中并在那里住了几天，结果虱子跑掉了很多。他想：这会不会是无著菩萨修自他相换的结果呢？于是便特意前去探望尊者，一见面就发现尊者身上的虱子特别特别多。他很惭愧地对菩萨说：“我给你添麻烦了。”尊者却回答道：“这些虱子不是你身上的，它们本来就出自我的身体。”几天过后，这些虱子便全都销声匿迹了。

尊者经常说：“别人的痛苦如果自己愿意代为领受的话，只要以猛烈的大悲心祈祷，就一定可以做到自他相换，这是我现量感受到的。”一次，霍儿地方的大长官迎请他到萨迦，途中进食时，有一条老狗也蹲在附近摇尾乞怜。霍儿的玛华见状就用石块击打它，结果打得它倒地哀号。大菩萨也同时发出“哎哟哟”的痛苦呻吟声，就像那块石头打在自己身上一样，手中的瓷碗也差点儿掉在地上，眼泪也忍不住流淌下来。到了萨迦后，他为很多善知识及信众广传甚深广大妙法，饶益了无量有情。

曾有一内翰迎请尊者，到达彼处后，刚好遇到那里有三个人因犯法而正要被处以死刑。尊者立刻对他们生起悲心，于是便要求内翰最好不要处死他们。因为尊者的请求，那三个人最终得以活命。还有一打卦者，为了创造卜筮的缘起，就将一大官员的肖像放置在坐垫下，同时还将宝剑、磨具也一并放在坐垫下。此事后被官员

[4] 畜癞病：症状为浑身发痒、体生小虱子。

发觉，他马上就着手准备追查此事。无著菩萨知道后就要求他不要再对此事穷追不舍，幸赖菩萨从中调和，这个人最终才免于被判刑。

从仁琫返回时，夏鲁[5]地方的人们又前来迎请尊者，他便在众多的善知识以及信众前广行法布施。后来，布敦仁波切示现生病，并显现接近圆寂之相。虽未与其碰面，但尊者依然对仁波切的身语意进行了加持，祈祷他能长久住世，并为他能长住世间创造了缘起，最后又观修了自他相换法。修法当晚，布敦仁波切的病情即有所好转。此事后逐渐为众人所知，人们纷纷议论道："是无著菩萨加持布敦仁波切的，结果仁波切的身体果然好起来了。"布敦仁波切的侍者刚好也做了一个梦，他将梦境描述与上师："昨天，我梦见无著菩萨的身体变成水晶般透明，他头戴黄金冠冕正行灌顶。"布敦大师高兴地说："你的梦非常吉祥，我的身体也是从昨天开始恢复的。"大师说此话的时候，神情显得非常愉悦。

另有一次，索南坚赞上师为了听法将尊者迎请到萨迦，他即在那里广转法轮。返回的路上，途经匝朗时碰到了一群强盗，他们虽没对无著上师作任何损害，但其侍者却全都被捆绑起来。一个被捆的侍者旁边恰好放着强盗的一把刀，侍者当时暗想要夺刀而逃。菩萨以他心通了知后，就暗示他不要胡思乱想，也不要轻举妄动。侍者最终听从了上师的劝诫，没有强行跑掉。强盗后将众人行李及财物全拉到仁钦岗，尊者此时便对盗匪们开导说："在我心里，已将财富等身外之物全部舍弃，因此我根本没有产生你们在抢我的东西这类念头。如果尚需要我的衣服，你们完全可将之拿走。"听了此番表白，匪众个个深受感动，他们随即释放了所有被捆人众，并在尊者脚下顶礼忏悔，且以赞叹的口吻"埋怨"说："碰到你这样的大德，只能怪我们运气不好。"因没搞到财物，强盗们不免有些伤心、失落，尊者便让他们跟着自己一句一句诵读了一遍回向文。

他曾说过："有两件事至今令我耿耿于怀、难以忘却：第一，以前我曾看到过士兵的身影出现在藏地雪域；第二，未能与一位大官员结上法缘。当时，有一人被

[5] 夏鲁：日喀则县地名，是十三世纪八思巴建立的十三万户之一。元置沙鲁思田地里管民万户，明代因之。

关在监狱里，虽说我劝阻过官员不要杀掉此人，但他不听，还是把那人处死了。如今，虽说已事过境迁，但这两件事却深刻于脑海，并成为劝勉我不懈修行的原因之一。截至如今，不论我做何善事，我都会将功德时常回向给他们，尤其是那些可怜的士兵，因他们侵害了悟启地方无依无靠的百姓。不过，我也不知道这种回向能使他们得到什么利益。”

有一次，门口来了一位得了严重畜癞病的乞丐，他的身躯早已失去了光泽，其坐垫等物遍满了小虱子，大小便亦完全失禁。众人见到后不禁发呕、恶心，纷纷要求他不要再在此地耽搁久留。尊者耳闻目睹之后，大悲心顿时油然而生，他那充满悲悯的眼泪再次簌簌落下。晚上，他即把乞丐本人领进屋，同时，还把他那些沾满了虱子的坐垫、衣服等物拿进屋里，又赐予了他一两件干净衣服及食物。接着，他开始用自身身体给小虱子们作布施——在虱子窝里一住就是两三天。上师、道友后发现了尊者的这种行为，当他们前往探视时，发现菩萨正坐在乞丐的坐垫上，并围着乞丐的衣服，浑身上下到处爬满虱子，整个身躯则遍布痘疮。众人见后不觉惊讶万分，他们哀恳道：“现在还没到上师布施身体的时候啊！这样做是不是有些太过分了？”大家就这样祈祷尊者停止此种行为。但他却念诵了《入菩萨行论》中的一首偈颂作为回答：“吾既将此身，随顺施有情，一任彼欢喜，恒常打骂杀！纵人戏我身，侵侮并讥讽，吾身既已施，云何复珍惜？”念诵完毕，尊者并未听从他们的苦劝，依然在行自他相换。众人后来到蒋阳顿有上师前求援：“我们虽请求尊者不要这样，但他不听，还在以身布施虱子。无论如何，这次上师您务必前往劝阻！”蒋阳顿有上师遵循大家的意见最终来到尊者面前，并祈请道：“请勿再如此行事，这样做也未免有些太过分了。你自己会变成什么样子呢？也许会死吧。”无著菩萨闻言即以《本师传》中的一首偈颂作答：“仅依此肉身，亦能饶益他，我发如此愿，当具广大果。”接着又说了如下教言：“那种对他众不会带来利益的无贪之快乐，应观若地狱之火般迅疾灭除；如果对他人有所助益，那么即便是无间地狱之火也应看作花园一般坦然承受且修持。”言罢，依然未听从蒋阳顿有上师的劝告，还是坚持如是作为。不久，所有虱子都自然消散无遗。当小虱子们活动频频、上下啃啮之时，尊者在刺痒难忍之际，有时就会用一块布裹住身体。即便这样，他还是坚持说：“他众若以嗔慢心，于我身作大伤害，损恼以致濒死时，愿能忆念所发愿。”尊者即按此誓言身体力行。

又尊者在渥东时，适逢一乞丐之子也患了这种畜癞病，身上虱子多如牛毛，尊者见状再次将其身上的虱子全部安置在自己身上。结果一日之内，这些小旁生便全都死去了。尊者的一位名叫念博华日的心子对此评述道：“依靠上师的身体，这些虱子一定能得到解脱。”除此之外，在渥东、悟启等地，大菩萨曾多次将众乞丐身上的虱子转移到自己身上，当地人一直有这样一种说法，即这些旁生最后全都以死亡的方式获得了解脱。

无独有偶，潘朗塘地方的一位法师也在以同样的方式救度众生，这位法师是一位真正的大菩萨、大修行人，他将别人身上的虱子一一接受过来，然后就开始以身体对这些众生作真实布施，以至后来示现圆寂。其身边之人立即将其衣服拿到无著菩萨处，并请侍者替他们把这些衣物转呈给菩萨。侍者即将情况向上师作了汇报，等他出来时，那些人焦急地问：“上师怎么说？”侍者转告他们：“上师说：‘知道了，我很随喜。释迦牟尼佛因地为乌龟时，曾将身体布施给八万给大嘎小虫，世尊之公案与此法师之事迹完全相同。看来，法师的心并未生起过后悔之意，这真乃稀有罕见。我们都是修心人，不应该舍弃这些虱子，它们太可怜了，把那些衣服都拿进来吧。’”侍者当时曾向上师建议说：“您老人家年岁已高，这些虱子沾上身会十分危险。”但尊者不听他的劝告，还是坚持要把法师的衣物统统拿进屋。

大菩萨一直不愿诉说任何众生的所谓过失，对佛门中人更是常观清净心，从不宣讲他们一丝一毫的过错。如听到别人指指点点、议论纷纷，他马上就会制止道：“看到别人的过失只能证明我们自己的心不清净而已，别众到底如何，我们谁也无法确定。若大家到处散播别人过失的话，别人也会广为宣传我们的过失，这样彼此之间就会形成争斗，出现这种不好的结局绝对是必然的缘起规律使然。”

大译师邦·洛近登巴曾引用萨迦班智达的一首偈颂对无著菩萨一生的行迹做了一个总结：“最初精通诸学处，中于智群中宣说，随后勤修所知义，此乃诸佛胜妙道。”

这首偈颂的确是大菩萨一生作为的传神写照。邦译师尚评论道："我们这些修行人，外表看来虽人数众多，但能拥有像无著菩萨那样稳固可靠之修证境界的人却不知几何。别人的情况我不大清楚，但无著菩萨是真正得到稳固境界的圣者，他是名副其实的大修行人，的确堪称为大士夫。有个别人可以达到我的修行水准，对他们而言，这已经十分困难了；不过，假如要让我达到堪与尊者相续相比肩的境界，恐怕还得积累很多劫的福慧资粮。表面上看，我是他的上师，他为我的弟子，但我对他其实比对任何一位上师都更有恭敬心。我这个老人在临死之时，如果他能来到我的枕边，那我就太高兴了。不过我经常都在东奔西跑，而他则恒居一地，故到时能否如愿以偿还未可知。"译师又在一封带有诗学体裁的信函中赞叹道："汝有如我师一百，吾有似汝弟子一。"

全知荣博大师也对大菩萨赞叹有加："我有一个超胜父亲的儿子，像他这样的心子，别人如果有幸拥有，一定会引来众人的羡慕。这样的大德，确实举世罕有。"布敦法王亦盛赞说："精通一切三藏义，证悟甚深密续部，成就二种菩提心。"当尊者前往夏鲁时，布敦仁波切对夏鲁的僧人们说："如今，在雪域广袤的大地之上，通达教理且真修实炼、真正证悟者，唯无著菩萨一人而已。至于我本人，只能算是粗通佛法，因全知帕巴渥（圣光）要求我务必弘法利生、讲经说法，并广造显密经续之注疏，遵照他的嘱托，我才开始在众人中讲说佛法，但我根本就不曾拥有过无著菩萨那样的修证境界。只要能与像他那样的圣者结下听法之缘，就一定可以斩断轮回之根。因此，所有闭关者都应立即出关、专志听法，一切费用均由拉丈匡佐支付[6]。"当时，尊者在夏鲁前后共住了约一个月，对不同根基的众生广宣佛法，利益了无量有情。

每当有人在无著菩萨面前诋毁、诽谤自宗及相关传承时，他总要借此教导弟子们说："别人若对我们的传承及上师或自己进行诽谤，我们大家应该对其所说深表赞同。当我们说他说的都没错时，对方也就无话可说了。这样一来，大家也就不会

[6] 原西藏地方政府专管传召大会开支和收入的机构，此处似指仁波切的个人财务管理机关。

再以嗔恨心焚毁自他相续，我们也可借机成为忍辱者。”他边说边发誓言道：“众中若有怒目者，难忍恶语频相向，羞愧难当头低垂，愿能忆念所发愿。”一见到那些对佛法及众生有害的人，有人就忍不住嗔心顿起，且愤愤不平地说：“他们这样做也太不应理了。”尊者闻言总会劝诫他们说：“这些人其实非常可怜，对他们一定要格外慈悲。”他并且说道：“损害我与我方者，损害佛法及众生，见闻忆此野蛮众，尤应发起慈悲心。名利赞誉若有利，即应饶益不吝惜，不能即以猛悲心，尽将安乐回向彼。”尊者有时又会说：“每当有人当面对我们说粗话或肆意诋毁时，此时如果我们不开腔答话，对方也就不会生起嗔恨心，我们自己当然也就成了无有任何过失的安忍行者。别人加害自己时，若以牙还牙，则双方都变成了有过失之人。”

无论从尊者言行举止的哪一方面考察，整个大地上都没有可与之媲美者。他的美名随风传遍四方，就连汉地的许多大皇上都对他恭敬有加，比如黄贴泽[7]。另外，印度、尼泊尔、亚匝、阿里等邻近国家和地区执掌政权的显要人物也纷纷以信函等方式对尊者迭加赞叹“释迦佛之补处、大教主渥东无著菩萨……”云云。他们请大菩萨惠赐教言，尊者便通过信函往来对之加以开示，众求教者个个皆以恭敬心顶戴奉行。他的诸大弟子中具有名望者为：蒋阳顿有坚赞、法王索南坚赞、德些·索南罗珠兄弟、达文格些儿·更嘎仁钦坚赞、达文格些儿·更嘎朗碧坚赞等萨迦派之祖师传人，以及遍知大堪布香秋泽睦、智者贡秋坚赞、大成就者琼波瓦，还有前藏帕摩竹[8]、达隆[9]、采巴[10]、嘉麻瓦[11]等地的高僧大德及诸大仁波切等。总之，前后藏地区的所有大善知识、大成就者、具足清净戒律及智慧等功德者，皆汇聚于尊者座下。除此以外，前后藏的名门望族、持政权贵、达文格些儿、司德儿、各大长官、达文

[7] 黄贴泽：按尊者弘法利生的年代推算，似指汉地元顺帝妥懽贴睦尔。

[8] 帕摩竹：西藏乃东县境一地名，十三世纪八思巴所建十三万户之一，公元1354年大司徒绛曲坚赞所立帕竹第司政权，公元1357年，明洪武八年所置帕摩竹巴万户府，均在此地。

[9] 达隆：地名，在今西藏浪卡子县中部。

[10] 采巴：现今西藏拉萨东郊地区名，元置搽里八田地里管民万户，明代因之。

[11] 嘉麻瓦：十三世纪，八思巴奉命在西藏地区建立的十三万户之一，元置加麻瓦万户，明代因之。地在今墨竹工卡县境，嘉麻赤康为万户府遗址。

夏等政界要员、掌政显赫也都对尊者恭敬顶礼，供养不辍。这位一代高僧就像如意宝一般，能使一切所欲无勤满足；他还无碍具足知晓过去未来之神通；并面见了如秋日夜空中之繁星那样多的本尊尊颜；已获得尽所有智与如所有智……虽功德巍巍、无与伦比，但他却从未生起过贡高我慢之心。他自己亲口说过："远离亲友之恭敬，舍弃别众之承侍，上中下类任接触，一律顶戴极为要。"又云："在我们这些修行人中，若因自己所具的智慧、弘法利生之功绩、戒律清净等功德而生傲慢心，并开始欺侮比自己低下之人、与平等于己者横生竞争、嫉妒比自己强者，这就说明佛法根本未融入我们的心相续。这就如良药反变成鸩毒一般；又似魔鬼在东方，我们却向西方扔食子。"

尽管人们都对他生欢喜心，并勤于供养，但他对世间妙欲却一点儿也不贪执，不论众人以何食物供奉，他只管直接享用，从不妄加评论这个好吃、那个不好吃，只要能下肚即可，故而众人都觉得侍奉他非常容易。他自己也说："海中大鱼被钩牵，自己贪欲引至此，若未贪心求饵食，铁钩何能穿上颚。依凭顺缘入轮回，贪执妙欲所导致，断除妙欲之贪心，顺境亦为道助缘，无执妙欲极为要。"他又说："我们这些修行人从最初开始学习时，即未生起过积累财产的念头，故现今生活得非常幸福、满足。"

无著菩萨在行布施波罗蜜时，将身体、受用全盘施舍，毫无保留地尽皆布施给众生。在罗果日地方，有一羸弱、长期患病、无衣无食之人，尊者碰到后就将自己化缘所得的一头骡子可驮动的糌粑全部布施给他，随后并且对别人说道："我给他糌粑时，他对我说：'现在，死亡之魔已消散灭尽了。'他边说边哭，样子十分可怜。"萨迦地方有一乞丐濒临死亡，尊者担心在他未死之前可能先被饿狗吃掉，于是便给了一位舍世者一些犒赏，烦他保护那位乞丐一个晚上，结果，那乞丐当晚安然死去。尊者后来对人讲："这两次布施尽管所施财物很少，但我内心却十分满足。"

某次在讲经说法时，适逢有个新来的人向尊者化缘，大菩萨便把他叫进屋，指着屋子里的东西对那人说："你自己需要什么可随意拿走。"那人最终拿走了一绪边褥子[12]。又有一次，有人前来索要东西，尊者还是让那人自己进屋挑选，最后，他把菩萨一个用餐的小盘子拿走了，除此之外，菩萨还把自己的衣服也一并送与他。另外，像游学辩经者等人前来时，如果没有什么东西相送，他就会把窗帘扯下来送给他们。甚至有一次当尊者没有东西可送与一化缘者时，他竟将传法时所用的绪边褥子给了那人。他的上师发现后，就用一斗粮食又将那块褥子换了回来，并对尊者说："褥子只有一个，怎能把这个也布施给他人！"到泽东时，碰到一名为宁玛华的僧人，不幸大氅被盗贼偷去了，他正为此事伤心难过。刚好菩萨有两个大氅，立刻毫不犹豫地将其中一个送给了他。等索南扎巴大堪布来到渥东早晚讲经时，他也前去听闻，结果因只有一个大氅而感到寒冷异常。本想向上师借，又害怕遭上师骂，故只得打消了这一念头。

在尊者求学期间，尽管糌粑等口粮并不多，但只要一来乞丐，他便会从小盘子里一点一点舀出糌粑给他们。别人劝他道："再这样布施下去，你自己就没什么可糊口的了。"他听后只是淡淡地回答说："没有就没有吧，以后再想别的办法。"他即如是宁肯自己受苦受穷，也不舍弃对乞丐及贫穷者的布施之心。在悟启时，有次侍者不在身边，一下来了三十多个人化缘，他便把身著的半月形披风以及糌粑全给了他们。后又来了一化缘者，他先把氆氇送给他，接着马上自责道："我明明还有更好的东西，为什么不布施呢？"于是就又把大氅交给了那人。过了一年，那人再次前来索要，尊者便以氆氇衣服相赠。一次，侍者不在家，乞丐又来到家中乞讨，这次确实没什么东西可送的了，他便将一个山羊皮做的火皮筒施与了他。

前文已讲过，无著菩萨在二十多年的时间里一直严格闭关、足不出户，等他出关后，便开始为悟启地方的僧俗信众传讲发菩提心及修行法门，还有《本师传》、《菩萨地论》等法要，当时，缤纷花雨似白雪一般从天而降。一次，在传讲《入菩萨行论》时，天人花雨也如前次一般纷然飘落。后来，前藏地区的德色地等官员亦纷纷前来迎请尊者广施法雨。

---

[12] 绪边褥子：周围有浮绪的栽绒垫子。

在尊者六十七岁那年的正月十六日，他又对华登、曲米[13]、夏鲁等地的僧人及信众广行法布施。接着，又与大堪布布敦仁波切一道前往仁琫地区，途中，因侍者喂给一只母犏牛的食物太多，以致它最终病得奄奄一息。布敦大堪布以念诵忿怒本尊咒语等方式为它广作加持，但收效甚微，最后，那只母犏牛还是慢慢咽了气。菩萨见状，不由悲从心起，他一边捧着母牛的头，一边哽咽说道："我的老母亲实在是太可怜了。"布敦仁波切在一旁劝阻说："上师，我们还是继续赶路吧！"尊者悲痛地摇摇头："你们先走吧，我暂时还不想离开这里。"他边说便悲哭不已。布敦仁波切不禁感慨万分地说："这头母犏牛的福报真大啊，作为旁生，能积累如此大的福报资粮，恐怕再也找不出第二个来了。"

色德·香秋坚赞后将尊者迎请到西竹殿堂，途经仁琫时，他突然在无人告知的情况下指着远处说道："紫红色的度母天然身像应该是在那座山的前面吧！"平常，随从人员从未向尊者指指点点那些看不见的地方。后在色德及其眷属的陪同下，尊者开始云游四方，有次在离桑耶寺尚有两天路程的一处地方，他指着远处虚空中的一朵白云问道："白云所在的地方都有什么？"向导回答说："白云的下面就是桑耶寺。"菩萨感慨道："是啊，那就是桑耶寺，真是太令人深感稀有了。"旁边一名为云丹渥的阿阇黎不由问道："到底有什么呢？"尊者回答他："有原因啊！（此句句意不明）"色德在将尊者迎请到乃东[14]以后，一直对其恭敬承侍，广行供养，视其为如意宝般，并不断祈请尊者传法。大菩萨便对乃东以及昌珠寺[15]、泽当寺[16]等地及寺庙的僧俗民众广施法雨。此时，罕见难睹的天人花雨再次降下，众人见后自然皆生大信心，尊者也同时利益了无量无边之有情，一些即将遭杀的人也趁此机会得到了解脱。五个月过后，他又来到拉萨，并为觉沃佛像贴金，且大量供灯，为佛法能长住世间及广泛利益众生而广作祈祷。拉萨附近以及各地披着袈裟的大智者纷纷

[13] 曲米：西藏南木林县地名，为十三世纪八思巴所建立的十三万户之一，元代置出密万户，明代因之。

[14] 乃东：县名，在西藏南部雅鲁藏布江和雅拉香波曲也即雅隆河的汇流处，清代称奈布东城。

[15] 昌珠寺：七世纪初，法王松赞干布为镇伏堪舆家所说罗刹女左肩所倡建的寺庙，在今山南乃东县境，为西藏最早寺庙之一。相传文成公主曾居此寺，寺内有公主炉灶、六柱六门及公主珍珠卷轴像等文物。

[16] 泽当寺：公元 1351 年，噶举派大司徒绛曲坚赞所倡建的寺庙。

聚集到尊者身边，就如夜空中繁星拱月一般，同时，许多在家人也汇拢在他周围。大菩萨对他们同样传授了发菩提心等法门，现场也出现了花雨纷坠的景观，所有在场人众个个皆生起无比的信心，尊者又一次将无量众生安置于解脱成熟道上。在贡唐、桑德、苏果、聂塘[17]等地讲经说法时，天人花雨也接连落下。当时凡亲眼目睹者都对大菩萨生起不退净信，他亦将他们全部安置于利乐之道上，这些都是有目共睹的事实。慈敦仁耶有次在尊者面前曾问起过：“您在桑浦以及其他地方讲经说法时，天空中所降下的花雨没有在拉萨讲经说法时降下的花雨精彩、绚丽，这是为什么？”尊者回答说：“看来此为圣地之加持力所致。”当色德又将尊者迎请到雅隆地方时，一名为当些望西之人将自己的房屋、财产悉数供养给尊者；桑丹寺的色德则继续承侍无著菩萨，大菩萨又在泽塘等地的善知识及信众中广转法轮。他曾对色德说过：“我不需要财物方面的任何供养，不要向僧人们索要钱财等物及征派乌拉[18]，这样做对佛法只有害处，故万不可再如此行事了。”其后，当他在桑耶等地广转法轮时，每每在传法之际，天上都会普降花雨，众人亦因生起信心而获得实际利益。色德在陪同上师从前藏地区回来时，曾将上师得到的广大信财全部供养给以萨迦寺为主的众多寺庙里的僧人，并经常帮助那些闻思修行之人，对贫穷可怜者更是尤为关照，结果大众都因财、法两方面的布施而心满意足。

后来，擦巴地方的人又来迎请尊者，由思杜·格朗桑波父子作施主，尊者又在善知识、出家众及在家众中广转法轮。当时正值大瘟疫流行时期，由于大菩萨的威德感召，瘟疫很快就平息下去了。不仅如此，就连关在监狱中的犯人也获得了赦免。总之，凡遇到希求佛法之僧众或在家人，尊者一律会用法施令其个个满意。

再次抵达拉萨时，菩萨在觉沃佛像前供灯并贴金，且为利益有情及广弘圣教而至诚祈祷。此时，思杜·格朗桑波等人再三恳请尊者能长住拉萨，但他并未答应。返回后藏的旅途中，在达仓地方，他又为以琼波上师为主的僧人及在家众传讲佛法。

[17] 聂塘：拉萨西郊曲水县境内一地名，印度佛学家阿底峡尊者曾在此讲学，并居住九年，后又于此地圆寂。该处有仲敦巴所建之度母寺。

[18] 乌拉：徭役、差徭、力役之征。

一路上，只要碰到讲经院、修行院或在家人，他都要作广大的法布施。总而言之，他对前后藏的民众以财、法及无畏大作布施，使其心愿皆得以满足。

在某一兔年的十月一日，他才又回到悟启地方。

大菩萨自从受了别解脱戒后，即于二百五十三条戒律秋毫无犯；发下愿行菩提心之后，就断除了一切自私自利之分别念，三门唯一只行利他之举；趋入金刚乘后，即将一切不清净之分别念尽皆灭除，通达将所有器情世界观为清净坛城之法。他的身体经常散发出清净戒律之芳香，所居屋舍也常飘荡出股股扑鼻香气，他将自己吃剩下的饭以及帽子等物赠送给别人，结果这些东西上的香气竟缭绕了近一个月也不消散。

五十七岁之前，他从不享用肉食。后来，在为望扎迦、衮秋坚赞上师传授众多教言时，他的身体稍显欠佳。两位上师再三请求他务必食肉，他自己通过观察也觉得这样做会对众生有利，在这种情况下，他才开始稍稍享用一点儿肉食。

闭关期间，他的修行安排如下：

早起洗漱过后，边念七支供边磕一百个头，接下来受持一个简略的发心仪轨并作食子念诵仪式，早饭后开始修不动佛等本尊，然后又受持一个简略的发心仪轨，接着转绕佛塔一百圈。每天，他都要念诵两万观音心咒，修诵佛母、度母三十遍，药师咒二十一遍，尊胜佛母咒一遍。晚上，先按续部所言修胜乐金刚本尊，后接念一千遍胜乐金刚心咒。临睡前，先念七支供，后受持一个简略的愿行发心仪轨。闭关期间，他就这样不间断地修行，至于其他时间的修行内容则并不确定。

大菩萨将显密所有法门都修行圆满，在给别人传讲佛法期间，于梦中他经常随心所欲地云游各大清净刹土，并在应化于这些刹土中的无量诸佛菩萨面前广闻佛法圣教。法王索南坚赞在修建渥东艾悟经堂及建成开光时，曾迎请过无著菩萨，当时，大菩萨与布敦仁波切曾就各自的梦境内容作过一番交流，菩萨言：“在梦中，依此梦中身体我到过兜率天，并在弥勒菩萨面前圆满听受了《慈氏五论》。”布敦仁波切则说：“每当我讲经说法时，如果白天没来得及浏览法本，则可于夜晚的梦境中将其完整看完。”无著菩萨在传讲佛法时，若碰到忘失一些教证的情况，他马上就会双目直视虚空，这样做了以后，他立刻就能回忆起刚才想不起来的所有内容。他的心子在对旁人解释此种现象时总会说：“这些遗忘的内容都是由本尊告诉上师的。”

虽说尊者的修证已达超凡入圣之境，但他时刻都不忘观察自己的迷乱心行。他曾自我教诫道：“你这个人不具备丝毫智慧、修证境界与贤善人格等功德，你自以为了不起，实则自己的过失已如山王般大，只不过唯独你本人视而不见罢了，但你却对别人哪怕微尘般的所谓过失也明察秋毫。表面上整天把利益他人挂在嘴边，内心却充满自私自利之意。外表装作一个修行人，实际上每天只知修行生活琐事而已。过去因不观察自己的行为，自欺已久，故现今不但备受痛苦，而且连从轮回恶趣中解脱的把握也丝毫不具，这都是自己毁坏自己前程的结果。如今，若真想获取永久安乐，那就必须安住在寂静地，把身心全都交给上师三宝，并远离世间八法，且不与那些热衷于世间八法者同流合污。还应彻底断除自私自利心，并披上无畏利他之铠甲，断掉我慢与憎恨心，永远将自己看得十分低下、卑微。尚应时常思维诸高僧大德之事迹，并要具备修苦行的毅力与勇气……”他还说过：“以惑谈他菩萨过，则将毁坏自功德，故于大乘诸士夫，不说过失佛子行。”不仅如是说，他亦如是身体力行。平日里，除了言谈与佛法有关及可以利他的话语外，无意义之闲谈他一概不说，更不用说指摘别人的过失了。有时，一些人会在尊者面前说：我们的上师如何如何好，你们的上师如何如何糟糕；或某某法是多么多么得高深，某某法又是多么多么得浅显；又或者此为正见、彼为邪见等等等等。听到这些说法，尊者虽不会当面表态，但在讲经说法时他往往会旁敲侧击道：“说一些无关之语其实毫无实义可言，更何况此种行为还会使不善业增上。特别是诋毁他人，在损害自己利益的基础上又沾染上很多别的过患，且使我们的贪嗔之心愈加炽燃，的确可谓损人不利己。如果对佛法以及他众以偏袒心妄加毁谤，这更是非常可怕的一种行为。”他还时常吟咏道：“言多徒增不善业，即便恶业不增长，亦为无义虚度日。自他有利话语外，断除妄言极为要，此为精进之助缘。”

尊者于晚年时，每年都会闭关九个月、出关三个月，出关期间即开始为各地赶来的如繁星一般众多的善知识、出家众及看破今世的舍世者们，还有诸多地位显赫

的在家人等如海般的眷属传讲佛法，广行法布施。此时，众人供养的母岩羊、猎狗以及放生羊等旁生亦恭恭敬敬地汇聚于尊者座下听法。有一次，纳唐寺[19]来的一位修行人未按上师教言行事，他在将散乱的心刚从外界收回来时就开始修风，以致最后神志不清、发了疯。某次正当尊者讲经说法时，他赤身裸体就向尊者冲来。很多人想抓住他，他竟用石块击打众人，阻止他们上前。就在此时，那只母岩羊从听法的行列中冲了出来，它径直来到那人背后，紧接着就前腿直立直向他撞去。那人拽住岩羊的角想把它推开，岩羊依旧奋力猛撞那人，他们就这样僵持不下，你推我搡、你进我退。出乎意料的是，最后，发疯者的心识在这一争斗的过程中竟然恢复正常了。无著菩萨见状即说道："看来他不会再拿石块打人了。给他穿上衣服，然后带到我那里吧！"尊者身边一人闻言就向那人走去，此刻，他的意识已恢复清醒，正满怀愧疚之意坐在地上。被带到上师身边后，菩萨给他念诵了度母偈颂以作加持，并对他说："今天是那只母岩羊给你作了遣魔仪式，它做的太好了。"那人听罢不觉痛哭起来，菩萨便因势利导说："要哭就边念度母边大声地哭吧！"实际说来，确实是那只岩羊做了本该度母做的事业。这件稀有罕见的事发生时，所有在场民众全都现量目睹。由此看来，如果上师具有加持力及慈悲心的话，旁生也会对人作遣魔仪式。

琼波上师的三个弟子曾在尊者前求一甚深教言，尊者当时就对他们说："从今往后，你们一定要看破今世，并对一切众生修慈悲心，且诚恳祈祷上师，还应心不散乱地安住于无戏论之境界中。"在财多权重者与身份虽弱小然真修实证者之间，大菩萨更看重、喜欢后者，对那些修心之人更是尤为爱惜，他经常说："这些修心人虽未能长期精勤修行，但当他们到我这里初求修心法门时，在暂时的修法过程中，他们的心还是比较专注的。以此为因，大多数人都曾生起过可喜的觉受、验相。对上师而言，若能在摄受弟子时传给他们一些修心法门，这就是最大的利益众生之事业了。"平时，尊者屋子里若有各地前来拜见的信众以及一些恭敬承侍者时，此时，如果有人通报说："听闻修心法门的人来了。"尊者马上就会对那些客人们说："出

[19] 纳唐寺：博朵瓦再传弟子冬盾·洛追扎巴创建于1153年。

关期间，最重要的事就是传法，你们暂且出去，请那些修心者们即刻进来。”他就这样为修心者们不断传法。碰到屋里客人很多的情况，他就会说：“你们就呆在这里吧，我到外面去给他们传法，请把我的垫子拿出来。”然后他就会来到户外给这些人传法。若以之对照当今时代的诸位上师，我们不得不说能这样做的人实在是太少了。每每传完修心法门后，他总要讲一个达波仁波切离开米拉日巴尊者时尊者向他传授甚深法门的故事，接着就会如是说道：“这次我给你们传了修心法，大家都应该精进行持，所谓大修行人也就是指那些能在一个坐垫上安住不动的人。阳贡巴尊者圆寂前曾说过：‘你们这些男女大修行人谛听，修行九年为上等人，修行三年为中等人，最下等人也应修行三个月。若不如此修行，则已违背了我与你们之间的誓言。’这就是他的临终遗嘱。同样，我们若能日日精进行持则再好不过，退一万步说，也应早晚稍稍观想一下，否则就算违背了我的教言。”

大菩萨弘法利生的事业非常广大，其弟子遍满十方，印度、汉地、尼泊尔、华儿、新疆、蒙古、嘎、安多上下、卫藏地区、阳泽、阿里等地，不同民族的弟子齐集在尊者座下，他使无量无边之众生都得到了成熟、解脱。他的事业、传记实为不可思议，亦无法以言语表述。若从其慈悲及菩提心来看，似乎很多生世前他就已修习过菩提心；若从其所具有的等持及神通来看，似乎很多生世前他就已修习过等持似的；另外，从其梦境自在来看，尊者也好像很多生世以前就修过幻身以及梦境修法；若以其面见本尊之情况衡量，则尊者亦好似很多生世以前就唯一在修持生起次第一样；若从他一生都在以讲经说法培养弟子来看，则好像他一生唯一只从事讲经说法一般；从他严格闭关的年头来看，他又好像一辈子都在寂静地安住苦修；从他磕头、转绕的次数来看，他的一生仿佛都用在了磕头、转绕上面；再从念诵观音、度母心咒等密咒数量来看，他一生的全部精力又好像都用来精进持咒了；从为沙弥、比丘传讲别解脱戒的情况来看，他这一生似乎又都在作轨范师；从他为弟子传菩萨戒的数量来看，就仿佛他一生都在传菩萨戒；再从生起轻自重他之心及发下损自利他、以德报怨之誓言的弟子数目来看，他的一生又像全都用在了世俗菩提心的修持上；从具有寂止、胜观之力的弟子数量来看，他又似乎将一生的时光都用来修习胜义菩提心了。

无著菩萨自己说过："在做善法时，我们必须将功德回向菩提，否则的话，若出现对严厉的对境生嗔等足以毁灭善根的因缘时，我们一定会灭尽自己的善法。若能将功德回向菩提，则此善根永远也不会退失。回向时还应注意，不能像小乘那样只为自己获得利乐、脱离三界之苦而回向，应回向给一切众生皆能获得无上佛果，这一点非常重要。回向时还应观想，诸佛菩萨在为我们作证，同时，还应于不缘能回向者、所回向之善根、回向之对境这种三轮体空的心态中回向，边回向边体悟万法皆空的实质。若未通达此点，作为处于凡夫胜解行地的我们，还可依文殊菩萨、普贤菩萨的回向方式内容而回向，也即他们如何回向我们亦如是回向，如此回向亦完全可行。"

有一次，一位名叫迦桑的格西通过大菩萨的侍者敦巴向尊者祈请道："在上师明年出关的三个月期间，请务必到我的家乡来广弘佛法。到时，一切费用均由我来支付，你们只要安排好并吩咐下来就可以了。请一定向上师转达我们的诚意！"无著菩萨对此回答说："他的发心的确非常广大，不过，明年的此时此刻，我可能会在一个比他迎请的地方更远的地方。本来我就已是年迈之人了，每年利用出关的三个月传讲经论，对我而言，已经有些力不从心了，因此种行为已开始变得有点儿散乱。在这种情况下，肯定不可能再到他迎请的地方去传法。你告诉他，如果有这笔预算开支，尽管不可能请到我，但依然可将之用于广行其他功德善举。至于我要去别的地方的话，先不要告诉他以及其他人，现在就把这话传出去还为时尚早。"阿阇黎云丹渥听说有一位内翰要来迎请无著菩萨，他便把这个消息报告给了尊者，菩萨闻言即说道："他不大可能来吧。万一这种不自量力之人真的来了，就对他说在他之前早就来过另外一个迎请者了。"在当年开始闭关之时，尊者将自己的财物全都分发给了当时在场的所有僧俗信众，对他们进行了一次大布施。

他对释迦牟尼佛的教法做出了极大的贡献，一生都在兢兢业业地为佛法前途、众生利益、利他事业劳心劳力、操劳不已。自身所断障碍全体断除，所得功德无遗圆满获得。之后，就像释迦牟尼佛当年背部示现病痛、耆婆医师为其诊疗一样，土鸡年的二月份，他也示现生病。身边人纷纷劝请尊者延医问药，他则拒绝道："我本来就想在没有任何人发觉的情况下悄然死去。”侍者听罢心情沉重地劝阻说：“若真发生这样的事情，后来者们肯定会责怪我们未担负起为上师看病诊治的责任，他们一定会对我们怨言重重的。”“你们说的也有一定道理，既然这样，我就接受治疗吧。”大菩萨最终还是慈悲答应了众人的哀恳，他同意让医生给自己把脉。就在此时，那位风传要来迎请尊者的内翰真的到了，大菩萨借机说道：“现在肯定去不了了，你看我都病成这个样子了。”当时，尊者正为南卡桑给阿阇黎传讲《般若八千颂》，当读到描写法胜菩萨与常啼菩萨的那一品中关于常啼菩萨所获等持之情况的语句时，无著菩萨插话说：“从等持的本体以及体相来看，我的等持与此经中描述的等持大致相同。此经中云：‘何为入定或出定，行菩提心又为何，获得无上正等觉，此等一切均不现。善男子，此为智慧波罗蜜。’这些句子描述的也正是我的境界。”尊者恒常都会入此等持中。有一次，他身边聚集了五个人高声念诵药师佛仪轨，等他们念完后又过了很长时间，尊者依然没有任何反应。五人便对上师说：“该我们念的已念诵圆满，该上师您做的事您做了没有？”尊者这才回过神说道：“你们准备念诵的情况，现在我可以回想起来，随后我便进入了一等持中，结果你们结束了我也没发觉。”在说这番话的时候，整个大地都在震动。

黎明时分，在他住屋附近又出现了彩光遍照等诸多稀有瑞相，众人一见不免有些惴惴不安，害怕是什么异兆，于是大家便立即做了祈祷、布施等佛事。尊者的大弟子大堪布香秋泽睦、法王宁玛桑给特别供养了大菩萨坐垫以及鲜花，并祈祷他老人家为佛法及众生之利益一定要长久住世。仰赖他们祈祷的威力，在随后的三四个月中，尊者的病情日趋好转，以至完全康复。当时，大菩萨对二位尊者说：“我与其他病人不一样，我没有感受所谓病痛的折磨，反而借此增长了善法，心也变得更加澄静。”

为利益后代众生，大菩萨一生都勤于著书立说，他留下的主要著作有：《修心七要修法》、《佛子行》、《发心仪轨》、《入行论释·善说海》、《〈经观庄严论〉释》、《〈宝性论〉注疏》、《八关斋戒仪轨》、《缘起修法》、《修心传承上师祈祷文》、《修心上师瑜伽法》、《上师及诸佛菩萨赞颂集》、《教言汇集》等，共计一百一十五种。

当年七月份时，他的病情又开始反复。本来已获得金刚身者应无病无恙，但正如《宝性论》所云："如实见真谛，虽已离生等，大悲心尊主，示现生老死。"如其所言，大菩萨也示现法体有恙。身边人再次忙着要给尊者求医问药，但他却婉拒道："我的生命原本就快要走到尽头了，现在又病得非常严重，看来再这么治疗下去确实没什么利益可言，能保持无破无立、自然放松之状态就已足够。在自己不修行的前提条件下还要给别人传讲佛法，这种作为实在了无实义。记得我们初到萨迦时，听说兹日地方有一位证悟者，当时正病倒在萨迦寺。见面后他问我：'如何修持将疾病等转为道用之法？'我便赐给他如下教言：'自他幻化肉蕴身，有病即病亦安乐，消尽宿世之罪业。种种修行善法事，皆为净除二障故。无病即无亦安乐，身心安泰增善行，欲令人身获利益，应使三门勤行善。无财无势即安乐，远离守护无事闲，所有争夺吵闹行，皆由执财因中生。有财有势亦安乐，福泽积善增上行，一切暂时究竟乐，均为福德之果报。死亡即死亦安乐，恶缘无法作障碍，此连下世缘极善，定入无误解脱道。在世长寿即安乐，修行经验庄稼生，湿润暖热此窍诀，长期依止则成熟。无论怎样皆安乐！'对照此教言，不论出现什么情况，我都应该修持观心窍诀，除此再不寻求其他之方法对策。其实，生病是显示无欺因果的最好途径，也是遣除二障的殊胜方法，同时亦为劝人行善的有力鞭策，既如此，我当然不会再去寻觅祛除疾病的良策。况且各地也一直都在广做佛事，这才令我活到现在。"周围人接着劝请他道："很多人都渴盼能一睹您的尊颜、聆听您的教诲，有无量的所化众生都倚赖您的救度，请上师慈悲加持加持自己的身体以长久住世吧！"大菩萨仍不改初衷："要是锅里没有的话，瓢里又怎可能盛满？在世之时自我估计利益众生做的还算可以，照此看来，相信死时利益众生的事业也不会衰退到哪里。"身边人仍苦苦相劝："您圆寂之后肯定还会有广大的弘法利生之事业，但我们这些可怜的失去怙主、无依无靠的所化众生又该怎么办？念及我们这些人，您也应该长久住世。"无著菩萨回答说："要是本人毫无能力的话，就算住在一起又有何用？如果能增上力量、境界，那么即便很快离开人世，也可以度化无量众生。你们都是我心里的依靠，我怎忍心舍弃大家？不过一旦我圆寂之后，万勿徒劳哀伤，只要长期至诚祈祷，那就与我在你们

身边没什么两样了。”

此时，大堪布香秋泽睦也前来祈请上师务必长久住世，但上师并未接受这一请求，他反倒要求堪布本人应不舍世间。堪布以前曾供养过大菩萨一个垫子，这时，菩萨便在那张坐垫上再放上一块垫子，然后便请堪布坐于其上，为他日后能承续法脉创造了一个良好的缘起。虽说大菩萨本人当时并未说明此事，但尊者让他坐到坐垫上这一安排本身即已表明：无著尊者已授意堪布接续自己的法脉。

当其时，身边人询问菩萨道：“能否让周围的人再见您一面？”尊者断然拒绝说：“此时见我对自他都有害，根本无此必要。”故而他最终并未开许这一请求，他当时只是不断在修持有相生起次第与圆满次第。大家为了防止意外发生，便不断给他念诵《宝积经》，以阻止尊者在下午时分睡过去。于吟诵的间歇，尊者时时示现泪流满面的状态。弟子们劝慰道：“您可否稍稍放松一下有相次第的修法？尤其是对众生的悲心能否暂时内收一点儿？我们担心万一有什么不测发生，到时该如何是好。”尊者闻言则宽慰众人道：“我的有相修法是不会损害无相境界的，因方便慈悲双运的缘故。现在还稍有勤作，故仍需继续修持。我并没有特意对众生观修慈悲心，只不过一想到有情所受的痛苦，悲心自然而然就生起来了。若再如此继续放任下去，你们的心就开始不安，所以我尽量用正知正念控制住自己。临死的时候，修破瓦都不如这种观修法殊胜，能死在这种境界上是最好的，但……”

此刻，众人通过一挑水者向一位生圆次第之修法已取得稳固境界、幻身及梦境修法亦已获得自在的大成就者、大菩萨之弟子、从小就在悟启地方严格闭关的多寻上师捎去口信：“尊者病况危急，祈祷能否奏效？望于梦中善加观察，并书信告知。”多寻上师后来回信道：“通过占察得知，这次无论你们怎样祈祷，都不会有太大意义。在尊者面前已集聚起无量无边的本尊、不可思议之勇士与空行母，天人、天女亦执持各种供品前来迎请。加上无著法王本人也想前往其他刹土，他的心已开始转移，等等等等，原因很多。我若详说，恐怕你们无法接受，其中有一个原因，不告诉你们，想来你们也会明白的。”他即如是作了答复。

侍者见信就对尊者说道：“既然您已决意离开人世，那就请赐给我们关于日后

如何安身立命的遗嘱吧！”无著菩萨感言道：“现在确已到了该留下遗嘱的时刻了，虽说一方面我病得很严重，另一方面体力也已消散殆尽，但我还是想造一些诗句偈颂，说一点儿话。其实，即便健在人世之时，对世间与出世法我都没有什么非常固定的偏好，大体顺其自然而已；现在依然如此；正死之时、死了以后，又怎可能再保留某种特殊的嗜好呢？想听遗嘱的话，在我无病无痛之时，依凭自身智慧已毫无隐藏地写下了大量论著，特别是关于教言方面的大小偈颂更是为数不少，这些都可算作所谓的遗嘱吧。除此之外，再说三言两语无关痛痒的闲话又有何意？说到这里，我又想起了当初（贴在闭关房外）的那几句话：‘就算我们真的见了面，我也没有其他话可说，即便我死了，除了上述话语也不可能再有别的遗嘱。’现在还是把这几句话留给你们。”大家又一再请求尊者务必慈悲开示，于是他又接着说道：“你们应将自心一直交付给三宝，修行当中不要混杂任何世间法，要为众生利乐而如理如法地修行。能这样做的人才堪称为续佛慧命之人，我们理当不辱此命，故望大家都能切实守持好法脉传承。尤其是达桑上师，你自己希望自己能努力行善，因你已拥有了舍世者这一名称。既如此，那就最好不要积蓄财产了，我死后若能一斗粮食都用不上，这才会令我真正感到欣慰。若你能抚养那些可怜的众生，实在是再好不过，特别是眼下正依赖我们的这些人。可惜我没有能力继续帮助他们了，望你能把照顾他们的任务勉力继承下去，对受苦受难的可怜众生多生发一些慈悲心吧！这就是我要送给你们的临别赠言。”停顿了一会儿，尊者又说道：“持梦之修法我已非常娴熟，无需勤作即可照见无量刹土，并于无量如来前听闻法要，这对我来说根本就不算一件难事。有一段时间，这种境界远离了我，想不到这次生病又让我恢复了此种境界，这种境界不灭之现象实在是太稀有了！它之所以会中道消失，可能是世人所谓的大福报这些散乱之因所导致的吧。一般而言，修行人最好不要拥有过分的福报，这是最好不过的修行外缘；而通过远离勤作得到的财产，则不妨享用。”最后他又殷切叮咛道：“总之，富裕时应将富裕转为道用，身陷衰败时则应将衰败转为道用，对修行人而言，这是极为重要的一条原则。”

十月初八的黎明时分，尊者对华耶上师说："请把我扶起来，在我后背垫块东西。"华耶这样做了以后，尊者开始双手合掌，并长时间流泪满面。其间，他还说了很多话，可惜大多含混不清。天大亮的时候，周围人问他何故如此，他回答说："正睡的时候，至尊佛母忽然驾临，想到在佛母面前睡觉太不恭敬，我便想立起身子作些祈祷，所以就这样做了。"身边人又问："至尊佛母是瑜伽母，还是度母？"他双目直视虚空然后回答说："度母！度母！"就这样连说了两遍。旁人接着问："度母说话了吗？"他叹了口气："嗨，没有。"紧接着，他又说道："看到众生所受的痛苦，简直让我无法忍受。在度母面前，尽管没做任何承侍，我还是说了一大堆怨言。"

就在此日，量多思杜地方的一位处女通过所谓的降神仪式[20]突然拥有了预言能力，她先说了一些有关战乱的事情，然后就预言说："这些事情并不重要，重要的是，现在在西方，无著上师于十月初八将前往璁叶庄严刹土（**度母刹土**）。"

与此同时，尊者对身边人说道："现在我的脉搏虽已停止跳动，但还没到死的时候。"他边说边伸出手来，其脉搏确已停止了。旁边一护理者见状不由请示道："本来我对上师是怀有极大恭敬心的，这次是不是因为没有将上师视为佛的缘故，或者上师本人说了这句话的原因，以致脉搏停止跳动了？如果违缘突然降临、上师示现圆寂的话，别人应该为上师做一些导引吧，这样的话是否需要提前做一些准备？"尊者神情泰然地答复说："哈哈！你怎么能说违缘降临人才会死呢？！死并不是一件不愉快的事，面对必然到来的死亡，我早就准备好了。身为年迈之人，该做的事情已全部完成，活到七十五岁，寿命还算短吗？此次出关以后，众人聚集、讲经说法这类事全都圆满了，现在的时机是最好不过的。我心里未留下一件因为没有完成而感到遗憾的事情，现在看来，利益众生的事业只会愈加广大，绝不可能衰退。我一生都未曾远离过愿、行菩提心，而这次生病又使我的持梦境界得以恢复。不知为何，昨天开始的头痛一直延续到现在，浑身一点儿力气也没有。不过若能在两种菩提心

[20] 降神仪式：依凭特殊的祈祷，佛菩萨、护法、神灵等可以降临到某人身上，并借助此人宣说种种预言，这就是降神，它拥有一整套完整、精彩的仪式。

都特别增上的情况下死去，这简直太难得了，更何况我是在无有勤作的前提下获得这种境界的，这都是三宝的恩德所致。在此种状态下安然死去也就是通俗所谓的往生，因此导引什么的也就不需要了，真做导引的话，还不知会不会带来可喜的结果呢。无论如何，请不要违越我所说的，应不散乱地随念佛陀等教言。”侍者紧追不舍地又问道：“上师既已无心住世，那么您到底想前往哪一个刹土？”尊者回答说：“若对众生有利的话，前往地狱都可以；若无利于众生，即便清净刹土我也不愿去。”

当天黄昏，尊者吩咐周围人把曼茶罗和五供拿来，他自己并用手作拈撒甘露状，且作了广大供养。然后就双手合十，低下了头，接着又边做手印边行五供，还要求身边人也应作五供，在这一过程中，他始终流泪不止。第二天清晨，旁人询问原因，他回答道：“当时因本尊降临，所以我才要求你们赶快供养，至于其他原因，现在我还不能说。”因此他并未说出个中详情。

轮到阿阇黎云丹渥护理尊者时，有天晚上他挥动双手对阿阇黎说：“所有不清净的显现已灭尽无余，清净刹土正以极为庄严、悦意、透明、无碍的方式现在目前，它就如虚空一般广大无边。”接着他又说道：“有弹性、触感非常适意的地方就是我正坐着的地方，周围有无量的眷属围绕，整体环境完全是一种无法言喻的了然、明然的光明境界。照此看来，我很快就会走了。”

第二天，华耶阿阇黎问他：“您是否如朗日塘巴尊者一样，已将一切显现观为清净？”他坦然地回答说：“如今，我的心已完全沉浸在种种明然的境界中，实际上，这些都没什么可贪执的，全都如梦如幻。”

圆寂前，他留给世人的最后遗言是：“我不习惯躺着，端坐才令我深感安乐。”其实从他患病以来一直到圆寂之前，平时他大都以毗卢七法式安坐。

十月十九日晚，他开始禁语，连眼都不再眨一下，始终全神贯注地专注于光明法身境界。为了调化那些执持常有观念的众生，也为了显示业力的不可思议，同时亦为了其他刹土广大的所化事业，在尊者七十五岁的那年，也即藏历土鸡年，十月二十日土曜日，下午夕阳落山之际，这位伟大的上师于求忠地方自己的住屋内示现圆寂。当晚，悟启地方的上空出现五彩彩虹，光明遍照整个大地，洪亮的声音及扑鼻的香气也充盈在天地之间，大地震动，药师佛佛像则从供桌上跌落于地，后来还降下了铺天盖地的天人花雨……

大菩萨一生都在广利有情，他培养了无数堪为佛教栋梁的弟子，广弘了大乘修心法门，其最具代表性的大弟子就是著名的大成就者仁达瓦·云类罗珠[21]。因此说，凡欲修行菩提道次第之人，都应对大菩萨勤作恭敬祈祷，并首先对大菩萨的传记以及显密法要生起稳固定解，且放下对今生的一切贪执，依止深山寂静处，精进修习圆满正道，特别应将菩提心当作修行的核心内容，奋力行持如来欢喜之道！

善哉！善哉！善哉！

二〇〇三年九月十六日

于杭州第六人民医院译竟

[21] 仁达瓦·云类罗珠：宗喀巴大师的根本上师。

入菩萨行论

寂天菩萨 造
释如石 译
索达吉堪布 修正

梵语：菩提萨埵渣呀阿巴达绕

汉语：入菩萨行论

敬礼一切佛菩萨！

善逝法身佛子伴，及诸应敬我悉礼。
今当依教略宣说，趋入佛子律仪法。
此论未宣昔所无，诗韵吾亦不善巧，
是故未敢言利他，为修自心撰此论。
循此修习善法故，吾信亦得暂增长，
善缘等我诸学人，若得见此容获益。

第一品　菩提心利益

暇满人身极难得，既得能办人生利，
倘若今生利未办，后世怎得此圆满。

犹如乌云暗夜中，刹那闪电极明亮，
如是因佛威德力，世人暂萌修福意。
以是善行恒微弱，罪恶力大极难挡，
舍此圆满菩提心，何有余善能胜彼。
佛于多劫深思维，见此觉心最饶益，
无量众生依于此，顺利能获最胜乐。
欲灭三有百般苦，及除有情众不安，
欲享百种快乐者，恒常莫舍菩提心。
生死狱系苦有情，倘若生起菩提心，
即刻得名诸佛子，世间人天应礼敬。
犹如最胜冶金料，垢身得此将转成，
无价之宝佛陀身，故应坚持菩提心。
众生导师以慧观，彻见彼心极珍贵，
诸欲出离三界者，宜善坚持菩提心。
其余善行如芭蕉，果实生已终枯槁，
菩提心树恒生果，非仅不尽反增茂。
如人虽犯极重罪，然依勇士得除畏，
若有速令解脱者，畏罪之人何不依。
菩提心如末劫火，刹那能毁诸重罪。
智者弥勒谕善财，彼心利益无限量。

略摄菩提心，当知有二种，
愿求菩提心，趣行菩提心。
如人尽了知，欲行正行别，
如是智者知：二心次第别。
愿心于生死，虽生广大果，
犹不如行心，相续增福德。

何时为度尽，无边众有情，
立志不退转，受持此行心，
即自彼时起，纵眠或放逸，
福德相续生，量多等虚空。
为信小乘者，妙臂问经中，
如来自宣说，其益极应理。
若仅思疗愈，有情诸头疾，
具此饶益心，获福无穷尽，
况欲除有情，无量不安乐，
乃至欲成就，有情无量德。
是父抑或母，谁具此心耶？
是仙或欲天，梵天有此耶？
彼等为自利，尚且未梦及，
况为他有情，生此饶益心？
他人为自利，尚且未能发，
珍贵此愿心，能生诚稀有！
珍贵菩提心，众生安乐因，
除苦妙甘霖，其福何能量？
仅思利众生，福胜供诸佛，
何况勤精进，利乐诸有情。
众生欲除苦，反行痛苦因，
愚人虽求乐，毁乐如灭仇。
于诸乏乐者，多苦诸众生，
足以众安乐，断彼一切苦，
更复尽其痴，宁有等此善！
安得似此友！岂有如此福！

若人酬恩施，尚且应称赞，
何况未受托，菩萨自乐为。
偶备微劣食，嗟施少众生，
令得半日饱，人敬为善士，
何况恒施予，无边有情众，
善逝无上乐，满彼一切愿。
博施诸佛子，若人生恶心，
佛言彼堕狱，长如心数劫。
若人生净信，得果较前胜。
佛子虽逢难，善增罪不生。
何人生此心，我礼彼人身，
加害结乐缘，皈依乐源尊。

第一品终

第二品　忏悔罪业

为持珍宝心，我今供如来，
无垢妙法宝，佛子功德海。
鲜花与珍果，种种诸良药，
世间珍宝物，悦意澄净水。
巍巍珍宝山，静谧宜人林，
花严妙宝树，珍果垂枝树。
世间妙芳香，如意妙宝树，
自生诸庄稼，及余诸珍饰，
莲花诸湖泊，悦吟美天鹅。

浩瀚虚空界，一切无主物，
意缘敬奉献，牟尼诸佛子，
祈请胜福田，悲愍纳吾供。
福薄我贫穷，无余堪供财，
祈求慈怙主，利我受此供。
愿以吾身心，恒献佛佛子，
恳请哀纳受，我愿为尊仆。
尊既慈摄护，利生无怯顾，
远罪净身心，誓断诸恶业！
馥郁一净室，晶地亮莹莹，
宝柱生悦意，珠盖频闪烁。
备诸珍宝瓶，盛满妙香水，
洋溢美歌乐，请佛佛子浴。
香薰极洁净，浴巾拭其身。
拭已复献上，香极妙色衣。
亦以细柔服，最胜庄严物，
庄严普贤尊，文殊观自在。
香遍三千界，妙香涂敷彼，
犹如纯炼金，发光诸佛身。
于诸胜供处，供以香莲花，
曼陀青莲花，及诸妙花鬘。
亦献最胜香，香溢结香云。
复献诸神馐，种种妙饮食。
亦献金莲花，齐列珍宝灯。
香敷地面上，散布悦意花。
广厦扬赞歌，悬珠耀光泽，

严空无量饰，亦献大悲主。
金柄撑宝伞，周边缀美饰，
形妙极庄严，亦展献诸佛。
别此亦献供，悦耳美歌乐，
愿息有情苦，乐云常住留。
唯愿珍宝花，如雨续降淋，
一切妙法宝，灵塔佛身前。
犹如妙吉祥，昔日供诸佛，
吾亦如是供，如来诸佛子。
我以海潮音，赞佛功德海，
愿妙赞歌云，飘临彼等前。
化身微尘数，匍匐我顶礼，
三世一切佛，正法最胜僧，
敬礼佛灵塔，菩提心根本，
亦礼戒胜者，堪布阿阇黎。
乃至菩提果，皈依诸佛陀，
亦依正法宝，菩萨诸圣众。
我于十方佛，及具菩提心，
大悲诸圣众，合掌如是白：
无始轮回起，此世或他生，
无知犯诸罪，或劝他作恶，
或因痴所牵，随喜彼所为，
见此罪过已，对佛诚忏悔。
惑催身语意，于三宝父母，
师长或余人，造作诸伤害。
因昔犯众过，今成有罪人，

一切难恕罪，佛前悉忏悔。
罪业未净前，吾身或先亡，
云何脱此罪，故祈速救护！
死神不足信，不待罪净否，
无论病未病，寿暂不可恃。
因吾不了知，死时舍一切，
故为亲与仇，造种种罪业。
仇敌化虚无，诸亲亦烟灭，
吾身必死亡，一切终归无。
人生如梦幻，无论何事物，
受已成念境，往事不复见。
复次于此生，亲仇半已逝，
造罪苦果报，点滴候在前。
因吾不甚解：命终如是骤，
故起贪嗔痴，造作诸恶业。
昼夜不暂留，此生恒衰减，
额外无复增，吾命岂不亡？
临终弥留际，众亲虽围绕，
命绝诸苦痛，唯吾一人受。
魔使来执时，亲朋有何益？
唯福能救护，然我未曾修。
放逸我未知：死亡如是怖，
故为无常身，亲造诸多罪。
若今赴刑场，罪犯犹惊怖，
口干眼凸出，形貌异故昔。
何况形恐怖，魔使所执持，

大怖忧苦缠，苦极不待言。
谁能救护我，离此大怖畏，
睁大凸怖眼，四方寻救护，
四方遍寻觅，无依心懊丧，
彼处若无依，惶惶何所从？
佛为众怙主，慈悲勤护生，
力能除众惧，故我今皈依。
如是亦皈依，能除轮回怖，
我佛所悟法，及菩萨圣众。
因怖惊颤栗，将身奉普贤，
亦复以此身，敬献文殊尊。
哀号力呼求，不昧大悲行，
慈尊观世音，救赎罪人我！
复于虚空藏，及地藏王等，
一切大悲尊，由衷祈救护。
皈依金刚手，怀嗔阎魔使，
见彼心畏惧，四方速逃逸。
昔违尊圣教，今生大忧惧。
愿以皈命尊，求速除怖畏！
若惧寻常疾，尚需遵医嘱，
何况贪等患，百罪恒缠身。
一嗔若能毁，赡部一切人，
疗惑诸药方，遍寻若不得。
医王一切智，拔苦诸圣教，
知已若不行，痴极应呵责。
若遇寻常险，犹须慎防护，

况堕千由旬，长劫险难处。
若思今不死，安逸此非理，
吾生终归尽，死期必降临。
谁赐我无惧？云何定脱苦？
倘若必死亡，为何今安逸？
除忆昔经历，今吾复何余？
然因执著彼，屡违上师教。
此生若须舍，亲友亦如是，
独行无定所，何须结亲仇？
不善生诸苦，云何得脱除？
故吾当一心，日夜思除苦。
吾因无明痴，犯诸自性罪，
或佛所制罪，如是众过罪，
合掌怙主前，以畏罪苦心，
再三礼诸佛，忏除一切罪。
诸佛祈宽恕，往昔所造罪，
此既非善行，尔后誓不为！

第二品终

第三品　受持菩提心

欣乐而随喜，一切众有情，
息苦诸善行，得乐诸福报。
随喜积善行：彼为菩提因。
随喜众有情：实脱轮回苦。

随喜佛菩提，佛子地诸果。
亦复乐随喜：能与有情乐，
发心福善海，及诸饶益行。
我于十方佛，合掌诚祈请，
为苦惑迷众，燃亮正法灯。
知佛欲涅槃，合掌速祈请，
住世无量劫，莫令世间迷。
如是诸观行，所积一切善，
以彼愿消除，有情一切苦。
乃至众生疾，尚未疗愈前，
愿为医与药，并作看护士。
盼天降食雨，解除饥渴难，
于彼灾荒劫，愿成充饥食。
为济贫困者，愿成无尽藏，
愿诸资生物，悉现彼等前。
为利有情故，不吝尽施舍，
身及诸受用，三世一切善。
舍尽则脱苦，吾心成涅槃，
死时既须舍，何若生尽施。
吾既将此身，随顺施有情，
一任彼欢喜，恒常打骂杀。
纵人戏我身，侵侮并讥讽，
吾身既已施，云何复珍惜？
一切无害业，令身尽顺受。
愿彼见我者，悉获众利益。
若人因见我，生起信憎心，

愿彼恒成为，成办众利因。
愿彼毁我者，及余害我者，
乃至辱我者，皆具菩提缘。
路人无怙依，愿为彼引导，
并作渡者舟，船筏与桥梁。
求岛即成岛，欲灯化为灯，
觅床变作床，凡需仆从者，
我愿成彼仆。
愿成如意牛，妙瓶如意宝，
明咒及灵药，如意诸宝树。
如空及四大，愿我恒成为，
无量众有情，资生大根本。
迨至尽空际，有情种种界，
殊途悉涅槃，愿成资生因。
如昔诸善逝，先发菩提心，
复此循序住，菩萨诸学处。
如是为利生，我发菩提心，
复于诸学处，次第勤修学。
智者如是持，清净觉心已，
复为增长故，如是赞发心。
今生吾获福，善得此人身，
复生佛家族，今成如来子。
尔后我当为，宜乎佛族业，
慎莫染污此，无垢尊贵种。
犹如目盲人，废聚获至宝，
生此菩提心，如是我何幸！

灭死胜甘露，即此菩提心，
除贫无尽藏，即此菩提心，
疗疾最胜药，亦此菩提心。
彼为泊世途，众生休憩树，
复是出苦桥，度众离恶趣。
彼是除恼热，东升心明月。
复是璀璨日，能驱无知霾。
是拌正法乳，所出妙醍醐。
于诸漂泊客，欲享福乐者，
此心能足彼，令住最胜乐。
今于怙主前，筵众为上宾，
宴飨成佛乐，普愿皆欢喜。

第三品终

第四品　不放逸

佛子既如是，坚持菩提心，
恒勤勿懈怠，莫违诸学处。
遇事不慎思，率尔未经意，
纵已誓成办，后宜思取舍。
诸佛及佛子，大慧所观察，
吾亦屡思择，云何舍誓戒？
若誓利众生，而不勤践履，
则为欺有情，来生何所似？
意若思布施，微少凡常物，

因悭未施予，经说堕饿鬼。
况请众生赴，无上安乐宴，
后反欺众生，云何生善趣？
有人舍觉心，却办解脱果，
彼业不可思，知唯一切智。
菩萨戒堕中，此罪最严重，
因彼心若生，将损众生利。
虽仅一刹那，障碍此福德，
因损有情利，恶趣报无边。
毁一有情乐，自身且遭损，
况毁尽空际，有情众安乐。
故杂罪堕力，菩提心力者，
升沉轮回故，登地久蹉跎。
故如所立誓，我当恭敬行，
今后若不勉，定当趋下流。
饶益众有情，无量佛已逝，
然我因昔过，未得佛化育。
若今依旧犯，如是将反复，
恶趣中领受，病缚剖割苦。
如值佛出世，为人信佛法，
宜修善稀有，何日复得此？
纵似今无病，足食无损伤，
然寿刹那欺，身犹须臾质。
凭吾此行素，复难得人身，
若不得人身，徒恶乏善行。
如具行善缘，而我未为善，

恶趣众苦愚，彼时复何为？
既未行诸善，复集众恶业，
纵历一亿劫，不闻善趣名。
是故世尊说，人身极难得，
如海中盲龟，颈入轭木孔。
刹那造重罪，历劫住无间，
何况无始罪，积重失善趣。
然仅受彼报，苦犹不得脱，
因受恶报时，复生余多罪。
既得此闲暇，若我不修善，
自欺莫胜此，亦无过此愚。
若我已解此，因痴复怠惰，
则于临终时，定生大忧苦。
难忍地狱火，长久烧身时，
悔火亦炙燃，吾心必痛苦。
难得此益身，今既侥幸得，
亦复具智慧，若仍堕地狱，
则如咒所惑，令我心失迷。
惑患无所知，何蛊藏心耶？
嗔贪等诸敌，无手也无足，
非勇非精明，役我怎如奴？
惑住我心中，任意伤害我，
犹忍不嗔彼，非当应呵责。
纵使天非天，齐来敌对我，
然彼也不能，掷我入无间。
强力烦恼敌，掷我入狱火，

须弥若遇之，灰烬亦无余。
吾心烦恼敌，长住无尽期，
其余世间敌，命不如是久。
若我顺侍敌，敌或利乐我，
若随诸烦恼，徒遭伤害苦。
无始相续敌，孳祸唯一因，
若久住我心，生死怎无惧？
生死牢狱卒，地狱刽子手，
若皆住我心，安乐何能有？
乃至吾未能，亲灭此惑敌，
尽吾此一生，不应舍精进。
于他微小害，尚起嗔恼心，
是故未灭彼，壮士不成眠。
列阵激战场，奋力欲灭除，
终必自老死，生诸苦恼敌，
仅此尚不顾，箭矛著身苦，
未达目的已，不向后逃逸。
况吾正精进，决志欲灭尽，
恒为痛苦因，自然烦恼敌。
故今虽遭致，百般诸痛苦，
然终不应当，丧志生懈怠。
将士为微利，赴战遭敌伤，
战归炫身伤，犹如佩勋章。
吾今为大利，修行勤精进，
所生暂时苦，云何能害我？
渔夫与屠户，农牧等凡俗，

唯念己自身，求活维生计，
犹忍寒与热，疲困诸艰辛。
我今为众乐，云何不稍忍？
虽曾立此誓，欲于十方际，
度众出烦恼，然我未离惑。
出言不量力，云何非癫狂？
故于灭烦恼，应恒不退怯。
吾应乐修断，怀恨与彼战，
似嗔烦恼心，唯能灭烦恼。
吾宁被烧杀，或遭断头苦，
然心终不屈，顺就烦恼敌。
常敌受驱逐，仍可据他乡，
力足旋复返，惑贼不如是。
惑为慧眼断，逐已何所住？
云何返害我，然我乏精进。
惑非住外境，非住根身间，
亦非其他处，云何害众生？
惑幻心莫惧，为智应精进。
何苦于地狱，无义受伤害？
思已当尽力，圆满诸学处，
若不遵医嘱，病患何能愈？

第四品终

第五品　正知正念

欲护学处者，策励当护心，
若不护此心，不能护学处。
若纵狂象心，受难无间狱，
未驯大狂象，为患不及此。
若以正念索，紧拴心狂象，
怖畏尽消除，福善悉获至。
虎狮大象熊，蛇及一切敌，
有情地狱卒，恶神并罗刹，
唯由系此心，即摄彼一切，
调伏此一心，一切皆驯服。
实语者佛言：一切诸怖畏，
无量众苦痛，皆从心所生。
有情狱兵器，何人故意造？
谁制烧铁地？女众从何出？
佛说彼一切，皆由恶心造，
是故三界中，恐怖莫甚心。
若除众生贫，始圆施度者，
今犹见饥贫，昔佛云何成？
身财及果德，舍予众生心，
经说施度圆，故施唯依心。
遣鱼至何方，始得不遭伤？
获断恶之心，说为戒度圆。
顽者如虚空，岂能尽制彼？
若息此嗔心，则同灭众敌。

何需足量革，尽覆此大地，
片革垫靴底，即同覆大地。
如是吾不克，尽制诸外敌，
唯应伏此心，何劳制其余？
生一明定心，亦得梵天果，
身口善纵勤，心弱难成就。
虽久习念诵，及余众苦行，
然心散它处，佛说彼无益。
若不知此心，奥秘法中尊，
求乐或避苦，无义终漂泊。
故吾当善持，善护此道心，
除此护心戒，何劳戒其余？
如处乱众中，人皆慎护疮，
置身恶人群，常护此心伤。
若惧小疮痛，犹慎护疮伤，
畏山夹毁者，何不护心伤？
行为若如斯，纵住恶人群，
抑处女人窝，勤律终不退。
吾宁失利养，资身众活计，
亦宁失余善，终不损此心。
合掌诚劝请，欲护自心者，
致力恒守护，正念与正知。
身疾所困者，无力为诸业，
如是惑扰心，无力成善业。
心无正知者，闻思修所得，
如漏瓶中水，不复住正念。

纵信复多闻，数数勤精进，
然因无正知，终染犯堕垢。
惑贼不正知，尾随念失后，
盗昔所聚福，令堕诸恶趣。
此群烦恼贼，寻隙欲打劫，
得便夺善财，复毁善趣命。
故终不稍纵，正念离意门，
离则思诸患，复住于正念。
恒随上师尊，堪布赐开示，
畏敬有缘者，恒易生正念。
佛及菩萨众，无碍见一切，
故吾诸言行，必现彼等前。
如是思维已，则生惭敬畏。
循此复极易，殷殷随念佛。
为护心意门，安住正念已，
正知即随临，逝者亦复返。
心意初生际，知其有过已，
即时当稳重，坚持住如树。
吾终不应当，无义散漫望，
决志当恒常，垂眼向下看。
苏息吾眼故，偶宜顾四方，
若见有人至，正视道善来。
为察道途险，四处频观望，
憩时宜回顾，背面细检索。
前后视察已，续行或折返，
故于一切时，应视所需行。

欲身如是住，安妥威仪已，
时时应细察，此身云何住。
尽力遍观察，此若狂象心，
紧系念法柱，已拴未失否？
精进习定者，刹那勿弛散，
念念恒伺察，吾意何所之？
危难喜庆时，心散亦应安，
经说行施时，可舍微细戒。
思已欲为时，莫更思他事，
心志应专一，且先成办彼。
如是事皆成，否则俱不成。
随眠不正知，由是不增盛。
无义众闲谈，诸多赏心剧，
临彼境界时，当断意贪著。
无义掘挖割，于地绘图时，
当忆如来教，惧罪舍彼行。
若身欲移动，或口欲出言，
应先观自心，安稳如理行。
吾意正生贪，或欲嗔恨时，
言行应暂止，如树安稳住。
掉举与讽刺，傲慢或骄矜，
或欲评论他，或思伪与诈，
或思勤自赞，或欲诋毁他，
粗言并离间，如树应安住。
或思名利敬，若欲差仆役，
若欲人侍奉，如树应安住。

欲削弃他利，或欲图己利，
因是欲语时，如树应安住。
不耐懒与惧，无耻言无义，
亲友爱若生，如树应安住。
应观此染污，好行无义心，
知已当对治，坚持守此意。
深信极肯定，坚稳恭有礼，
知惭畏因果，寂静勤予乐。
愚稚意不合，心且莫生厌，
彼乃惑所生，思已应怀慈。
为自及有情，利行不犯罪，
更以幻化观，恒常守此意。
吾当再三思，历劫得暇满，
故应持此心，不动如须弥。
秃鹰贪食肉，争夺扯我尸，
若汝不经意，云何今爱惜？
意汝于此身，何故执且护？
汝彼既各别，于汝何所需？
痴意汝云何，不护净树身，
何苦勤守护，腐朽臭皮囊？
首当以意观，析出表皮层，
次以智慧剑，剔肉离身骨。
复解诸骨骼，审观至于髓，
当自如是究，何处见精妙。
如是勤寻觅，若未见精妙，
何故犹贪著，爱护此垢身？

若垢不堪食，身血不宜饮，
肠胃不适吮，身复何所需？
贪身唯一因，为护狐鹫食。
故应惜此身，独为修诸善，
纵汝护如此，死神不留情，
夺已施鹫狗，届时复何如？
若仆不堪使，主不与衣食，
养身而它去，为何善养护？
即酬彼薪资，当令办吾利，
无益则于彼，一切不应与。
念身如舟楫，唯充去来依，
为办有情利，修成如意身。
自主己身心，恒常露笑颜，
平息怒纹眉，众友正实语。
移座勿随意，至发大音声，
开门勿粗暴，常喜寂静行。
水鸥猫盗贼，无声行隐蔽，
故成所欲事，能仁如是行。
宜善劝勉人，未请饶益语，
恭敬且顶戴，恒为众人徒。
一切妙隽语，皆赞为善说，
见人行福善，赞叹生欢喜。
暗称他人功，随和他人德，
闻人称己德，应忖自有无。
一切行为喜，此喜价难估，
故当依他德，安享随喜乐。

如是今无损，来世乐亦多，
反之因嗔苦，后世苦更增。
出言当称意，义明语相关，
悦意离贪嗔，柔和调适中。
眼见有情时，诚慈而视之，
念我依于彼，乃能成佛道。
恒依强欲乐，或依对治引，
以恩悲福田，成就大福善。
善巧具信已，即当常修善，
众善己应为，谁亦不仰仗。
施等波罗蜜，层层渐升进，
勿因小失大，大处思利他。
前理既已明，应勤饶益他，
慧远具悲者，佛亦开诸遮。
食当与堕者，无怙住戒者，
己食唯适量，三衣余尽施，
修行正法身，莫为小故伤，
行此众生愿，迅速得圆满。
悲愿未清净，不应施此身，
今生或他生，利大乃可舍。
无病而覆头，缠头或撑伞，
手持刀兵杖，不敬勿说法。
莫示无伴女，慧浅莫言深，
于诸浅深法，等敬渐修习。
于诸利根器，不应与浅法，
不应舍律行，经咒诳惑人。

牙木与唾涕，弃时应掩蔽，
用水及净地，不应弃屎尿。
食时莫满口，出声与咧嘴，
坐时勿伸足，双手莫揉搓。
车床幽隐处，莫会他人妇，
世间所不信，观询而舍弃。
单指莫示意，心当怀恭敬，
平伸右手掌，示路亦如是。
肩臂莫挥摆，示意以微动，
出声及弹指，否则易失仪。
睡如佛涅槃，应朝欲方卧，
正知并决志，觉已速起身。
菩萨诸行仪，经说无有尽，
然当尽己力，修持净心行。
昼夜当各三，诵读三聚经，
依佛菩提心，悔除堕罪余。
为自或为他，何时修何行，
佛说诸学处，皆当勤修习。
佛子不需学，毕竟皆无有，
善学若如是，福德焉不至？
直接或间接，所行唯利他，
为利诸有情，回向大菩提。
舍命亦不离，善巧大乘义，
安住净律仪，珍贵善知识。
应如吉祥生，修学侍师规。
此及余学处，阅经即能知，

经中学处广，故应阅经藏。
首当先阅览，虚空藏经部，
亦当勤阅读，学处总集论，
佛子恒修行，学集广说故。
或暂阅精简，一切经集论。
亦当偶披阅，龙树二论典。
经论所未遮，皆当勤修学。
为护世人心，知已即当行。
再三宜深观，身心诸状态，
仅此简言之，即护正知义。
法应恭谨行，徒说岂有益？
唯阅疗病方，疾患云何愈？

第五品终

第六品　安忍

一嗔能摧毁，千劫所积聚，
施供善逝等，一切诸福善。
罪恶莫过嗔，难行莫胜忍，
故应以众理，努力修安忍。
若心执灼嗔，意即不寂静，
喜乐亦难生，烦躁不成眠。
纵人以利敬，恩施来依者，
施主若易嗔，反遭彼弑害。
嗔令亲友厌，虽施亦不依。

若心有嗔恚，安乐不久住，
嗔敌能招致，如上诸苦患。
精勤灭嗔者，享乐今后世。
强行我不欲，或挠吾所欲，
得此不乐食，嗔盛毁自己。
故当尽断除，嗔敌诸粮食，
此敌唯害我，更无他余事。
遭遇任何事，莫扰欢喜心，
忧恼不济事，反失诸善行。
若事尚可改，云何不欢喜，
若已不济事，忧恼有何益？
不欲我与友，历苦遭轻蔑，
闻受粗鄙语，于敌则相反。
乐因何其微，苦因极繁多。
无苦无出离，故心应坚忍。
苦行伽那巴，无端忍烧割，
吾今求解脱，何故反畏怯？
久习不成易，此事定非有，
渐习小害故，大难亦能忍。
蛇及蚊虻噬，饥渴等苦受，
乃至疥疮等，岂非见惯耶？
故于寒暑风，病缚捶打等，
不宜太娇弱，若娇反增苦。
有者见己血，反增其坚勇，
有人见他血，惊慌复闷绝，
此二大差别，悉由勇怯致。

故应轻害苦，莫为诸苦毁。
智者纵历苦，不乱心澄明。
奋战诸烦恼，虽生多害苦，
然应轻彼苦，力克嗔等敌，
制惑真勇士，余唯弑尸者。
苦害有诸德，厌离除骄慢。
悲愍生死众，羞恶乐行善。
不嗔胆病等，痛苦大渊薮，
云何嗔有情，彼皆缘所成。
如人不欲病，然病仍生起，
如是不欲恼，烦恼强涌现。
心虽不思嗔，而人自然嗔，
如是未思生，嗔恼犹自生。
所有众过失，种种诸罪恶，
彼皆缘所生，全然非自力。
彼等众缘聚，不思将生嗔，
所生诸嗔恼，亦无已生想。
纵许有主物，施设所谓我，
主我不故思，将生而生起，
不生故无果。常我欲享果，
于境则恒散，彼执亦不息。
彼我若是常，无作如虚空。
纵遇他缘时，不动无变异。
作时亦如前，则作有何用？
谓作用即此，我作何相干？
是故一切法，依他非自主，

知已不应嗔，如幻如化事。

由谁除何嗔，除嗔不如理，

嗔除诸苦灭，故非不应理。

故见怨或亲，非理妄加害，

思此乃缘生，受之甘如饴。

若苦由自取，而人皆厌苦，

以是诸有情，皆当无苦楚。

或因己不慎，以刺自戳伤，

或为得妇心，忧伤复绝食，

纵崖或自缢，吞服毒害食，

妄以自虐行，于己作损伤。

自惜身命者，因惑尚自尽，

况于他人身，丝毫无伤损。

故于害我者，心应怀慈悯，

慈悲纵不起，生嗔亦非当。

设若害他人，乃愚自本性，

嗔彼则非理，如嗔烧性火。

若过是偶发，有情性仁贤，

则嗔亦非理，如嗔烟蔽空。

棍杖所伤人，不应嗔使者，

彼复嗔使故，理应憎其嗔。

我昔于有情，曾作如是害，

既曾伤有情，理应受此损。

敌器与我身，二皆致苦因，

双出器与身，于谁该当嗔？

身似人形疮，轻触苦不堪，

盲目我爱执，遭损谁当嗔？
愚夫不欲苦，偏作诸苦因，
既由己过害，岂能嗔于人？
譬如地狱卒，及诸剑叶林，
既由己业生，于谁该当嗔？
宿业所引发，令他损恼我，
因此若堕狱，岂非我害他？
依敌修忍辱，消我诸多罪，
怨敌依我者，堕狱久受苦。
若我伤害彼，敌反饶益我，
则汝粗暴心，何故反嗔彼？
若我有功德，必不堕地狱，
若吾自守护，则彼何所得？
若以怨报怨，则更不护敌，
吾行将退失，难行亦毁损。
心意无形体，谁亦不能毁。
若心执此身，定遭诸苦损，
轻蔑语粗鄙，口出恶言辞，
于身既无害，心汝何故嗔？
谓他不喜我，然彼于现后，
不能毁损我，何故厌讥毁？
谓碍利养故，纵我厌受损，
吾利终须舍，诸罪则久留。
宁今速死殁，不愿邪命活，
苟安纵久住，终必遭死苦。
梦受百年乐，彼人复苏醒，

或受须臾乐，梦已此人觉，
觉已此二人，梦乐皆不还。
寿虽有长短，临终唯如是，
设得多利养，长时享安乐，
死如遭盗劫，赤裸空手还。
谓利能活命，净罪并修福，
然为利养嗔，福尽恶当生。
若为尘俗活，复因彼退堕，
唯行罪恶事，苟活义安在？
谓谤令他失，故我嗔谤者，
如是何不嗔，诽谤他人者？
谓此唯关他，是故吾堪忍，
如是何不忍，烦恼所生谤？
于佛塔像法，诽诋损毁者，
吾亦不应嗔，因佛远诸害。
于害上师尊，及伤亲友者，
思彼皆缘生，知已应止嗔。
情与无情二，俱害诸有情，
云何唯嗔人？故我应忍害。
或由愚行害，或因愚还嗔，
此中孰无过？孰为有过者？
因何昔造业，于今受他害？
一切既依业，凭何嗔于彼？
如是体解已，以慈互善待，
故吾当一心，勤行诸福善。
譬如屋着火，燃及他屋时，

理当速移弃，助火蔓延草。
如是心所贪，能助嗔火蔓，
虑火烧德屋，应疾厌弃彼。
如彼待杀者，断手获解脱，
若以修行苦，离狱岂非善？
于今些微苦，若我不能忍，
何不除嗔恚，地狱众苦因？
为欲曾千返，堕狱受烧烤，
然于自他利，今犹未成办。
安忍苦不剧，复能成大利，
为除众生害，欣然受此苦。
人赞敌有德，若获欢喜乐，
意汝何不赞，令汝自欢喜？
如是所生乐，唯乐无性罪，
诸佛皆称许，复是摄他法。
谓他获乐故，然汝厌彼乐，
则应不予酬，此坏现后世。
他赞吾德时，我亦欲他乐，
他赞敌功德，何故我不乐？
初欲有情乐，而发菩提心，
有情今获乐，何故反嗔彼？
初欲令有情，成佛受他供，
今见人获利，何故生嫉恼？
所应恩亲养，当由汝供给，
彼今已自立，不喜岂反嗔？
不愿人获利，岂愿彼证觉？

妒憎富贵者，岂有菩提心？
若已从他得，或利在施家，
二俱非汝有，施否何相干？
何故弃福善，信心与己德？
不守己得财，何不自嗔责？
于昔所为恶，犹无忧愧色，
岂还欲竞胜，曾培福德者。
纵令敌不喜，汝有何可乐？
唯盼敌受苦，不成损他因。
汝愿纵得偿，他苦汝何乐？
若谓满我愿，招祸岂过此？
若为嗔渔夫，利钩所钩执，
陷我入狱篓，定受狱卒煎。
受赞享荣耀，非福非长寿，
非力非免疫，非令身安乐。
若吾识损益，赞誉有何利？
若唯图暂乐，应依赌等酒。
若仅为虚名，失财复丧命，
誉词何所为，死时谁得乐？
沙屋倾颓时，愚童哀极泣，
若我伤失誉，岂非似愚童？
声暂无心故，称誉何足乐？
若谓他喜我，彼赞是喜因？
受赞或他喜，于我有何益？
喜乐属于彼，少分吾不得。
他乐故我乐，于众应如是，

他喜而赞敌，何故我不乐？

故我受赞时，心若生欢喜，

此喜亦非当，唯是愚童行。

赞誉令心散，损坏厌离心，

令妒有德者，复毁圆满事。

以是若有人，欲损吾声誉，

岂非救护我，免堕诸恶趣。

吾唯求解脱，无需利敬缚，

于解束缚者，何故反生嗔？

如我欲趣苦，然蒙佛加被，

闭门不放行，云何反嗔彼？

谓敌能障福，嗔敌亦非当，

难行莫胜忍，云何不忍耶？

若我因己过，不堪忍敌害，

岂非徒自障，习忍福德因？

无害忍不生，怨敌生忍福，

既为修福因，云何谓障福？

应时来乞者，非行布施障，

授戒阿阇黎，亦非障出家。

世间乞者众，忍缘敌害稀，

若不外植怨，必无为害者。

故敌极难得，如宝现贫舍，

能助菩提行，故当喜自敌。

敌我共成忍，故此安忍果，

首当奉献彼，因敌是忍缘。

谓无助忍想，故敌非应供，

则亦不应供，正法修善因。

谓敌思为害，故彼非应供，

若如医利我，云何修安忍？

既依极嗔心，乃堪修坚忍，

故敌是忍因，应供如正法。

本师牟尼说，生佛胜福田。

常敬生佛者，圆满达彼岸。

修法所依缘，有情等诸佛，

敬佛不敬众，岂有此道理？

非说智德等，由用故云等，

有情助成佛，故说生佛等。

怀慈供有情，因彼尊贵故，

敬佛福德广，亦因佛尊贵。

助修成佛故，许众生佛等，

然生非等佛，无边功德海。

唯佛功德齐，于具少分者，

虽供三界物，犹嫌不得足。

有情具功德，能生胜佛法，

唯因此德符，即应供有情。

无伪众生亲，诸佛唯利生，

除令有情喜，何足报佛恩？

利生方足报，舍身入狱佛，

故我虽受害，亦当行众善。

诸佛为有情，尚且不惜身，

愚痴我何故，骄慢不侍众？

众乐佛欢喜，众苦佛伤悲，

悦众佛愉悦，犯众亦伤佛。
遍身着火者，与欲乐不生，
若伤诸有情，云何悦诸佛？
因昔害众生，令佛伤心怀，
众罪我今悔，祈佛尽宽恕。
为令如来喜，止害利世间，
任他践吾顶，宁死悦世主。
大悲诸佛尊，视众犹如己，
生佛既同体，何不敬众生？
悦众令佛喜，能成自利益，
能除世间苦，故应常安忍。
譬如大王臣，虽伤众多人，
谋深虑远者，力堪不报复，
因敌力非单，王势即彼援，
故敌力虽弱，不应轻忽彼。
悲佛与狱卒，吾敌众依怙，
故如民侍君，普令有情喜。
暴君纵生嗔，不能令堕狱，
然犯诸有情，定遭地狱害。
如是王虽喜，不能令成佛，
然悦诸众生，终成无上觉。
云何犹不见，取悦有情果，
来生成正觉，今世享荣耀。
生生修忍得，貌美无病障，
誉雅命久长，乐等转轮王。

第六品终

第七品　精进

忍已需精进，精进证菩提，
若无风不动，无勤福不生。
进即喜于善。下说其违品：
同恶散劣事，自轻凌懒惰。
贪图懒乐味，习卧嗜睡眠，
不厌轮回苦，频生强懈怠。
云何犹不知，身陷惑网者，
必囚生死狱，正入死神口。
渐次杀吾类，汝岂不见乎？
然乐睡眠者，如牛见屠夫。
通道遍封已，死神正凝望，
此时汝何能，贪食复耽眠？
死亡速临故，及时应积资，
届时方断懒，迟矣有何用？
未肇或始作，或唯半成时，
死神突然至，呜呼吾命休！
因忧眼红肿，面颊泪双垂，
亲友已绝望，吾见阎魔使，
忆罪怀忧苦，闻声惧堕狱，
狂乱秽覆身，届时复何如？
此生所怀惧，犹如待宰鱼，
何况昔罪引，难忍地狱苦。

如婴触沸水，灼伤极刺痛，
已造狱业者，云何复逍遥？
不勤而冀得，娇弱频造罪，
临死犹天人，呜呼定受苦。
依此人身筏，能渡大苦海，
此筏难复得，愚者勿贪眠。
弃舍胜法喜，无边欢乐因，
何故汝反喜，散掉等苦因？
勿怯积助缘，策励令自主，
自他平等观，勤修自他换。
不应自退怯，谓我不能觉，
如来实语者，说此真实言：
所有蚊虻蜂，如是诸虫蛆，
若发精进力，咸证无上觉。
况我生为人，明辨利与害，
行持若不废，何故不证觉？
若言我怖畏，须舍手足等。
是昧轻与重，愚者徒自畏。
无量俱胝劫，千番受割截，
刺烧复分解，今犹未证觉。
吾今修菩提，此苦有限期，
如为除腹疾，暂受疗割苦。
医皆以小苦，疗治令病除，
为灭众苦故，当忍修行苦。
凡常此疗法，良医皆不用，
巧施缓药方，疗治众疴疾。

佛陀先令行，蔬菜等布施，
习此微施已，渐能施己肉。
一旦觉自身，卑微如蔬菜，
尔时舍身肉，于彼有何难？
身心受苦害，邪见罪为因，
恶断则无苦，智巧故无忧。
福德引身适，智巧令心安，
为众处生死，菩萨岂疲厌？
以此菩提心，能尽宿恶业，
能聚福德海，故胜诸声闻。
故应除疲厌，驾驭觉心驹，
从乐趋胜乐，智者谁退怯？
勤利生助缘，信解坚喜舍，
畏苦思利益，能生希求力。
故断彼违品，以欲坚喜舍。
实行控制力，勤取增精进。
发愿欲净除，自他诸过失，
然尽一一过，须修一劫海。
若我未曾有，除过精进分，
定受无量苦，吾心岂无惧？
发愿欲促成，自他众功德，
成此一一德，须修一劫海。
然我终未生，应修功德分，
无义耗此生，莫名太稀奇！
吾昔未供佛，未施喜宴乐，
未曾依教行，未满贫者愿，

未除怖者惧，未与苦者乐，
吾令母胎苦，唯起痛苦已。
从昔至于今，于法未信解，
故遭此困乏，谁复舍信解？
佛说一切善，根本为信解。
信解本则为，恒思业因果。
痛苦不悦意，种种诸畏惧，
所求不顺遂，皆从昔罪生。
由行所思善，无论至何处，
福报皆现前，供以善果德。
恶徒虽求乐，然至一切处，
罪报皆现前，剧苦猛摧残。
因昔净善业，生居大莲藏，
芬芳极清凉，闻食妙佛语，
心润光泽生，光照白莲启，
托出妙色身，喜成佛前子。
因昔众恶业，阎魔诸狱卒，
剥皮令受苦，热火熔钢液，
淋灌无肤体，炙燃剑矛刺，
身肉尽碎裂，纷堕烧铁地。
故心应信解，恭敬修善法。
轨以金刚幢，行善修自信。
首当量己力，自忖应为否，
不宜暂莫为，为已勿稍退。
退则于来生，串习增罪苦，
他业及彼果，卑劣复不成。

于善断惑力，应生自信心，
吾应独自为，此是业自信。
世人随惑转，不能办自利，
众生不如我，故我当尽力。
他尚勤俗务，我怎悠闲住？
亦莫因慢修，无慢最为宜。
乌鸦遇死蛇，勇行如大鹏，
信心若怯懦，反遭小过损。
怯懦舍精进，岂能除福贫？
自信复力行，障大也无碍。
故心应坚定，奋灭诸罪堕，
我若负罪堕，何能超三界？
吾当胜一切，不使惑胜我，
吾乃佛狮子，应持此自信。
以慢而堕落，此惑非胜慢，
自信不随惑，此信制惑慢。
因慢生傲者，将赴恶趣道，
人间欢宴失，为仆食人残，
蠢丑体虚弱，轻蔑处处逢。
傲慢苦行者，倘入自信数，
堪怜宁过此？
为胜我慢敌，坚持自信心，
此乃胜利者，英豪自信士。
若复真实灭，暗延我慢敌，
定能成佛果，圆满众生愿。
设处众烦恼，千般须忍耐，

如狮处狐群，不遭烦恼害。
人逢大危难，先护其眼目，
如是虽临危，护心不随惑。
吾宁被烧杀，甚或断头颅，
然终不稍让，屈就烦恼贼。
一切时与处，不行无义事。
如童逐戏乐，所为众善业，
心应极耽著，乐彼无餍足。
世人勤求乐，成否犹未定，
二利能得乐，不行乐何有？
如嗜刃上蜜，贪欲无餍足，
感乐寂灭果，求彼何需足？
为成所求善，欢喜而趣行，
犹如日中象，遇池疾奔入。
身心俱疲时，暂舍为久继。
事成应尽舍，续行余善故。
沙场老兵将，遇敌避锋向，
如是回惑刃，巧缚烦恼敌。
战阵失利剑，惧杀疾拾取，
如是若失念，畏狱速提起。
循血急流动，箭毒速遍身，
如是惑得便，罪恶尽覆心。
如人剑逼身，行持满钵油，
惧溢虑遭杀，护戒当如是。
复如蛇入怀，疾起速抖落，
如是眠懈至，警醒速消除。

每逢误犯过，皆当深自责，
屡思吾今后，终不犯此过。
故于一切时，精勤修正念，
依此求明师，圆成正道业。
为令堪众善，应于行事前，
忆教不放逸，振奋欢喜行。
如絮极轻盈，随风任来去，
身心若振奋，众善皆易成。

第七品终

第八品　静虑

发起精进已，意当住禅定，
心意涣散者，危陷惑牙间。
身心若寂静，散乱即不生，
故应舍世间，尽弃诸俗虑。
贪亲爱利等，则难舍世间，
故当尽弃彼，随智修观行。
有止诸胜观，能灭诸烦恼，
知已先求止，止由离贪成。
自身本无常，犹贪无常人，
纵历百千生，不见所爱人。
未遇则不喜，不能入等至，
纵见不知足，如昔因爱苦。
若贪诸有情，则障实性慧，

亦毁厌离心，终遭愁叹苦。
若心专念彼，此生将虚度。
无常众亲友，亦坏真常法。
行为同凡愚，必堕三恶趣，
令入非圣境，何须近凡愚？
刹那成密友，须臾复结仇，
喜处亦生嗔，凡夫难取悦。
忠告则生嗔，反劝离诸善，
若不从彼语，嗔怒堕恶趣。
妒高竞相等，傲卑赞复骄，
逆耳更生嗔，处俗怎得益？
伴愚必然生，自赞毁他过，
好谈世间乐，无义不善事。
是故近亲友，徒然自招损，
彼既无益我，吾亦未利彼，
故应远凡愚。会时喜相迎，
亦莫太亲密，善系君子谊。
犹如蜂采蜜，为法化缘已，
如昔未谋面，淡然而处之。
吾富受恭敬，众人皆喜我，
若持此骄傲，殁后定生惧。
故汝愚痴意，无论贪何物，
定感苦果报，千倍所贪得。
故智不应贪，贪生三途怖。
应当坚信解，彼性本应舍。
纵吾财物丰，令誉遍称扬，

所集诸名利，非随心所欲。
若有人毁我，赞誉何足喜？
若有人赞我，讥毁何足忧？
有情种种心，佛亦难尽悦，
何况劣如我，故应舍此虑。
睥睨穷行者，诋毁富修士，
性本难为侣，处彼怎得乐？
如来曾宣示，凡愚若无利，
郁郁终寡欢，故莫友凡愚。
林中鸟兽树，不出刺耳音，
伴彼心常乐，何时共安居？
何时住树下，岩洞无人寺，
愿心不眷顾，断舍尘世贪？
何时方移栖，天然辽阔地，
不执为我所，无贪恣意行？
何时居无惧，唯持钵等器，
匪盗不需衣，乃至不蔽体？
何时赴寒林，触景生此情：
他骨及吾体，悉皆坏灭法。
吾身速腐朽，彼臭令狐狼，
不敢趋前尝，其变终至此。
孑然此一身，生时骨肉连，
死后各分散，何况是他亲？
生既孤独生，殁复独自亡，
苦痛无人摊，亲眷有何益？
如诸行路客，不执暂留舍，

如是行有道，岂应恋生家？
迨及众亲友，伤痛及哀泣，
四人掮吾体，届时赴林间。
无亲亦无怨，只身隐山林，
先若视同死，殁已无人忧。
四周既无人，哀伤或为害，
故修随念佛，无人扰令散。
故当独自栖，事少易安乐，
灵秀宜人林，止息众散乱。
尽弃俗虑已，吾心当专一，
为令入等至，制惑而精进。
现世及来世，诸欲引灾祸，
今生砍杀缚，来世入地狱。
月老媒婆前，何故屡恳求？
为何全不忌，诸罪或恶名？
纵险吾亦投，资财愿耗尽，
只为女入怀，销魂获至乐。
除骨更无余，与其苦贪执，
非我自主躯，何如趣涅槃？
始则奋抬头，揭已羞垂视，
葬前见未见，悉以纱覆面。
昔隐惑君容，今现明眼前，
鹫已去其纱，既见何故逃？
昔日他眼窥，汝即忙守护，
今鹫食彼肉，吝汝何不护？
既见此聚尸，鹫兽竞分食，

何苦以花饰，殷献鸟兽食？
若汝见白骨，静卧犹惊怖，
何不惧少女，灵动如活尸？
昔衣汝亦贪，今裸何不欲？
若谓厌不净，何故拥着衣？
粪便与口涎，悉从饮食生，
何故贪口液，不乐臭粪便？
嗜欲者不贪，柔软木棉枕，
谓无女体臭。彼诚迷秽垢。
迷劣欲者言：棉枕虽滑柔，
难成鸳鸯眠。于彼反生嗔。
若谓厌不净，肌腱系骨架，
肉泥粉饰女，何以拥入怀？
汝自多不净，日用恒经历，
岂贪不得足，犹图他垢囊？
若谓喜彼肉，欲观并摸触，
则汝何不欲，无心尸肉躯？
所欲妇女心，无从观与触，
可触非心识，空拥何所为？
不明他不净，犹非稀奇事，
不知自不净，此则太稀奇！
汝执不净心，何故舍晨曦，
初启嫩莲花，反着垢秽囊？
若汝不欲触，粪便所涂地，
云何反欲抚，泄垢体私处？
若谓厌不净，垢种所孕育，

秽处所出生，何以搂入怀？

粪便所生蛆，虽小尚不欲，

云何汝反欲，垢生不净躯？

汝自不净身，非仅不轻弃，

反因贪不净，图彼臭皮囊。

宜人冰片等，米饭或蔬菜，

食已复排出，大地亦染污。

垢身浊如此，亲见若复疑，

应观寒尸林，腐身不净景。

皮表迸裂尸，见者生大畏，

知已复何能，好色生欢喜？

涂身微妙香，旃檀非她身，

何以因异香，贪著她身躯？

身味若本臭，不贪岂非善？

贪俗无聊辈，为何身涂香？

若香属旃檀，身出乃异味，

何以因异香，贪爱女身躯？

长发污修爪，黄牙泥臭味，

皆令人怖畏，躯体自本性，

如伤己利刃，何故勤擦拭？

自迷痴狂徒，呜呼满天下！

寒林唯见骨，意若生厌离，

岂乐活白骨，充塞寒林城？

复次女垢身，无酬不可得，

今生逐尘劳，彼世遭狱难。

少无生财力，及长怎享乐？

财积寿渐近，衰老欲何为？

多欲卑下人，白日劳力竭，

夜归精气散，身如死尸眠。

或需赴他乡，长途历辛劳，

虽欲会娇妻，终年不相见。

或人为谋利，因愚卖身讫，

然利犹未得，空随业风去。

或人自售身，任随他指使，

妻妾纵临产，荒郊树下生。

欲欺凡夫谓：求活谋生故，

虑丧赴疆场，为利成佣奴。

为欲或丧身，或竖利戈尖，

或遭短矛刺，乃至火焚烧。

积护耗尽苦，应知财多祸，

贪金涣散人，脱苦遥无期。

贪欲生众苦，害多福利少，

如彼拖车牲，唯得数口草。

彼利极微薄，虽畜不难得，

为彼勤苦众，竟毁暇满身。

诸欲终坏灭，贪彼易堕狱，

为此瞬息乐，须久历艰困。

彼困千万分，便足成佛道，

欲者较菩萨，苦多无菩提。

思维地狱苦，始知诸欲患，

非毒兵器火，险地所能拟。

故当厌诸欲，欣乐阿兰若。

离净无烦恼，寂静山林中，
皎洁明月光，清凉似檀香。
倾泻平石上，如宫意生欢。
林风无声息，徐徐默吹送。
有福瑜伽士，踱步思利他。
空舍岩洞树，随时任意住，
尽舍护持苦，无忌恣意行。
离贪自在行，谁亦不相干，
王侯亦难享，知足闲居欢。
远离诸尘缘，思彼具功德，
尽息诸分别，观修菩提心。
首当勤观修，自他本平等。
避苦求乐同，护他如护己。
手足肢虽众，护如身相同，
众生苦乐殊，求乐与我同。
虽我所受苦，不伤他人身，
此苦亦当除，执我难忍故，
如是他诸苦，虽不临吾身，
彼苦仍应除，执我难忍故。
吾应除他苦，他苦如自苦，
吾当利乐他，有情如吾身。
自与他双方，求乐既相同，
自他何差殊？何故求独乐？
自与他双方，恶苦既相同，
自他何差殊？何故唯自护？
谓彼不伤吾，故不护他苦，

后苦不害今，何故汝防护？
若谓当受苦，此诚邪思维，
亡者他体故，生者亦复然。
若谓自身苦，应由自防护，
足苦非手苦，何故手护足？
若谓此非理，执我故如此，
执自他非理，唯当极力断。
相续与蕴聚，假名如军鬘，
本无受苦者，谁复感彼苦？
既无受苦者，诸苦无分别。
苦故即当除，何须强区分？
不应有此诤，何须除他苦？
欲除悉应除，否则自如他。
悲心引众苦，何苦强催生？
若愍众生苦，自苦云何增？
一苦若能除，众多他人苦，
为利自他故，慈者乐彼苦。
妙花月虽知，国王有害意，
然为尽众苦，不惜殉自命。
如是修自心，则乐灭他苦，
恶狱亦乐往，如鹅趣莲池。
有情若解脱，心喜如大海，
此喜宁不足？云何唯自度？
故虽谋他利，然无骄矜气，
一心乐利他，不望得善报。
微如言不逊，吾亦慎防护，

如是于众生，当习悲护心。

如亲精卵聚，本非吾自身，
串习故执取，精卵聚为我。
如是于他身，何不执为我？
自身换他身，是故亦无难，
自身过患多，他身功德广，
知已当修习，爱他弃我执。
众人皆认许，手足是身肢，
如是何不许，有情众生分？
于此无我躯，串习成我所，
如是于他身，何不生我觉？
故虽谋他利，然无骄矜气，
如人自喂食，未曾盼回报。
微如言不逊，吾亦慎防护，
如是于众生，当习悲护心。
怙主观世音，为除众怖畏，
涌现大悲心，加持自圣号。
闻名昔丧胆，因久习近故，
失彼竟寡欢，知难应莫退。
若人欲速疾，救护自与他，
当修自他换，胜妙秘密诀。
贪著自身故，小怖亦生畏。
于此生惧身，谁不似敌嗔？
千般需疗除，饥渴身疾者，
捕杀鱼鸟兽，伺机劫道途。
或为求利敬，乃至杀父母，

盗取三宝物，以是焚无间。
有谁聪智者，欲护供此身？
谁不视如仇，谁不轻蔑彼？
若施何能享？自利饿鬼道，
自享何所施？利他人天法。
为自而害他，将受地狱苦，
损己以利他，一切圆满成。
欲求自高者，卑愚堕恶趣，
回此举荐他，受敬上善道。
为己役他者，终遭仆役苦，
劳自以利他，当封王侯爵。
所有世间乐，悉从利他生，
一切世间苦，咸由自利成。
何须更繁叙？凡愚求自利，
牟尼唯利他，且观此二别。
若不以自乐，真实换他苦，
非仅不成佛，生死亦无乐。
后世且莫论，今生不为仆，
雇主不予酬，难成现世利。
利他能成乐，否则乐尽失，
害他令受苦，愚者定遭殃。
世间诸灾害，怖畏及众苦，
悉由我执生，此魔我何用？
我执未尽舍，苦必不能除，
如火未抛弃，不免受灼伤。
如为止自害，及灭他痛苦，

舍自尽施他，爱他如爱己。
意汝定当知，吾已全属他，
除利有情想，切莫更思余。
不应以他眼，成办自利益，
亦莫以眼等，邪恶待众生。
故当尊有情，己身所有物，
见已咸取出，广利诸众生。
易位卑等高，移自换为他，
以无疑虑心，修妒竞胜慢。
蒙敬彼非我，吾财不如彼，
受赞他非我，彼乐吾受苦。
工作吾勤苦，度日彼安逸。
世间盛赞彼，吾之身名裂，
无才何所为？才学众悉有，
彼较某人劣，吾亦胜某人。
戒见衰退等，因惑而非我，
故应悲济我，困则自取受。
然吾未蒙济，竟然反遭轻，
彼虽具功德，于我有何益？
不愍愚众生，危陷恶趣门，
向外夸己德，欲胜诸智者。
为令自优胜，利能等我者，
纵诤亦冀得，财利与恭敬。
极力称吾德，令名扬世间，
克抑彼功德，不令世间闻。
复当隐吾过，受供而非他，

令我获大利，受敬而非他。
吾喜观望彼，沦落久遭难，
令受众嘲讽，竞相共责难。
据云此狂徒，欲与吾相争，
财貌与慧识，种姓宁等我？
故令闻众口，齐颂吾胜德，
毛竖心欢喜，浑然乐陶陶。
彼富吾夺取，若为吾从仆，
唯予资生酬，其余悉霸取。
令彼乏安乐，恒常遇祸害。
彼为堕生死，百般折损我。
汝虽欲自利，然经无数劫，
遍历大劬劳，执我唯增苦。
是故当尽心，勤行众生利，
牟尼无欺言，奉行必获益。
若汝自往昔，素行利生事，
除获正觉乐，必不逢今苦。
故汝于父母，一滴精血聚，
既可执为我，于他亦当习。
应为他密探，见己有何物，
悉数尽盗取，以彼利众生。
我乐他不乐，我高他卑下，
利己不顾人，何不反自妒？
吾当离安乐，甘代他人苦。
时观念起处，细察己过失。
他虽犯大过，欣然吾顶替，

自过纵微小，众前诚忏悔。
显扬他令誉，以此匿己名，
役自如下仆，勤谋众人利。
此身过本多，德寡奚足夸？
故当隐己德，莫令他人知。
往昔为自利，所行尽害他，
今为他谋利，愿害悉归我。
莫令汝此身，猛现顽强相，
令如初嫁媳，羞畏极谨慎。
坚持利他行，切莫伤众生，
妄动应制止，逾矩当治罚。
纵已如是诲，汝犹不行善，
众过终归汝，唯当受治罚。
昔时受汝制，今日吾已觉，
无论至何处，悉摧汝骄慢。
今当弃此念，尚享自权益。
汝已售他人，莫哀应尽力。
若吾稍放逸，未施汝于众，
则汝定将我，贩与诸狱卒。
如是汝屡屡，弃我令久苦，
今忆宿仇怨，摧汝自利心。
若汝欲自喜，不应自爱执，
若汝欲自护，则当常护他。
汝愈献殷勤，护此不净身，
彼愈趋退堕，衰朽极脆弱。
身弱欲爱增，大地一切物，

尚且不餍足，谁复惬彼欲？
逐欲未得足，生恼复失意。
若人无所求，彼福无穷尽，
乐长身贪故，莫令有机趁，
不执悦意物，厥为真妙财。
可怖不净身，不动待他牵，
火化终成灰，何故执为我？
无论生与死，朽身何所为？
岂异粪等物？怎不除我慢？
奉承此身故，无义集诸苦，
于此似树身，何劳贪与嗔？
细心极爱护，或弃鹫兽食，
身既无贪嗔，何苦爱此身？
何毁引身嗔？何赞令身喜？
身既无所知，殷勤何所为？
若人喜我身，则彼为吾友，
众皆爱己身，何不爱众生？
故应离贪执，为众舍己身，
此身虽多患，善用如工具。
愚行足堪厌，今当随圣贤，
忆教不放逸，奋退昏与眠。
如佛大悲子，安忍所当行，
若不恒勤修，何日得出苦？
为除诸障故，回心避邪途，
并于正所缘，恒常修三昧。

第八品终

第九品　智慧

此等一切支，佛为智慧说，
故欲息苦者，当启空性慧。
世俗与胜义，许之为二谛。
胜义非心境，说心是世俗。
世间见二种，瑜伽及平凡。
瑜伽世间破，平凡世间者，
复因慧差别，层层更超胜。
以二同许喻，为果不观察。
世人见实法，分别为真实，
而非如幻化，故净瑜伽师。
色等现量境，共称非智量，
彼等诚虚妄，如垢谓净等。
为导世间人，佛说无常法，
真实非刹那。岂不违世俗？
瑜伽量无过，待世谓见真，
否则观不净，将违世间见。
供幻佛生德，如供实有佛。
有情若如幻，死已云何生？
众缘聚合已，虽幻亦当生，
云何因久住，有情成实有？
幻人行杀施，无心无罪福，
于有幻心者，则生幻罪福。

咒等无功能，不生如幻心，
种种因缘生，种种如幻物，
一缘生一切，毕竟此非有。
胜义若涅槃，世俗悉轮回，
则佛亦轮回，菩提行何用？
诸缘若未绝，纵幻亦不灭，
诸缘若断绝，俗中亦不生。
乱识若亦无，以何缘幻境？
若许无幻境，心识何所缘？
所缘异实境，境相即心体。
幻境若即心，何者见何者？
世间主亦言，心不自见心，
犹如刀剑锋，不能自割自。
若谓如灯火，如实明自身。
灯火非所明，其无暗蔽故。
如晶青依他，物青不依他，
如是亦得见，识依不依他。
非于非青性，而自成青性。
若谓识了知，故说灯能明。
自心本自明，由何识知耶？
若识皆不见，则明或不明，
如石女女媚，说彼亦无义。
若无自证分，心识怎忆念？
心境相连故，能知如鼠毒。
心通远见他，近故心自明。
然涂炼就药，见瓶不见药。

见闻与觉知，于此不遮除。
此处所遮者，苦因执谛实。
幻境非心外，亦非全无异。
若实怎非异？非异则非实。
幻境非实有，能见心亦然。
轮回依实法，否则如虚空。
无实若依实，云何有作用？
汝心无助伴，应成独一体。
若心离所取，众皆成如来。
施设唯识义，究竟有何德？
虽知法如幻，岂能除烦恼？
如彼幻变师，亦贪所变女。
幻师于所知，未断烦恼习，
空性习气弱，故见犹生贪。
若久修空性，必断实有习，
由修无所有，后亦断空执。
观法无谛实，不得谛实法。
无实离所依，彼岂依心前？
若实无实法，悉不住心前，
彼时无余相，无缘最寂灭。
摩尼如意树，无心能满愿，
因福与宿愿，诸佛亦现身。
如人修鹏塔，塔成彼人逝。
虽逝经久远，灭毒用犹存。
随修菩提行，圆成正觉塔，
菩萨虽入灭，能成众利益。

供养无心物，云何能得果？
供奉今昔佛，经说福等故。
供以真俗心，经说皆获福，
如供实有佛，能得果报然。
见谛则解脱，何须见空性？
般若经中说：无慧无菩提。
大乘若不成，汝教云何成？
二皆许此故。汝初亦不许。
何缘信彼典，大乘亦复然，
二许若成真，吠陀亦成真。
小诤大乘故。外道于阿含，
自他于他教，有诤悉应舍。
若语入经藏，即许为佛语，
三藏大乘教，云何汝不许？
若因一不摄，一切皆有过，
则当以一同，一切成佛语。
诸圣大迦叶，佛语未尽测，
谁因汝不解，废持大乘教？
比丘为教本，彼亦难安立，
心有所缘者，亦难住涅槃。
断惑若即脱，彼无间应尔，
彼等虽无惑，犹见业功能。
谓无近取爱，故定无后有，
此非染污爱，如痴云何无？
因受缘生爱，彼等仍有受。
心识有所缘，彼仍住其中。

若无空性心，灭已复当生，
犹如无想定，故当修空性。
为度愚苦众，菩萨离贪惧，
悲智住轮回，此即悟空果。
空性能对治，烦恼所知障，
欲速成佛者，何不修空性？
不应妄破除，如上空性理，
切莫心生疑，如理修空性。
执实能生苦，于彼应生惧，
悟空能息苦，云何畏空性？
实我若稍存，于物则有惧，
既无少分我，谁复生畏惧？
齿发甲非我，我非骨及血，
非涎非鼻涕，非脓非黄水，
非脂亦非汗，非肺亦非肝，
我非余内脏，亦非屎与尿，
肉与皮非我，脉气热非我，
百窍亦复然，六识皆非我。
声识若是常，一切时应闻，
若无所知声，何理谓识声？
无识若能知，则树亦应知，
是故定应解：无境则无知。
若谓彼知色。彼时何不闻？
若谓声不近，则知识亦无。
闻声自性者，云何成眼识？
一人成父子，假名非真实。

忧喜暗三德，非子亦非父。
彼无闻声性，不见彼性故。
如见伎异状。是识即非常。
谓异样一体。彼一未曾有，
异样若非真，自性复为何？
若谓即是识，众生将成一。
心无心亦一，同为实有故。
差殊成妄时，何为共同依？
无心亦非我，无心则如瓶。
谓合有心故，知成无知灭。
若我无变异，心于彼何用？
无知复无用，虚空亦成我。
若我非实有，业果系非理，
已作我既灭，谁复受业报？
作者受者异，报时作者亡。
汝我若共许，诤此有何义？
因时见有果，此见不可能。
依一相续故，佛说作者受。
过去未来心，俱无故非我。
今心若是我，彼灭则我亡。
犹如芭蕉树，剥析无所有，
如是以慧观，觅我见非实。
有情若非有，于谁起悲愍？
立誓成佛者，因痴虚设有。
无人谁得果？许由痴心得。
为息众生苦，不应除果痴。

我慢痛苦因，惑我得增长。
谓慢不能除，修无我最胜。
身非足小腿，腿腰亦非身，
腹背及胸臂，彼等复非身，
侧肋手非身，腋窝肩非身，
内脏头与颈，彼等皆非身，
此中孰为身？
若身遍散住，一切诸支分，
分复住自分，身应住何处？
若谓吾一身，分住手等分，
则尽手等数，应成等数身。
内外若无身，云何手有身？
手等外无他，云何有彼身？
无身因愚迷，于手生身觉，
如因石状殊，误彼为真人，
众缘聚合时，见石状似人，
如是于手等，亦见实有身。
手复指聚故，理当成何物？
指亦指节聚，指节犹可分。
分复析为尘，尘析为方分，
方分离部分，如空无微尘。
是故聪智者，谁贪如梦身？
如是身若无，岂有男女相？
苦性若实有，何不损极乐？
乐实则甘等，何不解忧苦？
若谓苦强故，不觉彼乐受。

既非领纳性，云何可谓受？
若谓有微苦，岂非已除粗？
谓彼即余乐，微苦岂非乐？
倘因逆缘故，苦受不得生，
此岂非成立，分别受是执？
故应修空性，对治实有执，
观慧良田中，能长瑜伽食。
根境若间隔，彼二怎会遇？
无隔皆成一，谁复遇于谁？
尘尘不相入，无间等大故。
不入则无合，无合则不遇。
无分而能遇，云何此有理？
若见请示我，无分相遇尘。
意识无色身，遇境不应理。
聚亦无实故，如前应观察。
若触非真有，则受从何生？
何故逐尘劳，何苦伤何人？
若见无受者，亦无实领受，
见此实性已，云何爱不灭？
所见或所触，性皆如梦幻。
与心俱生故，受非心能见。
后念唯能忆，非能受前心，
不能自领纳，亦非他能受。
毕竟无受者，故受非真有，
谁言此幻受，能害无我聚？
意不住诸根，不住色与中，

不住内或外，余处亦不得。
非身非异身，非合亦非离，
无少实性故，有情性涅槃。
离境先有识，缘何而生识？
识境若同时，已生何待缘？
识若后境起，缘何而得生？
故应不能知，诸法实有生。
若无世俗谛，云何有二谛？
世俗若因他，有情岂涅槃？
此由他分别，彼非自世俗。
后决定则有，非故无世俗。
分别所分别，二者相依存。
是故诸观察，皆依世共称。
以析空性慧，究彼空性时，
若复究空智，应成无穷过。
悟明所析空，理智无所依，
无依故不生，说此即涅槃。
心境实有宗，理极难安立。
若境由识成，依何立识有？
若识由境成，依何立所知？
心境相待有，二者皆无实，
无子则无父，无父谁生子？
无子也无父，如是无心境。
如芽从种生，因芽知有种，
由境所生识，何不知有境？
由彼异芽识，虽知有芽种，

然心了境时，凭何知有识？
世人亦能见，一切能生因，
如莲根茎等，差别前因生。
谁作因差别？由昔诸异因。
何故因生果？从昔因力故。
自在天是因，何为自在天？
若谓许大种，何必唯执名？
无心大种众，非常亦非天，
不净众所践，定非自在天。
彼天非虚空，非我前已破，
若谓非思议，说彼有何义？
云何此彼生？我及自在天，
大种岂非常？识从所知生，
苦乐无始业？何为彼所生？
若谓因无始。彼果岂有始？
彼既不依他，何故不常作？
若皆彼所造，彼需观待何？
若依缘聚生，生因则非彼。
缘聚则定生，不聚无生力。
若非自在欲，缘生依他力。
若因欲乃作，何名自在天？
微尘万法因，于前已破讫。
常主众生因，数论师所许。
喜乐忧与暗，三德平衡状，
说彼为主体，失衡变众生。
一体有三性，非理故彼无。

如是德非有，彼复各三故。
若无此三德，杳然不闻声。
衣等无心故，亦无苦乐受。
谓此即因性，岂非已究讫？
汝因具三德，从彼不生布。
若布生乐等，无布则无乐。
故乐等常性，毕竟不可得。
乐等若恒存，苦时怎无乐？
若谓乐衰减，彼岂有强弱？
舍粗而变细，彼乐应非常。
如是何不许，一切法非常，
粗既不异乐，显然乐非常。
因位须许有，无终不生故。
显果虽不许，隐果仍许存。
因时若有果，食成啖不净，
复应以布值，购穿棉花种。
谓愚不见此，然智所立言，
世间亦应知。何故不见果？
世见若非量，所见应失真。
若量皆非量，量果岂非假？
真实修空性，亦应成错谬。
不依所察实，不取彼无实，
所破实既假，无实定亦假，
如人梦子死，梦中知无子，
能遮有子想，彼遮也是假。
如是究诸法，则知非无因，

亦非住各别，合集诸因缘，
亦非从他来，非住非趋行。
愚痴所执谛，何异幻化物？
幻物及众因，所变诸事物，
应详审观彼，何来何所去？
缘合见诸物，无因则不见，
虚伪如影像，彼中岂有真？
若法已成有，其因何所需？
若法本来无，云何需彼因？
纵以亿万因，无不变成有。
无时怎成有？成有者为何？
无时若无有，何时方成有？
于有未生时，是犹未离无。
倘若未离无，则无生有时。
有亦不成无，应成二性故。
自性不成灭，有法性亦无。
是故诸众生，毕竟不生灭。
众生如梦幻，究时同芭蕉，
涅槃不涅槃，其性悉无别。
故于诸空法，何有得与失？
谁人恭敬我？谁复轻蔑我？
苦乐由何生？何足忧与喜？
若于性中觅，孰为爱所爱？
细究此世人，谁将辞此世？
孰生孰当生？谁为亲与友？
如我当受持，一切如虚空？

世人求自乐，然由诤喜因，
频生烦乱喜。勤求生忧苦，
互诤相杀戮，造罪艰困活。
虽数至善趣，频享众欢乐，
死已堕恶趣，久历难忍苦。
三有多险地，于此易迷真，
迷悟复相违，生时尽迷真。
将历难忍苦，无边如大海。
苦海善力微，寿命亦短促，
为活及无病，强忍饥疲苦。
睡眠受他害，伴愚行无义，
无义命速逝，观慧极难得。
此生有何法，除灭散乱习？
此时魔亦勤，诱堕于恶趣，
彼复邪道多，难却正法疑。
暇满难再得，佛世难复值，
惑流不易断，呜呼苦相续！
轮回虽极苦，痴故不自觉，
众生溺苦流，呜呼堪悲愍！
如人数沐浴，或数入火中，
如是虽极苦，犹自引为乐。
如是诸众生，度日若无死，
今生遭弑杀，后世堕恶趣。
自聚福德云，何时方能降，
利生安乐雨，为众息苦火？
何时心无缘，诚敬集福德，

于执有众生，开示空性理？

第九品终

第十品　回向

造此入行论，所生诸福善，
回向愿众生，悉入菩萨行。
周遍诸方所，身心病苦者，
愿彼因吾福，得乐如大海！
愿彼尽轮回，终不失安乐，
愿彼悉皆得，菩萨相续乐！
愿诸世间界，所有诸地狱，
彼中诸有情，悉获极乐喜！
愿彼寒者暖，亦愿菩萨云，
飘降无边水，清凉炙热苦！
愿彼剑叶林，悉成美乐园，
铁刺树枝干，咸成如意枝！
愿狱成乐园，饰以鸥鹅雁，
悦音美飞禽，芬芳大莲池！
愿煨成宝聚，烧铁成晶地，
怖畏众合山，成佛无量宫！
岩浆石兵器，悉成散花雨，
刀兵相砍杀，化为互投花！
陷溺似火燃，无滩河众生，
皮肉熔蚀尽，骨露水仙白，

愿彼因吾福，得获妙天身，
缓降天池中，天女共悠游！
云何此中隼，卒鹫顿生惧？
谁有此妙力，除暗生欢喜？
思已望空际，喜见金刚手，
愿以此欣喜，远罪随密主！
愿狱有情见，香水拌花雨，
自天迅飘降，熄灭炽狱火，
安乐意喜足，心思何因缘？
思时望空际，喜见圣观音！
愿狱众有情，欢呼见文殊，
友朋速来此，吾上有文殊，
五髻光灿灿，已生菩提心，
力能灭诸苦，引乐护众生，
令畏尽消除，谁愿舍彼去？
彼居悦意宫，天女齐歌颂，
着冠百天神，齐礼莲足前，
花雨淋髻顶，悲泪润慈目！
复愿狱有情，以吾善根力，
悉见普贤等，无碍菩萨云，
飘降芬芳雨，清凉复安乐，
见已彼等众，由衷生欢喜！
愿彼诸旁生，免遭强食畏！
复愿饿鬼获，北俱卢人乐！
愿圣观世音，手出甘露乳，
饱足饿鬼众，永浴恒清凉！

愿盲见形色，聋者常闻声，
如彼摩耶女，孕妇产无碍！
愿裸获衣裳，饥者得足食，
渴者得净水，妙味诸甘饮！
愿贫得财富，苦者享安乐！
愿彼绝望者，振奋意永固！
愿诸病有情，速脱疾病苦！
亦愿众生疾，毕竟永不生！
愿畏无所惧，缚者得解脱，
弱者力强壮，心思互饶益！
愿诸营商贾，处处皆安乐，
所求一切利，无劳悉成办！
愿诸航行者，成办意所愿，
安抵河海岸，亲友共欢聚！
愿迷荒郊者，幸遇诸行旅，
无有盗虎惧，无倦顺利行！
愿诸天守护，无路险难处，
老弱无怙者，愚痴癫狂徒！
愿脱无暇难，具信慈爱慧，
食用悉富饶，时时忆宿命！
受用愿无尽，犹如虚空藏，
无诤亦无害，自在享天年！
愿卑寒微士，容光悉焕发，
苦行憔悴者，健朗形庄严！
愿世诸妇女，悉成男子汉，
寒门晋显贵，慢者转谦逊！

愿诸有情众，因吾诸福德，
悉断一切恶，常乐福善行！
愿不舍觉心，委身菩提行，
诸佛恒摄受，断尽诸魔业！
愿诸有情众，万寿永无疆，
安乐度时日，不闻死殁名！
愿于诸方所，遍长如意林，
充满佛佛子，所宣妙法音！
普愿十方地，无砾无荆棘，
平坦如舒掌，光滑似琉璃！
愿诸菩萨众，安住闻法眷，
各以妙功德，庄严此大地！
愿诸有情众，相续恒听闻，
鸟树虚空明，所出妙法音！
愿彼常值佛，以及诸佛子，
并以无边云，献供众生师！
愿天降时雨，五谷悉丰收，
仁王如法行，世事皆兴隆！
愿药具速效，咒语咸灵验，
空行罗刹等，悉具慈悲心！
愿众无苦痛，无病未造罪，
无惧不遭轻，毕竟无不乐！
愿诸伽蓝寺，讲诵以兴盛，
僧伽常和合，僧事悉成办！
愿欲学比丘，悉住阿兰若，
断诸散乱已，轻安堪修善！

愿尼得利养，断净远诸害！
如是众僧尼，戒圆无缺憾！
犯者愿生悔，时时净罪业，
寿终生善趣，不复失禁戒！
愿智受尊崇，化缘皆得足，
心续悉清净，令誉遍十方！
愿离恶趣苦，以及诸艰困，
复以胜天身，迅速成正觉！
愿诸有情众，殷勤供诸佛，
依佛无边福，恒常获安乐！
菩萨愿如意，成办众生利！
有情愿悉得，怙主慈护念！
独觉声闻众，愿获涅槃乐！
我未登地前，愿蒙文殊恩，
常忆己宿命，出家恒为僧！
愿吾菲饮食，维生充体能！
世世愿恒得，圆满寂静处！
何时欲相见，或欲问法义，
愿我无障碍，面见文殊尊！
为于十方际，成办有情利，
吾行愿得如，文殊圆满行！
乃至有虚空，以及众生住，
愿吾住世间，尽除众生苦！
众生诸苦痛，愿悉报吾身！
愿因菩萨德，众生享安乐！
愿除苦良药，一切安乐源，

教法伴利敬，长久住世间！

礼敬文殊尊，恩生吾善心，

亦礼善知识，恩长吾功德。

第十品终

寂天阿阇黎所作之《入菩萨行》至此善说圆满！首由印度堪布沙尔瓦其那提婆与主校罗札瓦吉祥积，参迦湿尔罗本而译成。其后，复由印度堪布达磨师利拔驼罗，主校罗札瓦仁钦桑布与释迦意，据摩揭陀传本及其注释，复译审订而成。最后，由印度堪布苏马的格底与主校罗札瓦具慧般若比丘，重新修正、翻译，并善加审订。

释如石法师由藏译汉，并参照梵文本，详加审定，个别词句，堪布索达吉依据藏文本作了修正并加以抉择。

入行论释·善说海

无著菩萨 造
索达吉堪布 译

顶礼圣者观自在菩萨！

慈爱无余众生搅拌发心二资海中现，
不住涅槃自性三身妙云层层极密布，
普降离无我等四边戏论妙法甘露雨，
熄众惑火开利乐花净饭王子前顶礼。

仅以圣尊名号光，
传入何者耳畔中，
亦能遣除心暗者，
观音怙主前顶礼。

开示寂灭我与无我戏论胜义之法理，
己造积业为我所等世俗遣诸愚见暗，
善说抛弃自乐成办利他净行此法理，
究竟自他二利法王文殊菩萨前顶礼。

尽舍国政善开显，

稀奇佛子行之理，
弘扬佛陀教法者，
寂天菩萨前顶礼。
从彼教言莲苑中，
畅饮善说蜂蜜已，
为利持佛子行众，
我当于此释本论。

完整无缺、正确无误开明大乘道的这部入菩萨行论分二：一、论名；二、论义。

甲一、论名分二：

一、真实论名；二、译礼。

乙一、真实论名：

梵语：菩提萨埵渣呀阿巴达绕

梵语的论名译成汉语，即“菩提”为正觉，“萨埵”为菩萨，“渣呀”为行，“阿巴达绕”为入。那么，这一论名是以什么方式而取的呢？通常而言，命名的方式有以所说之义、能说之量、作用、地点、眷属、时间与比喻来命名。此论是以其中的第一种方式来取名的。取名有何必要呢？一般来说，取名的必要就是为了理解意义。《楞伽经》中云：“若不立名称，世间皆迷蒙，故佛巧方便，诸法立异名。”尤其因为此论是以所说的意义来取名的，所以诸位利根者通过论名就能够通达论中所说的大概内容。首先宣说论名，其他根基者依此也容易寻找法本。

论名用梵语的目的是为了在相续中播下梵语的种子，并说明来源可靠，加之忆念译师、智者的恩德。

乙二、译礼：

敬礼一切佛菩萨！

由于此论属于经藏的范畴，因而按照规定的顶礼方式，在一切佛菩萨前顶礼膜拜，这是译师所作的顶礼。

对于论义，阿阇黎善天认为：以初善、中善、后善可以包括整个这部论典的内容，按照顺序，初善即顶礼句，中善是从顶礼句到回向品之前，后善为回向品。那波瓦阿阇黎则认为，以造论之因、宣讲六度、感念恩德而作礼这三部分可包括此论，也就是说，造论之因是从“暇满人身极难得”开始的前三品，回向品宣说布施度，不放逸品与正知正念品宣说戒律度。（其余的内容在颂词中显而易见。）

本注释的分法如下：

甲二、论义分三：

一、入造论之理；二、所入之自性；三、圆满结尾。

乙一、入造论之理分二：

一、真实宣说；二、讲述宣说之必要关联。

丙一、真实宣说分三：

一、礼赞句；二、立誓句；三、示现谦虚。

丁一、礼赞句：

善逝法身佛子伴，及诸应敬我悉礼。

关于“善逝”，普明论师认为，由于善妙逝去，因而称为善逝，比如说身相善妙、善净瘟疫、善满妙瓶。断除了烦恼障等障碍后庄严逝去，遣除对真如不了知的无明等以后不退而逝去，清除一切习气以后究竟而逝去，这是从断功德的角度而讲的。善天尊者则认为，由于证悟了一切所证，因而称为善逝。总而言之，正因为善妙圆满断证功德或者趋至最胜安乐之地，故而才称为善逝。《菩萨地论》中云：“趋入殊胜处而逝，不退逝故称善逝。”这以上讲的是佛宝。

所谓的“法身”，如《宝性论》中云：“当知法身有二种，法界极清净本体，以及依彼之等流，宣说甚深种种法。”按照此论中所说，证法的法身是与法界、具二清净无漏的智慧无二无别，教法的法身是指就二谛而言的一切甚深、种种教典法门，这些是法宝。由于这些法宝对于善逝来说也是具足的，因而称“具”。

关于“佛子”，《宝性论》中云：“具信胜乘之种子，生佛与法智慧母，禅乐胎处悲乳母，彼即随佛生菩萨。”由于生在如来种性当中或者能够成为如来的继承者，因而佛子——诸位圣者菩萨是僧宝。于包括僧宝在内的三皈依处，以及虽不是大乘的皈依处，但总的来说功德超胜的声闻、缘觉、亲教师、阿阇黎等，凡是一切可堪为应礼处的对境前，作者三门恭敬作礼。

关于这样作礼赞的必要，正如《赞佛功德经》中说："于本师善逝，虽作微供养，亦趋人天乐，得无死圣果。"作礼赞的目的就是为了成办暂时与究竟的安乐等。

丁二、立誓句：

今当依教略宣说，趋入佛子律仪法。

所说的内容是什么呢？即是趋入佛子律仪的方法。其中"佛子律仪"是指严禁恶行戒、摄集善法戒与饶益有情戒。行持这些戒的方法通过十品来宣说。那么，这部论典是以什么方式造的呢？"依教"，也就是说，依据经论中所说的意义来造的。

若有人想：如果是经论中所说的内容在这里讲述，那就没有必要了吧。实际上这部论典是将经论中杂乱无章的内容理顺成井井有条，不清楚的内容解释得一清二楚，零零散散的内容汇集一处，并将许多典籍的内容概括起来进行阐述，由此可见并没有你们说的过失。这般宣说立誓句的必要在于，所有正士均不会舍弃所立下的誓愿，这样立誓就是为了使造论善始善终。

丁三、示现谦虚：

此论未宣昔所无，诗韵吾亦不善巧，
是故未敢言利他，为修自心撰此论。
循此修习善法故，吾信亦得暂增长，
善缘等我诸学人，若得见此容获益。

以前佛经等之中未曾出现过的任何内容在此论中一概没有宣说，前所未有的词藻、诗歌韵律我寂天也并不精通。鉴于这两种原因，我不是为了利益他众而造此论的。那么是为什么呢？是为了自相续串习菩提心，我才撰写这部论典的。

倘若如此，那自己了知就可以了，造论有什么必要呢？为了修习菩提心善法，根据自己平时所理解的不同而在论典中陈述，暂时也能使自己的信心越来越增上。善天尊者与普明尊者说：所谓的“暂”字说明有观待他利的意思。为什么这样说呢？万一与我具有同缘分即相同种性百般寻求菩萨行、心术正直的其他诸位学人见到这些内容，也许会有增长菩提心等利益。这样的谦虚之词能使大家了解作者无有我慢，也表明如果出现过失则请求宽恕之义。

丙二、讲述宣说之必要关联分三：

一、各自之本体；二、宣说之必要；三、如何宣说。

丁一、各自之本体：

此论的所说内容即以“趋入菩萨律仪法”这一句颂词为代表完整无缺的大乘之种性、道、果，当然主要是菩萨的所有学处。这些所说内容依靠此论而通达为必要；通达依赖于论典是关联，实修所通达的意义从而获得果位是必要之必要。

丁二、宣说之必要：

诸位智者通过了知论典具有必要等从而才会深入修学。

丁三、如何宣说：

那波瓦尊者的《入行论释难》中说：“这部论的必要等实际上通过论名就已经指明了。”阿阇黎善天说：“趋入佛子律仪法”是所说，为利益自他是必要，论典与必要是方便与方便生的关系，即是关联。

第一品　菩提心利益

乙二、所入之自性分三：

一、入者所依补特伽罗；二、入者之意乐；三、趋入之方法。

丙一、入者所依补特伽罗分二：

一、宣说身所依暇满难得；二、意乐所依福德之心稀罕。

丁一、宣说身所依暇满难得：

暇满人身极难得，既得能办人生利，
倘若今生利未办，后世怎得此圆满。

如云："地狱饿鬼与旁生，边鄙以及长寿天，邪见佛陀不出世，喑哑此等八无暇。"断除了这其中所说的八种无暇，因而称为闲暇。如云："为人根足生中土，业际无倒信佛法，佛出世间与说法，法住入教有施主。"身为具足男根或女根的人；转生于地界中土；眼等诸根完整无缺；断除五无间罪因而使业际无有颠倒；对如来的律法有信心因而称为信佛法。这以上是五种自圆满。

佛陀现身于世；宣说佛法；因为有见谛的补特伽罗而使佛法得以住世；根据圣者的证悟而开示教言令有缘者趋入佛门；有提供资具的施主，这是指为利他众的慈悲。这五种是他圆满。

由于具足以上十种特点，所以称为圆满。具足十八种功德的这一身体实在是极为难得。《华严经·佛暖处传》中云："遣除八种无暇亦难得，清净圆满闲暇亦难得。"这般暇满的士夫具有成办增上生与决定胜的能力。在已经获得了暇满人身的此时此刻我们务必要勤勤恳恳、兢兢业业奉行善法。假设在这个时候没有修持有利于自他的善法，那么后世怎么能再度得到这样清净圆满的暇满人身？绝对不会得到。因此，

作者教诫我们，万万不可白白浪费、虚度人生。如经中说："莫令如此闲暇无意义。"《致弟子书》中也说："何者得已越至生海岸，播下殊胜菩提善种子，功德亦胜如意之宝珠，如是人身谁令空无果？"

丁二、意乐所依福德之心稀罕：

犹如乌云暗夜中，刹那闪电极明亮，

如是因佛威德力，世人暂萌修福意。

例如：在乌云密布的漆黑夜晚，偶尔依靠闪电的外缘一瞬间能使色法昭彰显著，现得极为明显。同样，借助佛陀的威德力，有时候也能使由罪业所感处在痛苦黑暗中的所有世人偶尔萌生行善修福的智慧，而这种心态不会屡屡持久不断地生起，因而我们一定要努力生起、增上奉行善法的心念。如云："具备闲暇圆满之双翼，亦具现见善恶功过目，然被贪图名利网所擒，岂非已入罪业之笼中？"

丙二、入者之意乐分二：

一、发心之功德；二、受持之方法。

丁一、发心之功德分三：

一、真实功德；二、具功德之合理性；三、赞叹具发心之补特伽罗。

戊一、真实功德分二：

一、共同功德；二、特殊功德。

己一、共同功德分五：

一、断除罪业；二、成办利乐；三、满足愿望；四、名义转移；五、以喻赞德。

庚一、断除罪业：

以是善行恒微弱，罪恶力大极难挡，

舍此圆满菩提心，何有余善能胜彼。

所依人身与意乐既难得又短暂，因此善法的对治也就显得十分可怜，换句话说，这种对治的善行时时刻刻都是力量微薄弱小而存在。相反，一切不善业的因缘聚合起来却非常容易，致使罪恶的力量格外强大、势不可挡，难以想象，而且接连不断产生。由此可见，现在我们就必须要具备能摧毁罪业的善法。对于弥天大罪，除了圆满智悲自性的菩提心以外，有什么其他善法能遣除得了？根本无法遣除。所以我们一定要发起菩提心。《华严经》中云："猫眼见即能震慑诸鼠，令其无法堪忍。同理，遍知之心（指菩提心）宝明目亦能制伏一切业惑之鼠，令其无法堪忍。"

庚二、成办利乐：

佛于多劫深思维，见此觉心最饶益，

无量众生依于此，顺利能获最胜乐。

诸位佛陀在三大阿僧祇劫中深深思维、再再观察利益众生的方便，结果发现这颗菩提心对众生最为有利，因为依靠这一菩提心，无量众生能轻而易举获得无上菩提的殊胜安乐。

庚三、满足愿望：

欲灭三有百般苦，及除有情众不安，

欲享百种快乐者，恒常莫舍菩提心。

想要摧毁自己在三有中的千万痛苦、想要遣除其他一切有情的所有不幸、想要使自他群生普享百千快乐的人恒时也不要舍弃菩提心，因为依靠它必定能实现这些目标。

庚四、名义转移：

生死狱系苦有情，倘若生起菩提心，
即刻得名诸佛子，世间人天应礼敬。

在轮回的牢狱中被业与烦恼紧紧束缚的苦难众生，如果能生起菩提心，那么瞬间也就是说从此以后，名称上可以堪称一切如来之子，从意义上来说，成为人天世间的应礼处。

庚五、以喻赞德分六：

一、以点金剂之喻说明由劣变胜；二、以如意宝之喻说明难得与珍贵；三、以妙树之喻说明果不穷尽而增上；四、以护送者之喻说明救脱罪业之果；五、以火之喻说明彻底摧毁罪业；六、经中所说其他功德之理。

辛一、以点金剂之喻说明由劣变胜：

犹如最胜冶金料，垢身得此将转成，
无价之宝佛陀身，故应坚持菩提心。

就像是依靠最上等的冶金原料（普通金属也能变成金子）一样，不清净的这个身体依靠得受菩提心可以转变成无价之宝的佛陀身，因而我们一定要坚持不懈稳固受持具有这种能力的菩提心。《华严经》中云：“以一两水银类之金能使千两铁变成金为喻，如是发心水银界善根以普皆回向遍知之智所摄持，即能灭尽一切业惑障之铁物，诸法亦成遍知之妙色，然而一切业惑之铁不能灭尽为一切智智而发菩提心之金。”

辛二、以如意宝之喻说明难得与珍贵：

众生导师以慧观，彻见彼心极珍贵，
诸欲出离三界者，宜善坚持菩提心。

能将一切众生带到解脱城享受功德宝珠的唯一商主就是无与伦比的佛陀，佛智周遍所知万法，除此之外其他众生无法衡量，佛陀以无量的智慧认真全面观察诸法时，彻底照见此菩提心最为难得，功德巨大，弥足珍贵。《华严经》中云："诸宝之中如意宝堪为宝王，同理三世中遍知智慧照见法界对境，诸人天与诸声闻缘觉之有漏无漏善根皆不及发菩提心如意宝王之价。"因此，想要远离痛苦的所有众生理当坚定不移善加受持菩提心。

辛三、以妙树之喻说明果不穷尽而增上：

其余善行如芭蕉，果实生已终枯槁，

菩提心树恒生果，非仅不尽反增茂。

没有被菩提心摄持的其他所有善根如同芭蕉树一般生果以后自然穷尽，而菩提心的妙树恒常都会生长果实，非但不会穷尽，反而会蒸蒸日上。《宝箧经》中云："文殊，各种树以四大摄持而增长。文殊，如是善根若以菩提心摄持、回向佛果，则日益增长。"

辛四、以护送者之喻说明救脱罪业之果：

如人虽犯极重罪，然依勇士得除畏，

若有速令解脱者，畏罪之人何不依。

即便是造了危害三宝等不堪设想的弥天大罪，然而就像依靠一位护送者的勇士能够摆脱怨敌的严重威胁一样，对于顷刻间就能脱离重罪异熟果的菩提心，小心谨慎罪业的人们为什么不依靠呢？理应依靠。《无尽慧经》中云："善男子，譬如依勇士可不惧诸怨敌，同理，依真实菩提心勇士之菩萨不畏一切罪行怨敌。"

辛五、以火之喻说明彻底摧毁罪业：

菩提心如末劫火，刹那能毁诸重罪。

末劫火能将一禅天以下的器世界焚毁无余，同样，依靠菩提心一刹那间必定能

从根本上焚毁五无间罪等一切深重罪业。《华严经》中云："能焚诸恶行如末劫火。"

善天尊者说："一刹那之大安忍不缘所取，所以必定能焚烧（罪业）。"其实，这种讲法与前面所说的道理并不重复，前面是指压制罪业，这里是说从根本上摧毁。

如果有人问：那么，一颗菩提心具备这二种功德难道不矛盾吗？

并不矛盾。如果获得了越来越殊胜的菩提心，那么功德也会越来越超胜，这是从循序渐进而获得来讲的。

辛六、经中所说其他功德之理：

智者弥勒谕善财，彼心利益无限量。

此外，拥有高超智慧的弥勒怙主对善财童子说：此菩提心的功德无法估量。《华严经》中记载："乐源城中商主坚财之子善财童子，于文殊前发心后，为了寻觅菩萨学处而逐渐前行。尔时，至尊弥勒正在南方海滨由毗卢遮那佛严饰具藏楼阁之一方，为如海菩萨眷属讲经说法。善财童子见此情景，急忙顶礼。弥勒菩萨向诸眷属赞颂善财童子言：'且看意乐清净者，坚财之子名善财，寻求殊胜菩提行，来至智者我面前。'随之对善财言：'善来善来慈悲汝，善来弥勒坛城中，善来寂静调柔尊，苦行之时疲倦否？'善财童子恭敬请问：'圣者，我真实趋入无上菩提正道时，不知该如何励力学修菩萨学处，请您明示。'弥勒菩萨答言：'善男子，你已为善知识所摄受。何以故？善男子，菩提心乃诸佛法之根本，犹如种子；可令一切众生善法增上，犹如良田；一切有情赖以生存，故如大地；能真正杜绝一切贫困，故如多闻天子；能圆满护持一切菩萨，故如父亲；能真实成办诸事，故如摩尼宝王；能满足一切心愿，故如妙瓶；……菩提心具有此等及其余千百万无量无边利益……'"其中有详细叙述。

己二、特殊功德分三：

一、分类；二、本体之差别；三、功德之差别。

庚一、分类：

略摄菩提心，当知有二种，

愿求菩提心，趣行菩提心。

我们一定要明确，归纳起来菩提心有两种，也就是愿菩提心与行菩提心。如《华严经》中说：“任何众生为无上菩提而发愿亦稀罕，与之相比，为无上菩提而行持更为稀罕。”

庚二、本体之差别：

如人尽了知，欲行正行别，

如是智者知：二心次第别。

就像想要去往某地一样，为了他利而想获得菩提的意乐，即是愿菩提心；如同正式启程前往该地一般，踏上能获得佛果的正道并且渴望修持此道，就是行菩提心。希望成办自他二利的智者，通过了知这两种比喻的差别，同时就会明白愿行两种菩提心意义的不同顺序。

庚三、功德之差别：

愿心于生死，虽生广大果，

犹不如行心，相续增福德。

何时为度尽，无边众有情，

立志不退转，受持此行心，

即自彼时起，纵眠或放逸，

福德相续生，量多等虚空。

愿菩提心在我们身处生死轮回期间，可以产生广大的果报，《华严经》中云：“善男子，譬如金刚宝纵然坏损，亦胜过所有上等金饰，且不失金刚宝之名。善男子，同理，发菩提心之金刚宝纵然离开勤奋亦胜过一切声闻缘觉功德之金饰，亦不失菩萨之名，复能遣除轮回之一切贫困。”然而，它并不是像行菩提心那样接连不断产生福德。从什么时候起，为了能使无边无际所有众生界从业惑的束缚与轮回的牢狱中解脱出来，在生死轮回没有空无之前，怀着义无反顾的利他心真实受持行菩提心，自此以后如果没有失毁这一行菩提心，那么即便处在睡眠或陶醉等放逸的状态中，齐天洪福也会连续不断屡屡产生。

戊二、具功德之合理性分二：

一、教证之合理性；二、理证之合理性。

己一、教证之合理性：

为信小乘者，妙臂问经中，

如来自宣说，其益极应理。

行菩提心能产生众多福德这一点具有合理性，确凿可靠的依据是《妙臂请问经》，为使信解小乘之所有众生趋入大乘，佛陀在此经中云：“设若我为利乐无边众生而披上盔甲，则利乐一切有情之所缘无边，善根亦无边故，即使放逸或睡眠，然于昼夜心之每刹那，善根亦增长、强盛、圆满。”

己二、理证之合理性分二：

一、意乐殊胜；二、加行殊胜。

庚一、意乐殊胜分二：

一、意乐之所缘广大；二、宣说意乐超胜世间。

辛一、意乐之所缘广大：

若仅思疗愈，有情诸头疾，
具此饶益心，获福无穷尽，
况欲除有情，无量不安乐，
乃至欲成就，有情无量德。

某人怀着一副慈悲的心肠，仅仅想用药物等治愈少数众生的头痛脑热等，就证明他具有一颗饶益心，也能获得无量福德。对此，有些论师是结合匝哦之女的公案进行讲解的。作为观想所缘境的一切众生而希望消除每一位有情的无量痛苦、渴求使每一位有情具足无量安乐的人，能获得无量福德当然就更不言而喻了。

辛二、宣说意乐超胜世间：

是父抑或母，谁具此心耶？
是仙或欲天，梵天有此耶？
彼等为自利，尚且未梦及，
况为他有情，生此饶益心？
他人为自利，尚且未能发，
珍贵此愿心，能生诚稀有！

不管是父亲还是母亲，在诸位亲朋友人当中，有谁会具备这样的利益之心呢？根本没有。就算是天人、仙人或者梵天具有这样的心吗？他们也同样不具有。如《现观庄严论》中云："犹如佛子具利心，于此成熟诸有情，如是父母诸亲友，子与至亲不具备[22]。"这些众生以前为了自身的利益，甚至在梦中也没有出现过这样的心，又怎么可能为他众的利益而真正萌生呢？因此说，其他众生尚且为了一己私利，也从来没有生起过一心一意为众生利益着想的这一珍宝菩提心，前所未有能够生起实在是难能可贵、稀有罕见。

[22]　为利养恭敬：此一条在《三戒论》里是属于第六条，但此处列在第五条当中。

庚二、加行殊胜分二：

一、加行所缘广大；二、其他无有如此加行。

辛一、加行所缘广大：

珍贵菩提心，众生安乐因，
除苦妙甘霖，其福何能量？

堪为一切众生安乐之因、遣除有情痛苦重疾之妙药的珍宝菩提心，她的福德怎么能衡量得出来呢？《吉祥施请问经》中云：“菩提心福德，倘若有形色，遍满虚空界，亦将超胜彼。”

仅思利众生，福胜供诸佛，
何况勤精进，利乐诸有情。

仅仅思维利益众生也胜过供养佛陀，将精力投放在成办一切有情安乐的事业上，更为超胜也就不必说了。《三摩地王经》中云：“俱胝那由他刹土，所有无量诸供品，恒时以此供圣士，不及慈心之一分。”

辛二、其他无有如此加行：

众生欲除苦，反行痛苦因，
愚人虽求乐，毁乐如灭仇。
于诸乏乐者，多苦诸众生，
足以众安乐，断彼一切苦，
更复尽其痴，宁有等此善！
安得似此友！岂有如此福！

作为众生，尽管有想丢弃痛苦的心念，可是由于茫然不知痛苦之因是不善业，反而屡屡奔波造罪；虽然也想得到快乐，却全然不晓得乐的方法，以这样的无明愚痴而弃离善业，结果将自己的安乐像怨敌一样毁灭。对于乏少安乐、多具痛苦的这些众生，怀着大慈心用一切快乐来满足他们，以大悲心解除他们的所有痛苦，以大智慧遣除他们对苦乐之因一无所知的愚痴，哪有能与此相提并论的善业？哪有能这般利济帮助的亲友？哪有能依之生起如此福德的事呢？

戊三、赞叹具发心之补特伽罗分五：

一、自行利益；二、是殊胜施主；三、是殊胜福田；四、不为痛苦所害；五、称为应礼处与皈依处。

己一、自行利益：

若人酬恩施，尚且应称赞，
何况未受托，菩萨自乐为。

任何人有感恩图报之心，尚且值得被人们称赞是“这是知恩报恩的人”，更何况没有受人嘱托也是心甘情愿地利乐众生的菩萨了。

己二、是殊胜施主：

偶备微劣食，嗟施少众生，
令得半日饱，人敬为善士，
何况恒施予，无边有情众，
善逝无上乐，满彼一切愿。

比方说，有人进行布施，他所舍施的对境仅仅是少量的众生，时间也只是一年一月施舍一次，所布施的物品也是平平常常的食物，而且态度也是不屑一顾、极不恭敬，所行的利益也只是解决对方半日内充饥饱腹的食品。如此之举尚且被人们称为善行而受到众人恭敬，更何况说对境是无量无数的有情，时间是漫漫无期连续不断，所施的事物也是善逝的无上安乐，所行的利益也是满足一切愿望，行为上也是以毕

恭毕敬的方式施予。

所谓的“恒”字，有的注释中解释为“纵然虚空、众生到了尽头也不终止”；慧源尊者是按照时间的差别而讲的；善天尊者则是按照施物的差别来解释的。

己三、是殊胜福田：

博施诸佛子，若人生恶心，
佛言彼堕狱，长如心数劫。
若人生净信，得果较前胜。

假设任何众生对这样慷慨博施的施主菩萨生起恶心，那么他生起了多少刹那的恶念，就要在这么多劫中沉陷地狱。《寂静定幻经》中云：“文殊，菩萨对菩萨生嗔轻侮，则等同此心之劫中住于地狱而披盔甲。”相反，如果任何众生对具有菩提心的菩萨生起清净的信心，那么它的果报已经远远胜过恶心的果报。《趋入定不定手印经》中云：“文殊，设若十方所有世间界诸众生之眼被挖出，设若有善男子善女人以慈心令彼等众生之目复明。文殊，若有其他善男子善女人以信心目视信解大乘之菩萨，则所生福德已胜前者无量倍。”

己四、不为痛苦所害：

佛子虽逢难，善增罪不生。

一切佛子即便遭受再大的痛苦与磨难，也绝不会生起嗔恨等恶心，反而会依靠这种外缘力使善法自然增上。如《般若摄颂》中云：“虽受数多难忍害，然彼胜士心不变，安忍之力极稳故，多信解修胜菩提。”

己五、称为应礼处与皈依处：

何人生此心，我礼彼人身，
加害结乐缘，皈依乐源尊。

诚如《宝积经》中云："譬如大国王，生有具相子，见童子诞生，城人小国聚，自生菩提心，成具相太子，天等世间礼，净心尊重彼。"任何人生起了珍宝菩提心，作者即对他的身体恭敬顶礼。就算是有人对他加害，也会令作害者与安乐连在一起，因而我们在堪为一切众生安乐之源泉的菩萨面前虔诚皈依。

如果有人问：此处的说法不是与"博施诸佛子，若人生恶心，佛言彼堕狱，长如心数劫"相违了吗？

答：并不相违。上句颂词是说明恶心的果报，而此处的意思是说菩萨暂时与究竟摄受作害者，就像慈力王暂时、究竟使五位罗刹拥有安乐一样。

不见尽遣二障暗，菩提心宝之日轮，
坠于愚痴黑暗中，睁常断眼诚可悲！

第一品释终

第二品　忏悔罪业

丁二、受持之方法分二：

一、总义；二、论义。

戊一、总义分二：

一、抉择发心；二、随发心而行持。

己一、抉择发心分二：

一、本体；二、分类。

庚一、本体：

一般来说，如果对诸位大德的论典进行详细分析，就会清楚地认识到大乘道所摄的一切心均是发心。而在此场合的发心本体，正如《现观庄严论》中所说："发心为利他，求正等菩提。"

庚二、分类：

通常而言，发心从地界的角度来分，有凡夫信解行发心、不清净七地殊胜意乐发心、三清净地异熟之发心以及佛地断障之发心四种。《经庄严论》中云："诸地信解行，增上净意乐，异熟许别义，断障四发心[23]。"从助伴、比喻的侧面来分，如《现观庄严论》中云："如地金月火，藏宝源大海，金刚山药友，如意宝日歌，王库及大路，车乘与泉水，雅声河流云，分二十二种。"

[23] 唐译：信行与净依，报得及无障，发心依诸地，差别有四种。

从获得方式的角度来分，有以名相而得与以法性而得两种。

或者，从所缘境的角度有世俗与胜义两种发心；从意乐加行的角度有愿菩提心与行菩提心两类。适应此场合的分类是最后一种。

己二、随发心而行持分三：

一、受戒方法；二、护戒方法；三、还净方法。

庚一、受戒方法分三：

一、受戒之对境；二、受戒之补特伽罗；三、受戒之仪轨。

辛一、受戒之对境：

《菩萨别解脱经》中云："得传承、受律仪亦从守护菩萨学处真实具戒者处得受。"《菩萨戒二十颂》中云："当于持戒具智慧，具力上师前受戒。"此论中也说："舍命亦不离，善巧大乘义，安住净律仪，珍贵善知识。"

如果实在寻觅不到这样的善知识，就在三宝所依前受戒，这是《菩萨地论》中说的。《学集论》中云："若无有善知识，则尽己所能观想安住十方之诸佛菩萨现前而受戒。"

辛二、受戒之补特伽罗：

虽然《道灯论》中说"恒具余七种，别解脱戒者，乃有菩萨戒；善根非余有"，但如果菩萨戒的所依身份必须是具足声闻别解脱戒者，那么清净刹土中的菩萨就成了不具备菩萨戒，并且在死亡时也会失去菩萨戒等等有许多过失，关于这些在《释论》中都有宣说。

想来，阿底峡尊者对大乘法藏了如指掌，绝不可能承认菩萨戒的所依身份必须具足别解脱戒，我认为，阿底峡尊者实际上是为了遮破当今许多人士连一分别解脱戒也不能守护却自诩具足菩萨戒以及认为菩萨戒意义微小而戒条繁多的这些分别妄念，才说必须是具别解脱戒的身份。《道灯论自释》中这样写道：“只是为宣说殊胜所依，而其他所依也可生起戒体。”由此可见，具不具足别解脱戒都可以，只要具备悲心、信心、想受戒这三种条件的有情就必定能生起菩萨戒体。

辛三、受戒之仪轨：

《菩萨地论》中没有提及愿菩提心仪轨。

法友尊者等也认为愿菩提心并不观待仪轨。

阿底峡尊者依次造了愿行菩提心仪轨。

本论按照《释论》的观点来讲，是从殊胜补特伽罗的角度同时受愿行菩提心的仪轨。

那波瓦尊者说：“愿菩提心是发心，行菩提心是菩萨戒。”并且认为此论宣说了次第或同时受愿行菩提心的两种方法。

慧源尊者等也认为愿菩提心是发心，行菩提心是菩萨戒。

尽管众说纷纭，但在此只是稍稍加以分析，其实，愿菩提心不是依靠仪轨而生起而且不成为菩萨戒这种情况的的确确也是有的。然而，依靠仪轨而生起也不相违，如果依靠仪轨在证得菩提之前具足断除一切所断的心，那么也就成了菩萨戒。本论中说：“断尽恶心时，说为戒度圆。”

当然，行菩提心绝对属于菩萨戒所摄，不管是次第还是同时受愿行菩提心，都未尝不可，因为经论中这两种受戒方法都出现过，并且不存在以理妨害。本来，受戒的方法有许多不同之处，但在这里按照本论所讲的加行、正行与后行来受。

庚二、护戒方法：

断除菩萨的一切所断，修学一切学处。对于所断，《菩萨地论》中宣说了四种他胜罪，四十五种[24]恶作罪。

---

[24] 此处藏文为四十五种恶作罪，但实际应该是四十六种，望大家斟酌。

《虚空藏经》中所说的十四戒在《学集论》中归纳为偈颂“盗夺三宝财，许为他胜罪；舍弃微妙法，佛说第二条；于破戒比丘，殴打抢袈裟，关入牢狱中，及令彼还俗，制死为第三；造五无间罪；持执诸邪见”，这是讲国王五定罪。“彼之前四条，复加毁城等，佛说根本罪”，这是讲大臣五定罪。“于未修心众，宣说空性法；令诸佛教徒，退失圆菩提；尽舍别解脱，修行大乘法；执说小乘法，不能断贪等，令他亦持此；宣扬自功德，为利养恭敬[25]，以语诋毁他；谓我深安忍，言说颠倒语；惩令惩沙门，三宝财行贿，以及受贿赂；令舍弃寂止，修者诸受用，施于闻思者。此等根本罪，众生大狱因”，按照这其中所说，国王与大臣共有十定罪，初学者有八定罪，再加上舍弃愿菩提心，总共有十九种菩萨堕罪。

《密意庄严论》中所说的这十八条可以归纳在《菩萨地论》所说的四条当中。概括而言，一般菩萨戒有断除所断的严禁恶行戒、行持六度的摄集善法戒以及唯一利益众生的饶益有情戒三戒中。

略而言之，菩萨的学处就是要断除有害自他的一切因素，脚踏实地利己利他。成办利益的方式也是依照《菩萨戒二十颂》中所说：“无论于他抑或已，虽是痛苦凡有利，一切利乐皆当为，虽乐不利切莫行。”也就是说，如果心存善意、行为善妙，则绝对没有堕罪；与之相反，心怀歹意、行为恶劣，可以肯定是堕罪；如果是好心好意，那么即使外表行为显得为非作歹，也只是堕罪的形象；相反，如果居心不良，那么即使行为上显得多么道貌岸然，也是无堕的形象。

庚三、还净方法：

《菩萨戒二十颂》中云：“大缚罪当重受戒，中缚三人前忏悔，余罪于一人前忏，有无染污依自心。”《学集论》中云：“梦境中住于，虚空藏前忏。”本论也说：“昼夜当各三，诵读三聚经，依佛菩提心，悔除堕罪余。”

[25] 为利养恭敬：此一条在《三戒论》里是属于第六条，但此处列在第五条当中。

戊二、论义分三：

一、加行；二、正行；三、后行。

己一、加行分二：

一、净化自相续；二、为利他而修心。

庚一、净化自相续分八：

一、供养；二、顶礼；三、皈依；四、忏罪；五、随喜；六、请转法轮；七、祈请不涅槃；八、回向福德。

辛一、供养分二：

一、总说；二、别说。

壬一、总说：

为持珍宝心，我今供如来，
无垢妙法宝，佛子功德海。

为了受持珍宝菩提心，我今在对境一切善逝、无有分别实无实之垢染的所有妙法以及具有无量无边如海功德的诸位圣者菩萨，也就是三宝面前，以想获得佛果的意乐、为一切有情、供品善妙悦意、三轮清净、无有违品的垢染、回向大菩提这六种方式来供养。

壬二、别说分六：

一、供养无主物；二、供养身体；三、意幻供养；四、发愿供养；五、无上供养；六、赞叹供养。

癸一、供养无主物分二：

一、真实供养；二、供养彼等之原因。

子一、真实供养：

鲜花与珍果，种种诸良药，

世间珍宝物，悦意澄净水。

如《等持王经》中云："十方世间界中净水、平原中所长之鲜花、珍宝等未属他者所有物皆当供养。"世界上所有争奇斗艳的鲜花、珍贵的果实，应有尽有的各种妙药，品种各异的奇珍异宝，令人舒心悦意具八功德的净水，如云："清凉香轻柔，澄清无有垢，饮时不损喉，饮已不伤腹。"

巍巍珍宝山，静谧宜人林，

花严妙宝树，珍果垂枝树。

巍峨高耸的金山等宝山，远离喧嚣愦闹、舒心悦意的森林，由本身的花朵点缀得无比庄严、累累硕果压垂了枝干的妙树。

世间妙芳香，如意妙宝树，

自生诸庄稼，及余诸珍饰，

莲花诸湖泊，悦吟美天鹅。

天等世界中合成而散发的芬芳香气、沉香等涂香，能满足所需的如意树、奇珍异宝所形成的妙树，未经耕耘自然生长的庄稼，以及除此之外值得供养的所有珍贵饰品，包括由莲花点缀的湖泊、池塘中不断传来天鹅悦耳动听的吟唱声。

浩瀚虚空界，一切无主物，

意缘敬奉献，牟尼诸佛子，

祈请胜福田，悲愍纳吾供。

诸如此类，以上浩瀚无边虚空界中，清净刹土以及北俱卢洲等处所有的无主物，

我均以心观想取来，郑重地供养释迦牟尼佛以及一切殊胜的佛子，祈请供养能获得大果报的殊胜福田为利众生而接纳，祈求大慈大悲的尊主慈爱垂念我而接受我的这些供品。

子二、供养彼等之原因：

福薄我贫穷，无余堪供财，

祈求慈怙主，利我受此供。

若有人问：为何不供养自己的财物而供养这些无主物呢？

由于我往昔没有积累过福德，极为贫寒，除了这些供品以外我实在无有任何其他可以供养的财物。真心诚意想供养您，祈盼唯一利他的诸位怙主为了利益供养者我而纳受这所有的供品。

癸二、供养身体：

愿以吾身心，恒献佛佛子，

恳请哀纳受，我愿为尊仆。

尊既慈摄护，利生无怯顾，

远罪净身心，誓断诸恶业！

在胜伏四魔的佛陀及其一切佛子前，我愿恒时供养自己的身体，诚恳祈请诸位圣尊菩萨能完全接纳。我心甘情愿做忠实的仆人，对您言听计从，祈愿您能慈悲摄受。我依靠大尊主的呵护才能在三有中不畏痛苦而饶益众生，如果我罪恶深重，则无法利益有情，因此为了真正摆脱以往的罪业而诚心忏悔，立誓今后再不造罪。

癸三、意幻供养：

如云：浴拭妙衣饰，香薰花神馐，灯地室宝伞，意幻十二供。

意幻供养可分为十二种：

馥郁一净室，晶地亮莹莹，

宝柱生悦意，珠盖频闪烁。

备诸珍宝瓶，盛满妙香水，

洋溢美歌乐，请佛佛子浴。

一、沐浴：用旃熏染的浴室散发出扑鼻的芳香，水晶地晶莹剔透，光彩夺目，打扫得十分清洁。光芒闪烁、各种珍宝的柱子上悬挂着闪光珍珠装点的华盖。在此，已备好盛满涂香配成的悦意香水、鲜花的许多金等宝瓶，伴随着歌声乐音而请一切善逝及佛子沐浴。

香薰极洁净，浴巾拭其身。

拭已复献上，香极妙色衣。

二、擦拭：等待诸佛菩萨沐浴之后，用妙香熏染、清洁柔软、无与伦比的衣物（浴巾）擦拭他们的身体。

三、妙衣：擦拭完毕以后，对于出家装束的佛菩萨，供上袈裟等适合出家身份的芬芳妙衣；对身着在家装束的尊众，献上色彩各异、柔软飘逸的妙衣。

亦以细柔服，最胜庄严物，

庄严普贤尊，文殊观自在。

四、饰品：以成百上好的冠冕等装饰品庄严现见真谛而成为圣者的普贤菩萨、文殊菩萨、观自在菩萨、金刚手菩萨、弥勒菩萨等根据所化众生的根基而持在家相的诸位大菩萨。

香遍三千界，妙香涂敷彼，

犹如纯炼金，发光诸佛身。

五、妙香：《俱舍论》中云："四大部洲与日月，须弥山王及欲天，梵天世界一千数，许为小千之世界，彼之千数承许为，二千中千之世界，彼之千数三千界。"在这样的所有三千世界等无量刹土中恒时飘散着阵阵的芳香，遍及各处，以如此殊胜的妙香涂敷宛如纯金般熠熠发光的佛身。

于诸胜供处，供以香莲花，

曼陀青莲花，及诸妙花鬘。

六、美花：在堪为殊胜福田的一切佛像等前供上令人感到惬意、香味沁人肺腑的曼陀罗、莲花以及青莲花等所有天花，还有用这些美花及珍宝等精心穿成五颜六色悦意的花鬘、宝鬘。

亦献最胜香，香溢结香云。

复献诸神馐，种种妙饮食。

七、香云：殊胜合意的妙香洋溢各方，结成香云，旋绕遍布空中，这些也都供养佛菩萨。

八、神馐：又敬献上白糖、核桃汁等花样繁多、味道鲜美的神馐。

亦献金莲花，齐列珍宝灯。

香敷地面上，散布悦意花。

九、宝灯：井然有序排列着的金莲花中安放有各式各样光芒闪闪的宝灯，这些也供养诸佛菩萨。

十、地面：香水涂敷的地面上，遍满令人赏心悦目的花朵，以此作供养。

广厦扬赞歌，悬珠耀光泽，

严空无量饰，亦献大悲主。

十一、宫殿：具有庄严等功德的无量宫殿，传颂着天子天女们所吟唱的悦耳动听的赞歌，各种珍珠宝珠串悬垂的饰品将宝幢等严饰得光怪陆离、光芒万丈，遍布虚空界，成为虚空庄严的这些装饰品也都供献给大慈大悲的诸位尊主。

金柄撑宝伞，周边缀美饰，

形妙极庄严，亦展献诸佛。

十二、宝伞：周围由珍珠等饰品严饰的悦意金柄高高撑起珍宝组成、造型美观、令人见而生喜的胜妙宝伞，也恒时供养一切如来。

癸四、发愿供养：

别此亦献供，悦耳美歌乐，
愿息有情苦，乐云常住留。
唯愿珍宝花，如雨续降淋，
一切妙法宝，灵塔佛身前。

除了上述这些供品以外，也愿伴随更为殊胜动听的乐声妙音、具有息灭有情痛苦、带来安乐这种特殊能力的所有祥云也能长久住留。愿在教法、证法及其所依经函等一切法宝及所有佛塔、佛像等前，连续不断地降下珍宝花等妙雨。

癸五、无上供养：

犹如妙吉祥，昔日供诸佛，
吾亦如是供，如来诸佛子。

如同文殊菩萨等诸位大菩萨曾于十方诸佛前作供养的方式一样，我也如是这般供养一切如来怙主及佛子。如《宝箧经》中云："多种鲜花花华盖，以及五彩缤纷花，铺遍形态各异花，供大尊主彼等佛。"

癸六、赞叹供养：

我以海潮音，赞佛功德海，
愿妙赞歌云，飘临彼等前。

我以无量无边的一切赞歌海潮赞颂诸佛菩萨功德的大海，愿美妙动听的赞歌云朵一定飘荡到功德海——诸佛菩萨面前。

辛二、顶礼：

化身微尘数，匍匐我顶礼，
三世一切佛，正法最胜僧，

敬礼佛灵塔，菩提心根本，

亦礼戒胜者，堪布阿阇黎。

在过去、现在、未来三时一切佛陀、正法与胜会僧众前，我以所有刹土诸微尘数的身体匍匐顶礼，同时我也顶礼一切作为生起菩提心的根本佛像与大乘法藏等，还要敬礼能生起或修行或宣讲菩提心的一切处所以及佛塔、传法的堪布阿阇黎、孜孜不倦行解脱之事的殊胜禁行者。

辛三、皈依分二：

一、总义；二、论义。

壬一、总义分二：

一、抉择皈依；二、随皈依而行持。

癸一、抉择皈依分三：

一、本体；二、分类；三、各自之自性。

子一、本体：

为了遣除恐怖而依止皈依处。

子二、分类：

皈依有世间皈依与出世间皈依，出世间皈依又分为大乘皈依与小乘皈依两种。

子三、各自之自性：

世间皈依：为了摆脱某些恐惧而皈依世间的天神等，这并不是殊胜的皈依。《胜幢经》中云："处于畏惧恐怖地，多数依止山森林，寺院树木及佛塔，彼非主要皈依处，

依止彼等皈依处，不能解脱大痛苦。”

出世间皈依（有小乘皈依与大乘皈依）：其中为了自己脱离轮回的痛苦，在有生之年皈依三宝，这是小乘的皈依。以大悲心引发，为一切有情脱离痛苦，而欲求自己获得佛果，时间直至菩提果之间，这是大乘的三皈依。

癸二、随皈依而行持：

经中云：“皈依佛宝者，彼为真居士，何时不皈依，其他诸天神。皈依正法者，远离损害心。皈依僧众者，不交外道徒。”首先在上师面前受皈依戒以后，依照经中所说于一切时分中诚心依赖三宝，心怀恭敬之情精进供养，不害任何有情，不交往恶友等等。我们要依靠这种方式避免失毁皈依戒。一旦不慎失毁，就要通过再次受戒等途径来断除罪业，增上功德。

壬二、论义：

乃至菩提果，皈依诸佛陀，

亦依正法宝，菩萨诸圣众。

在没有证得菩提果之前的时间里，在一切佛陀、正法与菩萨僧众的对境前以诚心诚意说“我依止佛法僧，愿得以庇护”的方式而皈依。

辛四、忏罪分二：

一、总义；二、论义。

壬一、总义分三：

一、所净罪业之六门；二、能净四对治力；三、净法加行正行后行。

癸一、所净罪业之六门：

所净罪业的途径有时间、因、门、加行、对境与形相六种。

癸二、能净四对治力分四：

一、厌患对治力；二、所依对治力；三、现行对治力；四、返回对治力。

子一、厌患对治力：

见到过患后追悔莫及，如同饮毒者见到后果一般，这就是厌患对治力。

子二、所依对治力：

依止能摆脱罪业的方法，如依止药物一般，这叫做所依对治力。

子三、现行对治力：

奉行善法，如同服药一样，这是现行对治力。

子四、返回对治力：

从今以后纵遇命难也不造罪，如同以后不再服毒一样，此为返回对治力。

我们必须要具足以上四种对治力，如果具足了这四种对治力，那么必定能净除罪业。四对治力的数量是确定的，《宣说四法经》中云："弥勒，菩萨若具四法则清净一切所造所积之罪业。何为四法？即厌患对治、依止菩提心（所依对治）、现行对治、返回对治。"

癸三、净法加行正行后行：

加行皈依发心，正行以具足四对治力的方式念诵忏悔文、观修罪业清净，后行观想依靠忏悔对境的加持而净除一切罪业、作回向等，这是诸位上师的窍诀。

壬二、论义分四：

一、厌患对治力；二、所依对治力；三、现行对治力；四、返回对治力。

癸一、厌患对治力分二：

一、总说忏悔罪业之方式；二、依殊胜对境而忏悔特殊罪业之方式。

子一、总说忏悔罪业之方式：

我于十方佛，及具菩提心，

大悲诸圣众，合掌如是白：

无始轮回起，此世或他生，

无知犯诸罪，或劝他作恶，

或因痴所牵，随喜彼所为，

见此罪过已，对佛诚忏悔。

在忏悔的对境——安住各方所有大慈大悲的圆满正等觉佛陀及菩萨尊主前，自己身体合掌，口中如是呈白：从无始时流转轮回直到今世，或者在以往生生世世中，我因为不知晓罪业的过患，自己作恶或者唆使别人造罪，再者，由于自己被愚痴迷惑所牵引，欣然随喜他人为非作歹，察觉所犯下的这些罪过以后，我诚心诚意在一切怙主面前不覆不藏发露忏悔。

子二、依殊胜对境而忏悔特殊罪业之方式：

惑催身语意，于三宝父母，

师长或余人，造作诸伤害。

因昔犯众过，今成有罪人，

一切难恕罪，佛前悉忏悔。

我因为烦恼的驱使，身语意对三宝、父母、堪布阿阇黎及其他任何对境进行的所有加害理当忏悔。总之，由于犯了贪欲等许许多多罪过，如今已成了恶贯满盈、罪大恶极的我对于自己所造的难以宽恕的所有罪业在导师诸佛前忏悔。

癸二、所依对治力分三：

一、皈依原因；二、所皈依之对境；三、如何皈依。

子一、皈依原因分二：

一、略说；二、广说。

丑一、略说：

罪业未净前，吾身或先亡，

云何脱此罪，故祈速救护！

为什么要精勤忏悔呢？在罪业还没有得以清净之前，我很有可能会先死去，倘若如此，就会堕落到恶趣当中，到那时如何能摆脱这些罪业呢？因此祈求迅速得以救护！

丑二、广说分二：

一、思维疾速死亡而生起皈依之心；二、思维死亡极恐怖而生起皈依之心。

寅一、思维疾速死亡而生起皈依之心分三：

一、略说；二、广说；三、摄义。

一、略说：

死神不足信，不待罪净否，

无论病未病，寿暂不可恃。

这么急迫皈依到底是什么原因呢？不可信赖的这个死亡不会等到你罪业清净与否，也不会照顾你事情完没完成，不管你生病还是没有生病，都不能保证不会突然气绝身亡，寿命实在是不可靠。

因吾不了知，死时舍一切，

故为亲与仇，造种种罪业。

人在死亡的时候必然要抛下亲友怨敌等一切的一切，只剩下自己孤孤单单，可是我由于没有认识到这一点而为利亲害怨造下了各种罪业。

二、广说：

仇敌化虚无，诸亲亦烟灭，

吾身必死亡，一切终归无。

依之造罪的怨敌们如今已经不复存在，亲友们也已杳无踪影，我也不会例外，终究难免一死，有情与受用一切的一切最终都将化为乌有，为了这一切而造罪实在是无有意义。

人生如梦幻，无论何事物，

受已成念境，往事不复见。

假设有人心里认为：使亲友们欢欣喜悦等快乐以后也会跟随着我们，所以有实在的意义。

实际上这样的快乐等何事何物、现在所有的受用等一切的一切后来只能成为回忆的对境罢了，而不可能再亲眼目睹、亲身感受，因为往事已经流逝过去，犹如梦中所享受的快乐在醒来时荡然无存一般。

复次于此生，亲仇半已逝，

造罪苦果报，点滴候在前。

不用说是流转的生生世世，就是暂时存活的今生今世当中也可以看得出，多半

过世的亲朋好友、冤家对头以及曾经与之相伴的快乐等都如梦境一样一去不复返，然而为了他们所造的难以饶恕的罪业及所有习气果报却都在前方等候着我们。

三、摄义：

因吾不甚解：命终如是骤，
故起贪嗔痴，造作诸恶业。

由于我没有深刻地认识到死亡如此突然，导致受贪嗔痴的牵制而造下了许许多多罪业，要想使这些罪业在即生中得以清净，就必须雷厉风行加以净除。

昼夜不暂留，此生恒衰减，
额外无复增，吾命岂不亡？

朝夕流逝，片刻不停，今生稍纵即逝，一分一秒地减少，而绝不会有增多的可能，为此，我又怎么会不死呢？定死无疑。

寅二、思维死亡极恐怖而生起皈依之心分二：

一、略说；二、广说。

一、略说：

临终弥留际，众亲虽围绕，
命绝诸苦痛，唯吾一人受。

有人认为：尽管必死无疑，但是在死的时候还是需要亲友等。

在临终弥留之际，自己躺在床榻上，尽管所有亲友在四周团团围绕，可是命绝身亡的苦痛只有我独自一人感受，他们根本无法分担。

魔使来执时，亲朋有何益？
唯福能救护，然我未曾修。

有人认为：即便如此，但他们在那时也能救护我吧。

当你被阎罗狱卒捉住时，亲戚朋友们能起到什么作用呢？根本无济于事。那么，什么才能对你有帮助呢？到那个时候，唯有福德才能救护，然而遗憾的是，我却从来没有修善积福。

放逸我未知：死亡如是怖，
故为无常身，亲造诸多罪。

于是不由得悲哀大声呼喊：怙主啊！没有修善积福、没有防护漏法而一直放逸无度的我不知道死亡竟然这般恐怖，以致为了无常的现世亲身造下了累累罪业。

二、广说：

若今赴刑场，罪犯犹惊怖，
口干眼凸出，形貌异故昔。
何况形恐怖，魔使所执持，
大怖忧苦缠，苦极不待言。

例如，一名今天就要被带到刑场上去的罪犯，也会惊恐万分，口干舌燥，双目凸出，面目皆非，与以前判若两人，何况是被面目狰狞、十分可怕的阎罗狱卒捉住，被极大的恐惧所逼，处在痛苦不堪、极为可怜的地步，那副胆战心惊的悲惨情景就更不用说了。

谁能救护我，离此大怖畏，
睁大凸怖眼，四方寻救护，
四方遍寻觅，无依心懊丧，
彼处苦无依，惶惶何所从？

到那时，有谁能救护我摆脱这么巨大的恐怖呢？我不由得睁大向外凸出、惶恐不安的双眼四处寻觅救护者，经过一番苦苦寻找，结果发现四方居然没有任何可皈依处，不禁心灰意冷，极度失望。如果处在那种无依无靠的境地中，当时我该何去何从呢？实在是无计可施。

子二、所皈依之对境分二：

一、皈依共同三宝；二、皈依具愿力之菩萨。

丑一、皈依共同三宝：

佛为众怙主，慈悲勤护生，

力能除众惧，故我今皈依。

如是亦皈依，能除轮回怖，

我佛所悟法，及菩萨圣众。

当时，无依无靠，唯有皈依三宝。众生怙主、大慈大悲的佛陀以最大的精进行持救护一切有情的事业，具有超凡的救护威德力，能遣除所有怖畏，因此我从现在起皈依佛陀；皈依能解除轮回恐怖、佛陀所了悟的正法；同样也真实皈依菩萨僧众。

丑二、皈依具愿力之菩萨：

因怖惊颤栗，将身奉普贤，

亦复以此身，敬献文殊尊。

我由于害怕地狱等处的痛苦而惊恐不安、瑟瑟发抖，于是将自己奉献给普贤大菩萨，也将自己的身体献给文殊菩萨。

哀号力呼求，不昧大悲行，

慈尊观世音，救赎罪人我！

痛苦不堪的我悲哀哭泣，极力呼唤具有无伪大悲心与大悲行的怙主观世音菩萨，为什么呢？祈求救护罪大恶极的我。

复于虚空藏，及地藏王等，

一切大悲尊，由衷祈救护。

也同样发自内心地呼唤圣者虚空藏菩萨、地藏王菩萨、弥勒菩萨、除盖障菩萨

等具有大悲心的所有怙主，祈愿能得到他们的救护。

皈依金刚手，怀嗔阎魔使，

见彼心畏惧，四方速逃逸。

我也皈依能令那些嗔恨众生的阎罗狱卒等见而生畏、四处逃窜的金刚手菩萨。

子三、如何皈依：

昔违尊圣教，今生大忧惧。

愿以皈命尊，求速除怖畏！

如今深深察觉到，昔日违越佛陀教的罪业果报如此可怕，而皈依您祈求迅速消除恐怖。

癸三、现行对治力分三：

一、理当精进对治；二、迅速精进；三、如何精进。

子一、理当精进对治分二：

一、以患者之喻说明；二、以险处之喻说明。

丑一、以患者之喻说明：

若惧寻常疾，尚需遵医嘱，

何况贪等患，百罪恒缠身。

即便是畏惧风、胆等平常疾病，也需要谨遵医嘱而采取行之有效的治疗方法，那么贪欲等百罪的痼疾恒常萦身必然要精进遵照如来言教来对治就更不必说了，因为弥天大罪的重症实在难以治愈。

一嗔若能毁，赡部一切人，

疗惑诸药方，遍寻若不得。

医王一切智，拔苦诸圣教，

知已若不行，痴极应呵责。

为什么呢？贪心等一种疾患就足可以毁灭南赡部洲为主的一切人，除了依如来教奉行以外寻遍四面八方也得不到能治愈这些疾患的良药。能治疗这些烦恼疾病的灵丹妙药就是一切种智，因为依靠它能解除一切痛苦，明明知道这一点还不依教奉行，显然是愚昧至极、该被呵责的对象。

丑二、以险处之喻说明：

若遇寻常险，犹须慎防护，

况堕千由旬，长劫险难处。

纵然遇到平平常常、微不足道的险处，人们也是为了避免堕落其中而小心翼翼，万分谨慎，那么对于堕入极度痛苦、长久不得解脱、深达千由旬的深渊，更需要谨小慎微就不言而喻了。

子二、迅速精进分三：

一、寿命不可靠；二、受用不可靠；三、亲友不可靠。

丑一、寿命不可靠：

若思今不死，安逸此非理，

吾生终归尽，死期必降临。

如果心里想：虽然罪过严重，但以后再忏悔也可以。

实际上，声称“今日不死”而悠闲自得也是不合理的，我最后必定寿终正寝，死亡的时刻一定会到来。

谁赐我无惧？云何定脱苦？

倘若必死亡，为何今安逸？

谁能赐予我不死的无畏？谁也不能赐予。怎么能确定摆脱死亡呢？根本不可能摆脱。如果必死无疑，那么我为什么还心安理得、逍遥自在地度日呢？这么做实在不合理。

丑二、受用不可靠：

除忆昔经历，今吾复何余？

然因执著彼，屡违上师教。

如今我除了回首以往享受、早已灭尽的那些财产受用以外，还有什么没有毁坏剩下来的受用呢？然而我却由于贪恋受用而屡屡违背上师的言教，这实在不应理，但愿以后不再就犯。

丑三、亲友不可靠：

此生若须舍，亲友亦如是，

独行无定所，何须结亲仇？

不仅仅是受用，就连自己存活的今生以及朝夕相伴的亲友们都要舍弃而孑然一身孤零零前往后世，那么有什么必要与众人结亲结怨呢？贪执这些真的没有任何实义。

子三、如何精进分二：

一、意乐；二、加行。

丑一、意乐：

不善生诸苦，云何得脱除？

故吾当一心，日夜思除苦。

一切痛苦来源于不善业，因此我理当日日夜夜恒时唯一思考如何才能脱离痛苦。

丑二、加行：

吾因无明痴，犯诸自性罪，
或佛所制罪，如是众过罪，
合掌怙主前，以畏罪苦心，
再三礼诸佛，忏除一切罪。

我由于愚昧无知而造了谁犯都成罪业的杀生之类自性罪，或者只有受戒才成罪业过午进食之类所有佛制罪，对于所造的这一切罪业，我在诸位怙主面前，恭敬合掌，怀着害怕痛苦的心理再三顶礼，诚心忏悔。

癸四、返回对治力：

诸佛祈宽恕，往昔所造罪，
此既非善行，尔后誓不为！

请求一切导师宽恕我往昔所造的罪业，既然罪业不是善行，一定发誓今后永不再造。

第二品释终

第三品　受持菩提心

辛五、随喜分二：

一、随喜世间善；二、随喜出世善。

壬一、随喜世间善：

欣乐而随喜，一切众有情，
息苦诸善行，得乐诸福报。

以欢喜的心情随喜一切众生奉行消除恶趣痛苦之因的善业，积累脱离苦果享受快乐的福德。

壬二、随喜出世善：

随喜积善行：彼为菩提因。
随喜众有情：实脱轮回苦。

随喜小乘善行包括因与果两种，随喜因：欣然随喜积累作为声闻缘觉菩提之因的善行；随喜果：随喜众生真正脱离轮回痛苦获得阿罗汉果位。

随喜佛菩提，佛子地诸果。
亦复乐随喜：能与有情乐，
发心福善海，及诸饶益行。

随喜大乘善行也包括因与果两种，随喜果：随喜究竟果位的菩提与暂时果位的菩萨地；随喜因：欣悦随喜发心给众生带来安乐的如海善意以及利益众生的善行。

辛六、请转法轮：

我于十方佛，合掌诚祈请，
为苦惑迷众，燃亮正法灯。

合掌祈请诸方佛陀，为被痛苦黑暗或者痛苦无知黑暗笼罩而不知正道与非道的一切众生点亮正法明灯、指引正道。

辛七、祈请不涅：

若佛欲涅槃，合掌速祈请，
住世无量劫，莫令世间迷。

在即将趋入涅槃的诸位佛陀前合掌祈求：请佛陀住世无量劫而不趣入涅槃，不要让世间众生处于无知迷茫之中。

辛八、回向福德分二：

一、总回向；二、别回向。

壬一、总回向：

如是诸观行，所积一切善，
以彼愿消除，有情一切苦。

从前面所说的供养直到祈请住世之间自己所积累的这一切善根，但愿能遣除一切众生的所有痛苦。

壬二、别回向分三：

一、为患病者回向；二、为饥渴者回向；三、为贫穷者回向。

癸一、为患病者回向：

乃至众生疾，尚未疗愈前，

愿为医与药，并作看护士。

直至众生的疾病尚未恢复之前，我愿作为医生、妙药以及护士。

癸二、为饥渴者回向：

盼天降食雨，解除饥渴难，

于彼灾荒劫，愿成充饥食。

期盼能降下饮食之雨，消除饥渴的危难；愿我在饥馑中劫时能变成丰足饮食解除受苦者的饥渴；同样，祈愿在刀兵中劫时天降庄稼妙雨（作为人们充饥的粮食）。

癸三、为贫穷者回向：

为济贫困者，愿成无尽藏，

愿诸资生物，悉现彼等前。

为了赈济一切穷困潦倒的众生，愿我变成取之不尽、用之不竭的宝藏，使各种各样的资具用品展现在这些贫困有情的面前。

庚二、为利他而修心分二：

一、总说布施一切；二、别说布施身体。

辛一、总说布施一切分二：

一、所施；二、原因。

壬一、所施：

为利有情故，不吝尽施舍，

身及诸受用，三世一切善。

为了成办利众之事，我们应当毫不吝惜地布施身体、受用以及三世中已经造、正在造、即将造的一切善根。

壬二、原因：

舍尽则脱苦，吾心成涅槃，
死时既须舍，何若生尽施。

施舍一切是为了脱离痛苦，使自己的心为自他二利成就涅槃。再者，既然死亡时身体及一切受用都要舍弃，那还不如现在布施给一切众生，依此也能对自他大有裨益。

辛二、别说布施身体分二：

一、布施缘自己而造业之众生；二、回向成为利众之因。

壬一、布施缘自己而造业之众生分二：

一、无条件而布施；二、发愿成为利益之因。

癸一、无条件而布施：

吾既将此身，随意施有情，
一任彼欢喜，恒常打骂杀。

我既然已经将自己的这个身体随意施给了所有众生，那当然就任凭他们恒时随心所欲进行杀害、谩骂、殴打等。

纵人戏我身，侵侮并讥讽，
吾身既已施，云何复珍惜？
一切无害业，令身尽顺受。

纵然人们对我的身体百般戏弄玩耍、轻侮侵犯、冷嘲热讽，都未尝不可，既然我的这个身体已经施给了他们，还谈什么防护对它的损害呢？只要不成为对他们有暂时、长久危害的业，就随他们的便吧。

癸二、发愿成为利益之因分二：

一、总说；二、别说。

子一、总说：

愿彼缘我者，悉获众利益。

但愿缘于我的一切有情，永远获得利乐，万万不要无有收益。

子二、别说分二：

一、回向意乐具义；二、回向行为具义。

丑一、回向意乐具义：

若人因见我，生起信憎心，

愿彼恒成为，成办众利因。

凡是缘于我的众生，不管他们对我生嗔心还是起信心，但愿时时刻刻都能成为实现他们一切愿望的因。所谓的“信心”，《大疏》中说是不信[26]。

丑二、回向行为具义：

愿彼毁我者，及余害我者，

乃至辱我者，皆具菩提缘。

[26] 不信：本来，颂词中和注释中都是讲信心，而《入行论大疏》中说为“不信”，是否为错别字，请诸位学者斟酌。

不论是任何众生对我直接恶语中伤也好，还是进行其他加害也好，或者在他人面前挖苦讽刺也好，但愿这些众生都具有菩提的缘分。

壬二、回向成为利众之因：

路人无怙依，愿为彼引导，
并作渡者舟，船筏与桥梁。

我愿变成一切无依无怙众生的依怙，一切行程者的向导，并作为想要渡过江河者的航船、小舟与桥梁。

求岛即成岛，欲灯化为灯，
觅床变作床，凡需仆从者，
我愿成彼仆。

我愿在求海岛者面前成为岛屿，欲求明灯者面前变成明灯，想要床榻者面前变为床榻，愿作为需求奴仆众生的仆人。

愿成如意牛，妙瓶如意宝，
明咒及灵药，如意诸宝树。

我愿变成可随心所欲拥有一切的如意牛，满足心愿的摩尼宝珠、妙宝瓶，成办一切所欲之事的明咒，祛除一切疾病的灵丹妙药，出生所需的如意树。

如空及四大，愿我恒成为，
无量众有情，资生大根本。

如同地等四大以及虚空恒时作为一切有情生存的根本一样，愿我也以众多形象作为无量众生赖以生存的因。

迨至尽空际，有情种种界，
殊途悉涅槃，愿成资生因。

在天边无际的一切众生界获得涅槃果位之前，我愿成为他们生存的根本。

善天与胜敌论师认为以上这些内容是愿心。

己二、正行：

如昔诸善逝，先发菩提心，
复此循序住，菩萨诸学处。

如果我们在阿阇黎前或三宝所依前受菩萨戒，首先念诵“祈祷十方诸佛菩萨垂念我”。假设分别受愿行心菩萨戒，那么要以念诵三遍“如昔诸善逝，先发菩提心，如是为利众，我发菩提心”来受愿心戒；以念诵三遍“如昔诸善逝，渐守菩萨戒，复此循序住，菩萨诸学处”来受行心菩萨戒。如果愿行菩提心戒一起受，就要按照此论中所说来受。

如是为利生，我发菩提心，
复于诸学处，次第勤修学。

如往昔的一切如来为了利益他众而发起想获得佛果的菩提心，循序渐进守护菩萨戒的所有学处，同样我也为了利益众生发菩提心，次第学修学处。

己三、后行分二：

一、连接文；二、真实后行。

庚一、连接文：

智者如是持，清净觉心已，
复为增长故，如是赞发心。

有智慧的人受持清净菩提心，最后也为了使发心永不退失并且与日俱增，才这般提升心力而赞叹。

庚二、真实后行分二：

一、令自欢喜；二、令他欢喜。

辛一、令自欢喜分二：

一、因成办自利而生欢喜；二、因成办他利而生欢喜。

壬一、因成办自利而生欢喜：

今生吾获福，善得此人身，
复生佛家族，今成如来子。

今生今世，我已经成为具有大福报之人，为什么这样说呢？已经获得了人身，并且如今又投生在如来种性中变成佛子。

尔后我当为，宜乎佛族业，
慎莫染污此，无垢尊贵种。

因此我一定要尽己所能从事合乎种性的三门之事，初中后都要保持清净无垢，绝不能以恶行的垢染玷污这纯洁尊贵的种性。

犹如目盲人，废聚获至宝，
生此菩提心，如是我何幸！

犹如一位双目失明的盲人在垃圾堆中得到了珍宝，那该是多么稀奇的一件事。同样，我生起了这颗菩提心，该是何等的幸运啊！

壬二、因成办他利而生欢喜：

灭死胜甘露，即此菩提心，
除贫无尽藏，即此菩提心，
疗疾最胜药，亦此菩提心。

能摧毁众生之死主而令不死的胜妙甘露就是这颗菩提心，遣除众生一切贫穷的无尽宝藏也是这颗菩提心，能尽除众生身心疾患的最胜妙药还是这颗菩提心。

彼为泊世途，众生休憩树，
复是出苦桥，度众离恶趣。

菩提心是漂泊在世间路途中被痛苦折磨得疲惫不堪的苦难众生得以休息具有凉荫的妙树，她也是能救度众生脱离恶趣的共同梯阶或桥梁。

彼是除恼热，东升心明月。
复是璀璨日，能驱无知霾。
是拌正法乳，所出妙醍醐。

菩提心也是驱除众生烦恼障酷热心中升起的皓月，也是遣除众生无明所知障迷雾的一轮红日，她是搅拌所有正法乳汁所提炼出的精华醍醐。

于诸漂泊客，欲享福乐者，
此心能足彼，令住最胜乐。

对于流浪在三有路途中想享受快乐的一切众生宾客，此菩提心能使他们获得最殊胜的安乐，也就是说她能以安乐满足一切有情贵客。

辛二、令他欢喜：

今于怙主前，筵众为上宾，
宴飨成佛乐，普愿皆欢喜。

我今日在所有怙主前，也就是请他们作为见证，以究竟正等佛果的安乐及暂时的安乐宴请一切有情作为上宾，愿天非天等所有众生皆大欢喜。

第三品释终

丙三、趋入之方法分五：

一、戒律；二、安忍；三、精进；四、静虑；五、智慧。

丁一、戒律分二：

一、不放逸；二、正知正念。

本来，行为有六度，但本论中没有单独宣说布施。

第四品　不放逸

戊一、不放逸分三：

一、略说；二、广说；三、摄义。

不放逸的本体即是谨慎取舍，《学集论》中云：“何为不放逸？即无贪、无嗔、无痴而精进修持一切善法，内心防护一切有漏法。”不放逸是一切善法的方便。《三摩地王经》中云：“所说一切诸善法，根本即是不放逸。”

己一、略说：

佛子既如是，坚持菩提心，
恒勤勿懈怠，莫违诸学处。

佛子以加行、正行、后行的方式坚定不移地受持菩提心后，就应当毫不懈怠努力做到恒时不违越菩萨学处。

己二、广说分三：

一、谨慎修学所修；二、谨慎所依暇满；三、谨慎所断烦恼。

庚一、谨慎修学所修分三：

一、不舍菩提心之合理性；二、舍弃菩提心之过患；三、教诫不舍菩提心。

辛一、不舍菩提心之合理性：

遇事不慎思，率尔未经意，

纵已誓成办，后宜思取舍。

对于任何事，最初未经观察，或者只是稍加观察而未经慎重分析，即使口中说“发誓要做”，然而经过一番详细观察才决定到底做还是放弃，这一点也是合情合理的。

诸佛及佛子，大慧所观察，

吾亦屡思择，云何舍誓戒？

而这里与之完全不同，一切如来及菩萨也是以大智慧详加观察，而且我自己在受戒之前也经过详察细审、再三深思，对于这样的发心学处怎么能半途而废呢？是绝对不能的。

辛二、舍弃菩提心之过患分三：

一、异熟果堕恶趣；二、失毁利他行为；三、阻碍解脱。

壬一、异熟果堕恶趣分三：

一、真实宣说；二、彼之合理性；三、遣除争论。

癸一、真实宣说：

若誓利众生，而不勤践履，

则为欺有情，来生何所似？

假设在发心的时候立下誓愿要救渡一切众生等，之后三门所作所为不履行诺言，那么显然已经欺骗了这些众生，如此一来，我最终的下场将会怎么样呢？可想而知绝对摆脱不了恶趣。

癸二、彼之合理性：

意若思布施，微少凡常物，

因悭未施予，经说堕饿鬼。

如果某人心里想要施舍食物等微不足道的平常物品，之后又出尔反尔，没有进行布施，经中说这是饿鬼的因，《正法念处经》中云：“仅稍思量而未布施，则投生饿鬼，若已经立誓而未布施，则堕入众生地狱。”

况请众生赴，无上安乐宴，

后反欺众生，云何生善趣？

那么，何况说诚心以无上佛果与暂时的安乐宴请一切有情，后来又欺骗这所有众生，怎么能转生善趣呢？是不会转生的。

癸三、遣除争论：

有人舍觉心，却办解脱果，

彼业不可思，知唯一切智。

有人问：如此一来，不是与佛经中所说的相违了吗？佛经中记载：圣者舍利子奉持菩萨行时，恶魔索要右手，他砍断右手，用左手布施，结果魔口出不逊，于是舍利子生起厌烦心而舍弃发心，但还是获得了阿罗汉果位；金色尊者前世也曾于四十劫中持菩萨行，后来舍弃菩提心立即变成缘觉。

其实并不相违，《普明论》与《释论》中对此是这样答复的：某人舍弃菩提心，可是他们也得以解脱，这说明业力不是凡人可思维的，只有遍知佛陀才能洞晓得一清二楚，而我们根本无法了知。

善天尊者则如此回答说：“虽然以方便法舍弃了菩提心，但因真实受持（菩萨戒）的缘故也能使众生得以解脱。”

布布达论师对此作答：“尽管舍弃了世俗菩提心，而没有舍弃胜义菩提心。”我认为这种说法是合理的，因为虽然放弃了利他之心（世俗菩提心），但由于没有舍弃证悟无我的智慧（胜义菩提心）而不会堕入恶趣。然而，对于不可思议的行境，只是冥思苦想又有什么用呢？

壬二、失毁利他行为：

菩萨戒堕中，此罪最严重，

因彼心若生，将损众生利。

舍弃菩提心是菩萨戒堕罪中最为严重的。《般若摄颂》中云："虽于俱胝劫中行十善，然发欲求缘觉罗汉心，彼时戒染过患毁戒律，彼发心较他胜犹严重。"原因是，如此一来势必大大降低成办一切众生利益的功效。

虽仅一刹那，障碍此福德，

因损有情利，恶趣报无边。

不仅如此，就算是对其他众生发起此菩提心的福德从中作梗也会使菩萨利益一切众生的事业降低，由于导致对方不能利益众生，因而作障碍者的下场必然是无有尽头的恶趣。

毁一有情乐，自身且遭损，

况毁尽空际，有情众安乐。

其原因是：哪怕只是毁坏一位众生的安乐，尚且要自食其果遭受损失，如果对菩萨行善制造违缘，结果将毁坏天边无际所有众生的安乐，当然果报堕入恶趣这一点就更不必说了。《寂灭决定神变经》中云："何者抢夺南赡部洲一切众生之财，断一切众生之命，何者对菩萨甚至布施旁生一食团之善行作障，则罪过较前者严重无量倍，因为对获得佛果之善业作障故。"

壬三、阻碍解脱：

故杂堕罪力，菩提心力者，

升沉轮回故，登地久蹉跎。

由于堕罪与菩提心两种力量轮番交替起作用，结果在轮回中时起时伏，如此必将拖延很久才能获得一地等果位。

辛三、教诫不舍菩提心：

故如所立誓，我当恭敬行，

今后若不勉，定当趋下流。

因此，按照发心时所承诺的那样，我务必要恭敬履行诺言，从今以后如果不勤奋努力，那么必定径趋直下，接连不断从恶趣堕入恶趣。

饶益众有情，无量佛已逝，

然我因昔过，未得佛化育。

如果有人想：佛陀会救护我们，不至于变成这样吧。

往昔赐予一切众生安乐之不可计数的佛陀都已趣入寂灭，然而我由于违越学处的罪过所致未能成为过去佛度化的对境。

若今依旧犯，如是将反复，

恶趣中领受，病缚剖割苦。

如果心想：以后会得到救护吧。

倘若仍旧一如既往，那么下场必将是一而再、再而三地在恶趣感受痛苦，即便获得善趣，也是遭受疾病缠身、受到束缚、砍剖身体等苦痛。

庚二、谨慎所依暇满分三：

一、暇满难得；二、未得之过患；三、得后不勤而舍。

辛一、暇满难得：

如值佛出世，为人信佛法，

宜修善稀有，何日复得此？

无论是值遇佛陀出世、信仰佛法、获得人身还是修持善法（都非常难得）。总之，十八暇满完整具足的人身实在稀有珍贵、来之不易，其余什么时候还会获得这样的人身呢？不会获得的。

纵似今无病，足食无损伤，

然寿刹那欺，身犹须臾质。

已经有幸得到暇满人身的此时此刻，尽管也会逢遇健康无病的日子，丰衣足食顺缘样样具备，无有违缘损害，可是人的寿命一刹那也不可信赖，完全是欺惑性的，这个身体就像顷刻间的抵押品一样，自己无权支配。

辛二、未得之过患分二：

一、真实宣说；二、彼之依据。

壬一、真实宣说分二：

一、堕恶趣不行善法；二、不得善趣。

癸一、堕恶趣不行善法：

凭吾此行素，复难得人身，

若不得人身，徒恶乏善行。

我如果现在的行为依然如故，那么后世也就无法再度获得人身，结果将堕落恶趣，如果没能得到人身而下趋恶趣，那么时刻都是造罪，根本不具备行善的能力。

如具行善缘，而我未为善，

恶趣众苦愚，彼时复何为？

现在具有奉行善法的缘分时我如果不精勤行持善法，到后世被恶趣的痛苦所折磨、愚笨透顶，那时我该怎么办呢？没有行善的机会。

癸二、不得善趣：

既未行诸善，复集众恶业，

纵历一亿劫，不闻善趣名。

在恶趣我没有机会行持善法，反而再度积累罪业，这样一来，纵然在百俱胝劫中连善趣的声音也听不到，更何况说获得善趣了。

壬二、彼之依据分二：

一、教证之依据；二、理证之依据。

癸一、教证之依据：

是故世尊说，人身极难得，

如海中盲龟，颈入轭木孔。

为什么说人身来之不易呢？出有坏佛陀在经中说，就像大海中盲龟的颈部进入漂浮不定的木轭孔隙内一样，人身极为难得。《杂阿含经》中云：“‘诸比丘，此大地变成一大汪洋，在海面上有一具孔木轭，被风吹动四处漂荡，另有一盲龟，每百年伸颈一次。诸比丘试想，大海中之龟颈易得入于木轭孔内否？’‘世尊，不易。’世尊告言：‘诸比丘，与此同理，人身极为难得。’”

癸二、理证之依据：

刹那造重罪，历劫住无间，

何况无始罪，积重失善趣。

所谓的“刹那造重罪”，如果按照注释中解释为“造无间罪等”，显然是指成事刹那，如果是造诸如对殊胜对境生恶心的罪业，也可以是时际刹那，无论如何，刹那间造重罪者也将在数劫中沦陷无间地狱中，那么由无始以来在轮回中积累的罪业而不得善趣下堕恶趣这一点就更不言而喻了。

然仅受彼报，苦犹不得脱，

因受恶报时，复生余多罪。

单单是感受以往罪业的果报，尚且无法摆脱痛苦，而在遭受这些苦楚的同时又

要积累其他苦因的罪业。

辛三、得后不勤而舍分二：

一、略说；二、广说。

壬一、略说：

既得此闲暇，若我不修善，

自欺莫胜此，亦无过此愚。

已经得到了这样的闲暇人身之后，如果我不修习善法，那么再没有比这更大的欺惑了，也再没有比这更为愚痴的了。

壬二、广说分三：

一、思维愚笨之果报；二、呵责彼本体；三、观察彼因。

癸一、思维愚笨之果报：

若我已解此，因痴复怠惰，

则于临终时，定生大忧苦。

假设我明明知道违越学处的过患，却因为愚昧所致今后仍然懒懒散散虚度光阴，不努力修学，那么当死亡到来的时候必然会追悔莫及，忧心忡忡。

难忍地狱火，长久烧身时，

悔火亦炙燃，吾心必痛苦。

死后被地狱那难以忍受的火焰长久焚烧自己的身体时，再加上难忍的悔恨烈火炎炎，结果自心必定痛苦不堪。

癸二、呵责彼本体：

难得此益身，今既侥幸得，
亦复具智慧，若仍堕地狱，
则如咒所惑，令我心失迷。

极为难得并能成办利益的暇满人身如今既然已经侥幸得到，而且自己也具有明晓善恶功过的智慧，如果执迷不悟仍旧为非作歹，导致后世堕入地狱，那显然已被密咒所迷惑，使我的心不复存在了。

癸三、观察彼因：

惑患无所知，何蛊藏心耶？

是什么因造成我迷惑、受骗，以致先前不知道我的内心到底藏着什么一个东西？经过观察就会发现，无非是烦恼在作怪。

庚三、谨慎所断烦恼分三：

一、观察所断烦恼；二、生起断除欲乐；三、能断除烦恼而生欢喜。

辛一、观察所断烦恼分二：

一、思维烦恼过患；二、作意烦恼非为所依。

壬一、思维烦恼过患分三：

一、非理损害；二、作大损害；三、教诫切莫依止烦恼。

癸一、非理损害：

嗔贪等诸敌，无手也无足，
非勇非精明，役我怎如奴？

嗔恚与贪爱等所有敌人并非是有手有足的，也不是与精进相应的勇士，又不是具有辩才的智者，既然如此，它们怎么能让我像奴隶一样不由自主地任凭指使呢？

惑住我心中，任意伤害我，

犹忍不嗔彼，非当应呵责。

这些烦恼住在我的心里欢天喜地、肆无忌惮地加害于我，我反而对它不嗔不怒，一直忍气吞声，对本不是安忍对境而修忍辱，只能成为正士呵责之处。

癸二、作大损害：

纵使天非天，齐来敌对我，

然彼也不能，掷我入无间。

假设说天神、非天等全部与我为敌，但他们也不能将我引入无间地狱的烈火中。

强力烦恼敌，掷我入狱火，

须弥若遇之，灰烬亦无余。

然而，如果遇到任何势力强大的烦恼敌人，却都能将我刹那间抛到甚至连须弥山也会被焚烧无余的无间地狱大火中。

吾心烦恼敌，长住无尽期，

其余世间敌，命不如是久。

我的任何烦恼敌人都是无始无终长久以来的仇敌，而其他所有怨敌寿命也不至于长达这么久。

癸三、教诫切莫依止烦恼：

若我顺侍敌，敌或利乐我，

若随诸烦恼，徒遭伤害苦。

如果迎合其心，顺从其意，百般承侍，那么其余所有的怨敌都会利乐于我，倘若随顺一切烦恼，那后果只能是徒劳无益地遭受更大的痛苦与损害而已。

壬二、作意烦恼非为所依：

无始相续敌，孳祸唯一因，
若久住我心，生死怎无惧？

从无始以来长期不断地加害、增长一切损害的唯一因——烦恼敌人，如果长久定居在我的心中，那么我如何能不畏惧轮回而兴高采烈呢？一定不会的。

生死牢狱卒，地狱刽子手，
若皆住我心，安乐何能有？

再者，如果致使从轮回牢狱中不得解脱而作为轮回狱卒与地狱等处刽子手的这些烦恼一直住在我的心中，那我怎么会有安乐可言呢？对此不得不慎重思维。

辛二、生起断除欲乐分三：

一、披上断惑盔甲；二、莫因痛苦而厌倦；三、坚持不懈对治烦恼。

壬一、披上断惑盔甲：

乃至吾未能，亲灭此惑敌，
尽吾此一生，不应舍精进。

乃至我没有确定摧毁烦恼这一怨敌之前，我在有生之年绝不能放弃精进。

于他微小害，尚起嗔恼心，
是故未灭彼，壮士不成眠。

比如，对于暂时造成微不足道损害的普通怨敌也会生起嗔怒之心、傲气十足的众生，在未能消灭自己的敌人之前也是夜不成眠，那对于摧毁烦恼仇敌需要精进就更不必说了。

壬二、莫因痛苦而厌倦分三：

一、观察所断之罪过而不厌倦；二、观察对治之功德而不厌倦；三、观察自己承诺而不厌倦。

癸一、观察所断之罪过而不厌倦：

列阵激战场，奋力欲灭除，
终必自老死，生诸苦恼敌，
仅此尚不顾，箭矛著身苦，
未达目的已，不向后逃逸。

对于不观待被杀而自然会死亡、烦恼深重苦难重重、成为悲悯对境的仇敌，在沙场排兵布阵进行作战时，也是想方设法竭尽全力予以消灭，自己居然不顾被箭矛等兵器击中的痛苦而不达目的誓不逃跑。

况吾正精进，决志欲灭尽，
恒为痛苦因，自然烦恼敌。
故今虽遭致，百般诸痛苦，
然终不应当，丧志生懈怠。

那么，对于恒时成为一切痛苦之因自性的烦恼怨敌，无论遭受任何令我百般痛苦的损害，也必然要意志坚定、兢兢业业、毫不怯懦地予以摧毁，这一点当然就更不必说了。

癸二、观察对治之功德而不厌倦：

将士为微利，赴战遭敌伤，
战归炫身伤，犹如佩勋章。
吾今为大利，修行勤精进，
所生暂时苦，云何能害我？

那些在毫无意义作战的过程中被敌人打伤的将士们，尚且为了表现出英勇无畏而像身体的庄严勋章一般来炫耀伤口，我今为了成办一切众生的广大利益而精进，暂时遇到的痛苦怎么能对我造成损害呢？

渔夫与屠户，农牧等凡俗，

唯念己自身，求活维生计，

犹忍寒与热，疲困诸艰辛。

我今为众乐，云何不稍忍？

再者说，渔夫、屠夫、农民等仅仅考虑到维持自己的生活，也是忍耐严寒酷暑等千辛万苦，为了一切众生的安乐，我为什么不能忍受呢？必须要忍受。

癸三、观察自己承诺而不厌倦：

虽曾立此誓，欲于十方际，

度众出烦恼，然我未离惑。

出言不量力，云何非癫狂？

虽然曾经立下誓言救度十方无边无际的一切有情脱离烦恼，但自己还没有摆脱一切烦恼，我竟然自不量力地说出这样的大话，难道不是疯了吗？简直与疯子一模一样，因此要想度他首先必须要自度。

壬三、坚持不懈对治烦恼：

故于灭烦恼，应恒不退怯。

吾应乐修断，怀恨与彼战，

似嗔烦恼心，唯能灭烦恼。

所以，对于摧毁烦恼，我们必须要做到持之以恒、无有退怯。在断除烦恼这一点上，我应当贪执，怀着憎恨心而与烦恼作战，力求将它们一网打尽。

如果有人问：虽说一切烦恼都是所断，但是怎么可以怀有贪执与憎恨呢？

这种（贪嗔）烦恼是能摧毁一切烦恼的因，所以目前并不属于所断，暂时还不能断除它，当然最终它也要予以摈除，这一点在注释中有明说。

有些人所谓“这种贪执与憎恨不属于烦恼”的说法也与《大疏》中所说的“表面是烦恼而实际上并非如此”相吻合。

吾宁被烧杀，或遭断头苦，

然心终不屈，顺就烦恼敌。

我宁愿遭受被烈火焚身、被残忍杀害或者被砍断头颅的痛苦，也绝不会拜倒在烦恼仇人的脚下任其摆布。

辛三、能断除烦恼而生欢喜：

常敌受驱逐，仍可据他乡，

力足旋复返，惑贼不如是。

普通的怨敌一次被驱逐出境，还会住在其他地方重整旗鼓，待到实力雄厚之时卷土再来，进行加害，然而烦恼敌人的情形却与之截然不同，如果一次从根本上断除，那么就不可能再度复返。

惑为慧眼断，逐已何所住？

云何返害我，然我乏精进。

那么，如何断掉烦恼呢？如果详细分析这个烦恼，则轻而易举便可摧毁，因而以轻侮之词称之为烦恼。《大疏》中云：“此烦恼无有根本之故，仅仅以现见胜义真如而断，故称烦恼。”《释论》中说：“贪等之染污性此等烦恼即……”我们应当通过证悟无我的智慧眼观察来断除烦恼，如果它从我的心中遣除，那么将去往何处呢？必定无处可去。绝对不可能住在某处等到力量强大时再返回来害我。因此，只是我内心怯懦缺乏精进罢了，如果具足精进，那么不可能不断除烦恼。

惑非住外境，非住根身间，

亦非其他处，云何害众生？

如果有人问：该如何以智慧眼来观呢？

一切烦恼并非住于色等外境中，也不是住在眼根等诸根中，原因是虽然这些境、根存在，但也会有烦恼不存在的时候。而且烦恼又不住于境根之间，除了这些以外的他处也是没有的，因为了不可得的缘故。如果观察这些烦恼到底住在何处损害一切众生呢？就会发现作害者不成立，尽管显现为作害，实际上也是如幻术一般现而无实。

惑幻心莫惧，为智应精进。

何苦于地狱，无义受伤害？

为此，我们务必要消除认为烦恼无法断除的恐惧心理，为了生起智慧而精进。如果有了这种智慧，我怎么能毫无意义地在地狱等处受害呢？实在不可能落到地狱中。

己三、摄义：

思已当尽力，圆满诸学处，

若不遵医嘱，病患何能愈？

思维前面所讲不放逸的这些意义，为了奉行经论中所说的菩萨学处，务必努力做到不放逸。否则，就像不遵照医生的嘱咐无法通过药物治疗使病痊愈一样，不可能摆脱烦恼痛苦的疾病。《学集论》中云：“何者不堕落，诸要当知此，我身与受用，三世所生善，皆施诸有情，护持净增上。”依照此等教证，我们理当倍加精进。

第四品释终

第五品　正知正念

戊二、正知正念分三：

一、护戒之方便法——护心；二、护心之方便法——护正知正念；三、教诫结合相续而精进。

正念是指忆念自己承诺的所断与所修，正知是指精通该断该修的一切事宜。

己一、护戒之方便法——护心分二：

一、略说；二、广说。

庚一、略说：

欲护学处者，策励当护心，
若不护此心，不能护学处。

想要不失毁而护学处的人一定要集中精力防护心动摇在颠倒的对境中，因为如果没有能够守护住这颗心，就无法护持学处。

庚二、广说分四：

一、需护心之理由；二、护持方法；三、如是护持之功德；四、需精勤护持之理。

辛一、需护心之理由分三：

一、未护心之过患；二、护心之功德；三、摄义。

壬一、未护心之过患：

若纵狂象心，受难无间狱，
未驯大狂象，为患不及此。

如果让心的大象在颠倒的外境中放任自流，结果将导致在无间地狱中受害，而未驯服的狂象并不致于造成这样的危害。

壬二、护心之功德分二：

一、略说；二、广说。

癸一、略说：

若以正念索，紧拴心狂象，
怖畏尽消除，福善悉获至。

如果能够用正念的绳索将心的大象紧紧地拴在善法的桩子上，那么一切畏惧都将烟消云散，一切善法唾手可得。

癸二、广说分二：

一、遣除怖畏；二、修持善法。

子一、遣除怖畏分二：

一、真实宣说；二、依据。

丑一、真实宣说：

虎狮大象熊，蛇及一切敌，
有情地狱卒，恶神并罗刹，
唯由系此心，即摄彼一切，

调伏此一心，一切皆驯服。

如果拴住自己的这一颗心，就能系住老虎、雄狮、大象、马熊、猛蛇、怨敌、众生地狱的阎罗卒、凶神恶煞以及罗刹这所有的作害者，换句话说，只要调伏这一颗心，就能调伏一切，如《本生传》中云："以彼自性大悲体，如水湿润而滋润，彼此之间无害心，猛兽亦如苦行者。"

丑二、依据：

实语者佛言：一切诸怖畏，

无量众苦痛，皆从心所生。

如是所有的恐怖与今生来世的无量痛苦均是由自己的颠倒心中产生，这是真实语者佛陀所说的。《宝云经》中云："心性若自在，则于诸法皆获得自在。"又云："善或不善业，乃由心所积。"《摄正法经》中云："诸法依赖于自心。"

有情狱兵器，何人故意造？

谁制烧铁地？女众从何出？

《大疏》与《普明论》中解释道：否则，众生地狱的所有兵器是哪些制造者故意造的？燃烧的铁地又是谁制作的？位于铁柱山上的这些女人又出自何处？善天尊者也讲解成女人，可见，（有些译师所译的颂词中）"火堆从何出"的说法是不正确的，按照上述这些注释中所说"女人"，或者邦译师所说的"女众"是准确的。

佛说彼一切，皆由恶心造，

是故三界中，恐怖莫甚心。

其实，所有这些均是由恶心所生，关于这一点，能仁佛陀在《念住经》等中说："心乃敌中最大敌，除彼之外无怨敌。"因此说，三界中再没有比心更可怕的了，所以我们理所应当调伏内心。

子二、修持善法分六：

一、布施度；二、持戒度；三、安忍度；四、精进度；五、静虑度；六、智慧度。

作为菩萨，身体力行的善法就是六度，实际上六度也是以心为主。

丑一、布施度：

若除众生贫，始圆施度者，

今犹见饥贫，昔佛云何成？

假设说遣除一切众生的贫穷者才圆满布施度的话，那往昔的所有佛陀就成了没有圆满布施度者，因为如今仍旧有许多众生贫困不堪。

身财及果德，舍予众生心，

经说施度圆，故施唯依心。

那么，对此应当如何理解呢？将内外的一切财物连同施舍这些的善果全部施予一切有情修习究竟而远离悭吝之心，就是布施度，这是《无尽慧经》中所说的。此经中云："何为布施度？即施舍一切财物及果法之心。是故，布施度唯是心。"

丑二、持戒度：

遣鱼至何方，始得不遭伤？

获断恶之心，说为戒度圆。

如果断绝损害就是持戒度的话，那么往昔佛陀的戒律度也没有圆满了，原因是只有将鱼儿龟类等含生、其他财物、女人遣送到某处，使他们不遭杀害、不被夺取等（才能称得上戒律圆满），事实上并没有遣送，他们仍然在遭受损害。实际上，戒律度指的是断除对这所有众生的损害等之心。经中云："何为戒律度？断除害他之心。"

丑三、安忍度：

顽者如虚空，岂能尽制彼？

若息此嗔心，则同灭众敌。

安忍也不应当是指杜绝怨敌或者他的嗔心相续，因为野蛮的众生如虚空般无边无际，毁之不尽。实际上，如果摧毁自己的这一颗嗔心，那么就相当于击败了所有的怨敌。

何需足量革，尽覆此大地，
片革垫靴底，即同覆大地。
如是吾不克，尽制诸外敌，
唯应伏此心，何劳制其余？

例如，整个大地用皮革来覆盖，皮革又怎么能完全盖得完呢？而只是用鞋底大的皮革就相当于覆盖整个大地。同样的道理，自己不可能将所有的作害对手一一制伏，除了降伏我的这颗嗔心成就安忍，何须制伏其他呢？实在是徒劳无益。

丑四、精进度：

生一明定心，亦得梵天果，
身口善纵勤，心弱难成就。

精进也主要是指这颗心，对于“明定心”，《释论》中说是静虑戒所摄的明心，善天尊者解释为无有身语业的心，只生起这样的一颗明定心的果报也是转生到梵天等。有些人按照佛经中所说“生起慈心而转生到梵天”来讲解。如果与心的力量毫不相干，那么身语的业果由于心行微弱而不能产生如此大的果报。

丑五、静虑度：

虽久习念诵，及余众苦行，
然心散它处，佛说彼无益。

静虑也同样是以心而成就的。纵然是长期念诵密咒等以及历经身体的百般苦行，但如果心思散乱在他处，彻见诸法的佛陀说这也意义不大。《摄等持经》中云：“诸

比丘，心散乱于欲妙之苦行及讽诵等无有果。”或如《般若经》中云：“心散乱者自利尚不成……”

丑六、智慧度：

若不知此心，奥秘法中尊，
求乐或避苦，无义终漂泊。

正法的内涵殊胜主尊——心的奥秘即是自性空性，《大疏》中说由于它不是凡夫的行境故称奥秘。《释论》中说：“无我之真如隐藏于自己的心中。”如果未了达这颗心的奥秘，那么虽然想离苦得乐，但最终他们的结果只能是毫无意义地漂泊在轮回中。经中云：“知众迷乱如野兽入网已，诸智者如鸟翔虚空中。”因此，智慧度也主要是指心，《华严经》中亦云：“一切菩萨行均依自心。”方便、愿、力、智度也是由智慧度分出来的，因而它们都是以心为主。

壬三、摄义：

故吾当善持，善护此道心，
除此护心戒，何劳戒其余？

因此，我应当以正念善加把握、以正知善加守护这一颗心，除了护心戒以外其他的许多禁戒有什么用呢？无有实义。

辛二、护持方法：

如处乱众中，人皆慎护疮，
置身恶人群，常护此心伤。

如果处在心思外散、不护威仪的大众之中，必须要小心谨慎注意伤口。同样，置身于成为生起烦恼外缘的恶人行列中，如果没有保护好心的伤口，就会产生痛苦，因此必须恒常护心。

若惧小疮痛，犹慎护疮伤，

畏山夹毁者，何不护心伤？

因为惧怕伤痕的小小痛苦尚且谨小慎微，那么害怕众合地狱的大山摧毁身体者，如果没有防微杜渐，就必然造成被其摧毁的后果，为何不防护能导致这种剧苦——心的创伤呢？理当防护。

辛三、如是护持之功德：

行为若如斯，纵住恶人群，

抑处女人窝，勤律终不退。

如果奉持如是的护心行为，那么无论是处于恶人的群体中还是女人的行列中，精勤稳重地护持戒律的正士，始终不会出现失毁戒律的现象。

辛四、需精勤护持之理：

吾宁失利养，资身众活计，

亦宁失余善，终不损此心。

《普明论》中解释说：我宁愿失去自己的斋食等所得之利、顶礼等恭敬以及自己的身体和维生的资具，而且也宁愿失去其他自私自利的善法。善天尊者解释说：但永远也不能失去这十种菩提心。《大疏》中说是不失毁善心之义。略而言之，所谓的“余善”是指行持身语之业都可以。如《教王经》中云：“舍我此财护身体，财身皆舍护生命，财身生命此一切，悉皆舍弃护正法。”

己二、护心之方便法——护正知正念分三：

一、教诫护持正知正念；二、未护之过患；三、护持之方法。

庚一、教诫护持正知正念：

合掌诚劝请，欲护自心者，

致力恒守护，正念与正知。

我诚心诚意劝勉：凡是想护心的所有人纵然遇到生命危难也要护持不忘失取舍之处的正念，以及观察自相续而明确了知取舍的正知。

庚二、未护之过患分三：

一、未护正知正念之过患；二、未护正知之过患；三、未护正念之过患。

辛一、未护正知正念之过患：

身疾所困者，无力为诸业，

如是惑扰心，无力成善业。

譬如，被疾病所困扰的人们对于来来去去等一切事无能为力。同样，由于愚昧不知取舍而扰乱内心的人对一切善事都无能为力。《释论》中将此偈颂解释为无有正知的过患，《大疏》中讲解为不具正知正念二者的过患。

辛二、未护正知之过患分二：

一、失毁智慧；二、失毁戒律。

壬一、失毁智慧：

心无正知者，闻思修所得，

如漏瓶中水，不复住正念。

《释论》中解释说：心中不具有正知的人闻思修的智慧也将如同向漏瓶中注入的水不会存留一样，所通达的意义不会留存在记忆中，终会忘失无余。善天尊者解释为不能明确领受（闻思修的智慧）。

壬二、失毁戒律：

纵信复多闻，数数勤精进，

然因无正知，终染犯堕垢。

纵然是广闻博学、信心十足、百般精进、恭敬学处，可是由于不具备分别观察自己行为的正知，那么以这种过患所致终将染上堕罪的污垢。

辛三、未护正念之过患：

惑贼无正知，尾随念失后，

盗昔所聚福，令堕诸恶趣。

无有正知的烦恼盗匪紧紧尾随在丧失正念者的后面，就像盗贼抢夺财物一样将他们昔日所积的福德一扫而光，从而使他们堕入恶趣之中。

此群烦恼贼，寻隙欲打劫，

得便夺善财，复毁善趣命。

《大疏》中解释道：这群烦恼的土匪盗贼势力增长壮大以后便寻找作害的机会，一旦有机可乘便抢劫所有善法的财产，同时也摧毁获得善趣的命根，原因是无有善法的路粮资本（也就不会获得善趣）。

庚三、护持之方法分二：

一、护持正念之方法；二、护持正知之方法。

辛一、护持正念之方法分三：

一、护持方式；二、生起之因；三、护持之果。

壬一、护持方式：

故终不稍纵，正念离意门，

离则思诸患，复住于正念。

《大疏》中解释说：如果没有护持正念，就必然会有许多过患产生，因此时刻也不能让正念离开心意的家门。假设它已离开，那么就要忆念它的后果——恶趣痛苦，从而再度安住于正念中。

壬二、生起之因：

恒随上师尊，堪布赐开示，

畏敬有缘者，恒易生正念。

依止堪布等上师与修行正法的道友，他们会开示取舍的道理，如果违越取舍之处，唯恐遭到他们的耻笑，所以恭敬学处的具缘者依此轻而易举便可生起正念。

佛及菩萨众，无碍见一切，

故吾诸言行，必现彼等前。

如是思维已，则生惭敬畏。

此外，想到诸佛菩萨具有时刻无碍照见一切万法的慧眼，我的所有言谈举止恒常都会呈现在他们面前，考虑这一点而怀着知惭、恭敬学处与害怕他们耻笑的畏惧，这样一来，自然就会具足正念。如《本生传》中云：“未被见中造诸罪，然如食毒岂有乐，天众以及瑜伽士，清净慧眼必现见。”

壬三、护持之果：

循此复极易，殷殷随念佛。

为护心意门，安住正念已，

正知即随临，逝者亦复返。

随着如此这般深思也会自然而然不断随念佛陀。什么时候，正念一直站岗守在

心的门前防止烦恼乘虚直入，当时正知也会毫不费力地到来，而且以前已经离开的也会再度返回。

辛二、护持正知之方法分三：

一、正知之前行；二、一同趋入；三、略说护持正知之法相。

壬一、正知之前行：

心意初生际，知其有过已，
即时当稳重，坚持住如树。

在行事之初，首先要观察内心，如果发现它处在污染性的状态，就说明这种心具有过患。当时，自己一定要做到如树般安稳，不为烦恼所动而安住。

壬二、一同趋入分四：

一、观察三门状态；二、观后当控制；三、控制后作修心之行；四、成圆满学处之支分。

癸一、观察三门状态分三：

一、观察身体所做；二、观察心之动态；三、开许放松之时。

子一、观察身体所做：

吾终不应当，无义散漫望，
决志当恒常，垂眼向下看。

任何时候，我都不应该毫无意义地散乱观瞧，要一门心思专注在取舍的道理上，恒时目光垂视一木轭许的地方。

苏息吾眼故，偶宜顾四方，

若见有人至，正视道善来。

当眼睛过于疲劳的时候，为了休息可以偶尔眺望四方。如若看见有人，就该平和正视温和说道“您善来”。有些注释中解释：“说善来，为事而观看。”

为察道途险，四处频观望，

憩时宜回顾，背面细检索。

启程上路的时候，为了察看歧途、盗匪等危险畏惧，缓慢观察相应的方向。当有必要再三迅速观看四方，为了消除掉举的危害，稍作休息，这时候应回过头来观望，对后方进行详细检查。

前后视察已，续行或折返，

故于一切时，应视所需行。

对前前后后作了详细审视之后，才可以继续前行或者返回。以这方面为例，在四威仪的一切时分，都应当了知必要而行。

欲身如是住，安妥威仪已，

时时应细察，此身云何住。

即将置身于值得做的事情时，要清楚心的动态，确定或妥善安排好之后在行事的过程中也要关注身体是否按照前面所思维的那样安住了。

子二、观察心之动态：

尽力遍观察，此若狂象心，

紧系念法柱，已拴未失否？

我们应当尽心尽力仔仔细细观察心的这只狂象，是否已拴在思念利益自他正法的大柱子上而没有让它跑到颠倒的歧途上去。

精进习定者，刹那勿弛散，

念念恒伺察，吾意何所之？

观察的方式：竭尽全力精进修持一缘专注善法的等持，一刹那也不散乱于颠倒

的对境，心心念念细致观察我的这颗心到底在享用善不善何种对境？

子三、开许放松之时：

危难喜庆时，心散亦应安，

经说行施时，可舍微细戒。

在有损生命等的危难情况下或者供养三宝等欢庆节日，尤其是与众生重大利益等息息相关的时刻，假设实在无法做到这样严格约束的威仪，则开许相应场合的举止酌情而为，诸如在布施时某些戒律可以搁置。《无尽慧请问经》中云：“布施之时，归戒可舍置。”此义在《释论》中解释说：例如，为了赐予遭杀的众生无畏施，明明看见他而妄说没有看见。

思已欲为时，莫更思他事，

心志应专一，且先成办彼。

如是事皆成，否则俱不成。

随眠不正知，由是不增盛。

对于力量相等的所有善事，首先考虑好做哪一件，一开始做时就要放弃其余的事，而专心致志地成办这一件事。待此事完成以后再做其余之事，这样一来，前后的一切事情都会顺利成办，否则前后两件事都不会圆满。有条不紊次序井然奉行善法，就不会导致非为正知的随眠烦恼增盛。

癸二、观后当控制分三：

一、中止非事；二、行持应事；三、修未如是行之对治。

子一、中止非事分三：

一、断除贪执散漫；二、断除无义之事；三、断除烦恼引发之事。

丑一、断除贪执散漫：

无义众闲谈，诸多赏心剧，

临彼境界时，当断意贪著。

当介入各种各样的闲言碎语、无稽之谈中或者观赏神奇魔术等丰富多彩的节目时，一定要断除迷恋这些的心理。

丑二、断除无义之事：

无义掘挖割，于地绘图时，

当忆如来教，惧罪舍彼行。

如果在毫无意义的情况下进行挖地、割草、在地上画画等，就要忆念如来所制定的不应做的那些学处，以惧怕违越佛制戒的心态立即予以放弃。

丑三、断除烦恼引发之事分三：

一、略说；二、广说；三、摄义。

寅一、略说：

若身欲移动，或口欲出言，

应先观自心，安稳如理行。

无论是身体要行动还是口中要讲话，首先都要观察自心的动机，绝不能随烦恼所转，而务必做到稳重如理地奉行善法。

寅二、广说：

吾意正生贪，或欲嗔恨时，

言行应暂止，如树安稳住。

什么时候发现自己在萌生贪念或者嗔心，当时，由此心态导致的业必将是不善业，所以言语行为应该中止，了知一切法无作而如树般安住于无作的状态中。

掉举与讽刺，傲慢或骄矜，

或欲评论他，或思伪与诈，

或思勤自赞，或欲诋毁他，

粗言并离间，如树应安住。

心思旁骛，附带着口中冷嘲热讽，心中也是生起我慢，骄傲自满，对自己的财富过分贪执喜爱，或者想对别人的过患品头论足，或者考虑以虚伪狡诈的手段欺骗他众，善天尊者总结“伪与诈”而解释为谄诳。或者，想竭力自我赞叹或诋毁他人，口出粗语，挑起争端，在怀有这些念头的时候应该如树般安住。

或思名利敬，若欲差仆役，

若欲人侍奉，如树应安住。

如果贪图名闻利养，恭敬爱戴，或者想差遣仆从眷属做事，或者心里想让别人为自己洗脚等作承侍，当出现这些心态的时候应该如树般安住。

欲削弃他利，或欲图己利，

因是欲语时，如树应安住。

如果贪图自私自利而想放弃利他而希求眷属（有些注释中将“图己利”讲解为贪图弟子），并且想说有关自利方面的言语，当萌生这些心念时，要如树般安住。

不耐懒与惧，无耻言无义，

亲友爱若生，如树应安住。

不能忍耐、懈怠懒惰，生起恐怖，厚颜无耻、废话连篇，对于自方过分贪爱之心生起时，一定要做到如树般安住。

寅三、摄义：

应观此染污，好行无义心，

知已当对治，坚持守此意。

我们应当观察是否出现了具有染污性、勤于无义之事的心态，如果出现了，那么菩萨勇士即刻就要对治，不要偏向动摇在自我一方而要稳固地受持这颗菩提心。

子二、行持应事：

深信极肯定，坚稳恭有礼，

知惭畏因果，寂静勤予乐。

对此，《普明论》中是如此讲解的：恒时深信不疑、极为坚定地立誓行善，见到善法的功德而欢欣鼓舞，纵遇困难也不退步，意志稳固，满怀恭敬之心意念顶礼，所谓的“恭敬”是指身体等礼拜。警惕恶行知惭有愧，畏惧罪业，（谨慎因果，）守护根门，从而做到威仪寂静调柔，努力使其他有情心生欢喜。

愚稚意不合，心且莫生厌，

彼乃惑所生，思已应怀慈。

凡夫愚者的意愿互不相合，对此心里不要生起厌烦，即便受到他们的加害，也应当想到他们是由于生起烦恼而不由自主地萌生害心，这样思维以后会对他们更加满怀慈悯之情。如《经庄严论》中云：“众无自在恒造罪，智者不执彼为过，谓不欲中颠倒行，于其悲悯更增盛[27]。”

为自及有情，利行不犯罪，

更以幻化观，恒常守此意。

为了利益自己与一切有情而行持无罪之事，或者按照《释论》中所说，分别从自己与众生的角度而说知惭、有愧。倘若做到了这一点，那么所作所为再进一步观如幻化，无有傲慢而恒时守护此心。

子三、修未如是行之对治分二：

一、思维暇满难得；二、已得当取实义。

---

[27] 唐译：众生不自在，常作诸恶业，忍彼增悲故，无恼亦无违。

丑一、思维暇满难得：

吾当再三思，历劫得暇满，

故应持此心，不动如须弥。

我应当反反复复思维，历经累劫才幸运获得了难得殊胜的暇满人身，因此要像前面所说那样受持这颗心，力求宛如须弥山一般不为烦恼所动摇。

丑二、已得当取实义分二：

一、身体无有所贪精华；二、依身当修法。

寅一、身体无有所贪精华：

秃鹰贪食肉，争夺扯我尸，

若汝不经意，云何今爱惜？

善天尊者说要护持这颗心，而不是爱护身体，因为身体对自利起不到任何作用。慧源尊者与普明尊者也是以此为连接文而讲解的，《释论》中解释说：请问你为什么保护身体呢？

倘若回答说：如果不加保护，那么它就会不高兴。死亡时，鹰鹫由于贪肉而互相争夺撕扯尸体，那时你心里并没有不高兴，为什么现在这般珍爱身体而任其指使呢？

意汝于此身，何故执且护？

汝彼既各别，于汝何所需？

心意啊，你为什么将这个身体执为我所而加以保护？如果认为：我需要它。心意啊，既然你与这个身体二者是各自分开的，那么身体它对你来说又有什么用途呢？

痴意汝云何，不护净树身，

何苦勤守护，腐朽臭皮囊？

如果心想，虽然我与身体是异体，我还是需要一个依存处，因此才执著这个身体。那么愚痴的心意你为何不护持洁净的树木躯干呢？理当护持。又何苦偏偏要爱护这个不清净物聚合迷乱腐朽的臭皮囊呢？

首当以意观，析出表皮层，
次以智慧剑，剔肉离身骨。

如果有人问：假设说身体不具有洁净等精华，那是如何不清净的呢？

首先我们以自己的智慧将表皮的层次从肉中剖析出来。再以智慧的宝剑将肉从骨骼中剔离下来。

复解诸骨骼，审观至于髓，
当自如是究，何处见精妙。

接着再将所有骨骼解剖开来，一直审视观察到骨髓之间。自己详察细究看看这个身体到底有什么洁净等精华。

如是勤寻觅，若未见精妙，
何故犹贪著，爱护此垢身？

如果通过一番辛苦寻找，结果你并未见到精华妙用，那么你为何仍旧执迷不悟地贪执并精心爱护这个污浊的身体呢？

若垢不堪食，身血不宜饮，
肠胃不适吮，身复何所需？
贪身唯一因，为护狐鹫食。

如果说：尽管如此，但还需要享用身体。你既不能食用不净物，也不能饮用血液，又不能吮吸肠胃，那么身体究竟对你有什么用呢？你自己是根本不能享用这个身体的。看来你（贪执爱护这个身体的唯一原因）就是为保护狐狸、鹰鹫食用。

寅二、依身当修法：

故应惜此身，独为修诸善，

纵汝护如此，死神不留情，

夺已施鹫狗，届时复何如？

实际上，人们之所以要爱护这个身体，本应当是唯一为了修行善法。其实，就算你百般精心呵护，然而死神却不会有仁慈心肠，他会毫不留情地抢夺过去而施给鹰鹫等飞禽以及饿狗，到那时你又该怎么办呢？

若仆不堪使，主不与衣食，

养身而它去，为何善养护？

打个比方来说，奴仆随从不听从使命，主人尚且不给予衣服食物等，虽然保养这个身体，但它最终必将去往他处，你为何还辛辛苦苦地养育爱护它呢？

即酬彼薪资，当令办吾利，

无益则于彼，一切不应与。

善天尊者解释道：既然已经酬谢这个身体而予以了衣食等薪水，现在就理所应当让他成办自利——他利，如果无有利他的意义，一切都不要给予这个身体。

念身如舟楫，唯充去来依，

为办有情利，修成如意身。

因此，我们应当只是将这个身体看成是过河的船只，充当来去的所依，也就是作为自他渡过轮回海等的依处，将身体作船想而为了成办一切众生的利益，依靠它来修成如意身也就是转变为佛身。

癸三、控制后作修心之行分三：

一、一切行为中当具正知；二、主要宣说修心；三、净除成为心之障碍。

子一、一切行为中当具正知分四：

一、总说一切时分所作之行；二、尤其趋入善法之行；三、断除成为世间不信之行；四、护持睡眠对境之理。

丑一、总说一切时分所作之行分三：

一、平时行为寂静；二、必定随顺他众；三、善行自己之事。

寅一、平时行为寂静：

自主己身心，恒常露笑颜，
平息怒纹眉，众友正实语。

自己已主宰了自己的身心之后，就要常常面带笑容，杜绝怒容满面、横眉冷对，与成办众生利益的友人公正不阿、直言不讳、实实在在地畅所欲言。

移座勿随意，至发大音声，
开门勿粗暴，常喜寂静行。
水鸥猫盗贼，无声行隐蔽，
故成所欲事，能仁如是行。

当移动床榻与坐垫时，不要不经观察、随随便便、粗心大意用力过猛以至于发出巨大的响声。开门时也不能十分粗暴，恒常断除粗鲁的行为而喜爱寂静的威仪。例如，水鸥、猫与盗贼都是悄声潜行，以达到成办自己所求之事的目的。同样，能仁或者持禁行的菩萨时时刻刻、一言一行都要做到如此寂静。

寅二、必定随顺他众：

宜善劝勉人，未请饶益语，
恭敬且顶戴，恒为众人徒。
一切妙隽语，皆赞为善说，
见人行福善，赞叹生欢喜。

对于善巧劝勉他人弃恶从善之类的忠告并且未受委托也心甘情愿利益他众的诸位大德的语言要毕恭毕敬顶戴，无有我慢恒常作为众人的弟子。无有嫉妒，对一切

讲经说法的妙语均赞为善说。如果见到有人积功累德之事，则先赞扬此为善举并生起欢喜心。

暗称他人功，随和他人德，

闻人称己德，应晓知德者。

为了避免阿谀奉承之嫌而要在暗中称赞别人的功德。当听到有人宣说别人功德的时候，自己也要随声附和，欣然赞同。当有菩萨评赞自己的功德时，要认识到别人已经知道了我的功德，而不能骄傲自满。

一切行为喜，此喜价难估，

故当依他德，安享随喜乐。

如是而行者，他人的一切善行也已成为自己欢喜之因，这种欢喜实在难能可贵，用钱难以买到，因此我们理当依靠他人所做的功德自己安然地享受随喜的快乐。

如是今无损，来世乐亦多，

反之因嗔苦，后世苦更增。

这样一来，自己今生中也不会有受用等损失衰败的遭遇，并且来世还会获得更大的快乐。相反，如果对他人的功德生起嗔心，则依此过患所致即生中也会闷闷不乐，极度苦恼，来世更是苦不堪言。

寅三、善行自己之事：

出言当称意，义明语相关，

悦意离贪嗔，柔和调适中。

我们在和别人交谈时，说话要相合对方的心意，值得信任，并且相应场合，顺序相关，意义明确，令人悦意，不怀有贪嗔的动机，声音柔和，多少适度。

眼见有情时，诚慈而视之，

念我依于彼，乃能成佛道。

当看见众生时，不观过患或毫不虚伪以诚挚慈爱的表情而目视，也应当念及依

靠他们我才能成就佛道。

丑二、尤其趋入善法之行分二：

一、自己修行之理；二、饶益他众之理。

寅一、自己修行之理分三：

一、宣说所修有力善法；二、修行方法；三、宣说胜劣取舍。

卯一、宣说所修有力善法：

恒依强欲乐，或依对治引，

以恩悲福田，成就大福善。

我们要连续不断，以强烈的欲求心或者凭借能摧毁其违品的对治而引发，依靠对境佛陀等功德福田、大恩父母等利益恩田、可怜的病人等痛苦悲田来成办广大福德善事。（对这些福田做）不善业也是同样（导致严重的恶果），《亲友书》中云：“恒贪不具对治法，功德主田之事生，五种善恶更为重，故当精勤行大善。”

卯二、修行方法：

善巧具信已，即当常修善，

众善己应为，谁亦不仰仗。

当明确知晓强有力的善法并且具备自信心与欢喜心以后，自己就要恒时修持有利于自他的所有善法，一切事情，独立自主尽力而为，不要依靠其他任何人。如此并不存在不劝别人行善的过失，当然如果能够劝勉别人行善，还是要竭力奉劝。

卯三、宣说胜劣取舍：

施等波罗蜜，层层渐升进，

勿因小失大，大处思利他。

首先要对布施等六度进行抉择，再循序渐进而身体力行，由于后后更为殊胜，因此应当行持后后。虽说上下顺序原本如此，但是就像前文中所举的例子那样，绝不能为了一些微小的戒律而放弃广大的布施。那么大小是以什么来安立的呢？《释论》中说，大处主要思维他众的利益，着眼点也要放在这一大处上。

寅二、饶益他众之理分二：

一、略说；二、广说。

卯一、略说

前理既已明，应勤饶益他，
慧远具悲者，佛亦开诸遮。

刚刚讲的道理既然已经明确，接下来就要时时刻刻、兢兢业业利益他众。如果对他众有利，那么具有大慈大悲、高瞻远瞩、彻知一切取舍处的佛陀，对贪执自利、智慧浅薄的愚者所遮止的学处也有开许。正如《大密善巧方便经》中讲述：大悲商主杀持短矛的俗人而积累十万劫资粮、摧毁轮回。

卯二、广说分二：

一、以财饶益；二、以法饶益。

辰一、以财饶益分二：

一、施衣食之方式；二、施身之方式。

巳一、施衣食之方式：

食当与堕者，无怙住戒者，

己食唯适量，三衣余尽施，

（平日里，）我们要在自己所拥有的斋食中拿出一份施给堕入邪道的旁生、饿鬼以及无依无怙的乞丐等，还有持梵净行的守戒者。一般来说，应该将食物分成四份，如《亲友书》中云：“了知饮食如良药，无有贪嗔而享用。”为了避免造成身体过于单薄或过于沉重，一定要做到饮食适量，如果怀着贪欲等烦恼心来享用而不精勤（忆念）善法，吃吃喝喝也会成为罪业。如《月灯经》中云：“彼等化缘得美食，不修瑜伽而享用，彼等彼食变成毒，如牛犊食肮莲根。”

（出家僧人）自己除了所穿着的祖衣、七衣、五衣以外，剩余的所有资具全部要布施。《菩萨别解脱经》中云：“设若有者来乞钵盂、法衣，今有佛陀开许之三衣外剩余者，当如法施舍。设若三衣不足，依何而住梵行，故莫施舍。何以故？善逝言：‘莫施三衣。’”

巳二、施身之方式：

修行正法身，莫为小故伤，

行此众生愿，迅速得圆满。

我们绝不能为了给他人微不足道的小恩小惠而故意伤害修行正法的身体。倘若爱护奉行正法的这个身体，渐渐地，也能很快满足众生的意愿。《四百论》中云：“虽见身如怨，然应保护身，具戒久存活，能作大福德。”

悲愿未清净，不应施此身，

今生或他生，利大乃可舍。

“悲愿未清净”是指还没有进入清净意乐地之前，切切不可直接布施这个身体，因为这样做不一定对他众有利，而且可能导致心生后悔、退失道心而成为善法的障碍。《学集论》中也说：“譬如药树见而喜，根等当净施种子，非享用时当保护，圆佛药树亦复然。”对此，有些论中说“意乐平等时可以布施彼”，而普明尊者并没有这样来解释。

倘若有人问：如果不舍身体，那不是与誓言相违了吗？

并不相违。《释论》中说：在今生今世或者其他生世中作为成办众生大利之因而充当他众仆人。待到以后意乐已得清净之时，理所应当布施身体。

辰二、以法饶益：

无病而覆头，缠头或撑伞，

手持刀兵杖，不敬勿说法。

对于无病而蒙头、缠头、打伞、拄手杖、持兵刃这些无有恭敬心者，一律不要讲经说法。

莫示无伴女，慧浅莫言深，

于诸浅深法，等敬渐修习。

（出家的法师）在寂静的地方不应为单独的女人讲法，对于智慧浅薄的人不能传讲深广法门及无生空性。对于声闻小乘与殊胜大乘的法门要同等恭敬而加以修习，否则将导致舍弃正法。如《摄诸法经》中云：“文殊，有者于善逝所说之法作有者善妙、有者恶劣之想，则彼已舍正法。”

于诸利根器，不应与浅法，

不应舍律行，经咒诳惑人。

对于所有堪为广大法门的根器者不应当传授浅显的法门。《宝积经》中云：“于不堪为法器之众生宣讲广大佛法，乃菩萨之错；于信解广大法门之众生宣说小乘，乃菩萨之错。”所谓的“行”是说既不能将学处完全弃之一旁，也不能以“只是诵经念咒就能解脱”的欺人之谈来蛊惑众生。

丑三、断除成为世间不信之行：

牙木与唾涕，弃时应掩蔽，

用水及净地，不应弃屎尿。

在丢弃不干净的牙木、唾液、鼻涕时，要用土等掩盖起来。不能在可使用的水、草地处解大小便等。

食时莫满口，出声与咧嘴，

坐时勿伸足，双手莫揉搓。

进餐时，口中的食物不能满满当当，也不要发出“加加”等大的声音，嘴巴也不可张得过大。安坐的时候，不能伸足，也不能双手同时搓来搓去。

车床幽隐处，莫会他人妇，

世间所不信，观询而舍弃。

无论是出家还是在家人，在同一车乘床垫与房间内幽静隐蔽之处，不要与他者的女人坐在一起。作为出家僧人切莫与任何女人坐在一处。总而言之，成为世人不起信心的所有行为，自己发现或者请问诸位智者而予以断除。

单指莫示意，心当怀恭敬，

平伸右手掌，示路亦如是。

在为别人指路时，不应该用左手或单个手指来指示，因为这是对他人轻视或不恭敬的行为。而要满怀恭敬之心伸展右手指点道路。

肩臂莫挥摆，示意以微动，

出声及弹指，否则易失仪。

仅仅为了区区小事而打手势，肩臂不能大幅度挥动，要以稍稍动摇、轻轻出声或弹指来作表示。如果在他人面前，没有必要的情况下，身语威仪过于粗鲁，显然就成了不严谨的行为。如此一来，势必导致世间俗人不生信心，如果不予以断除，就不能成办他利，而成为无义的外缘，《学集论》中云：“彼非应受持，世间侮佛苗（佛子），如灰覆之火，众生狱等烧。”所以，务必要努力断除不如法的行为。

丑四、护持睡眠对境之理：

睡如佛涅槃，应朝欲方卧，

正知并决志，觉已速起身。

当初夜结束时，开始入睡，就像怙主佛陀示现涅槃时的吉祥卧一样右侧下卧、以足压足，右手伸到右脸颊下，左手伸在左腿上。（出家人）身上用法衣盖好，头部随意朝向一方而入眠。在入睡之前要具足正知，怀着为了行善而尽快起床的心态。如《宝云经》中说："入眠之时，右卧而眠，足置足上，以身覆法衣而具足正知正念，以起床想与光明想而入眠。"

子二、主要宣说修心：

菩萨诸行仪，经说无有尽，

然当尽己力，修持净心行。

对于菩萨的所有行为，经中宣说了无量无边的分类，当然无法一一实行，然而我们一定要尽己所能修持前面所说净化心地的行为。

子三、净除成为心之障碍：

昼夜当各三，诵读三聚经，

依佛菩提心，悔除堕罪余。

我们力求做到白日三次、夜晚三次，念诵忏悔罪业、随喜福德、善根回向菩提的《三聚经》。皈依佛菩萨、依止菩提心、具足四对治力，从而使前面所说的根本堕罪以外的剩余罪业得以净除。

癸四、成圆满学处之支分分五：

一、精勤修学学处；二、修学多种知识；三、刻意修学利他；四、依止善友善知识方式；五、为了知学处而参阅经典等。

子一、精勤修学学处：

为自或为他，何时修何行，

佛说诸学处，皆当勤修习。

我们无论是为了自己还是为了他众，不管在何时何地，所作所为务必要按照佛陀所说的学处而应时精进学修。

子二、修学多种知识：

佛子不需学，毕竟皆无有，

善学若如是，福德焉不至？

一切佛子没有任何不需要学习的知识，因为如果不了达任何一法，都不能圆满利他。《经庄严论》中云："若未通五明，圣者不成佛，为制伏摄他，自知而学之[28]。"对于如此详细了达一切学处且守戒的智者来说，哪还会有不成福德的事呢？

子三、刻意修学利他：

直接或间接，所行唯利他，

为利诸有情，回向大菩提。

我们无论是直接还是间接，唯一要做的事就是利益众生，并且为了有情的利益而将所有善根回向大菩提。

子四、依止善友善知识方式：

舍命亦不离，善巧大乘义，

安住净律仪，珍贵善知识。

应如吉祥生，修学侍师规。

纵然为了自己的生命也绝不能舍弃精通大乘教义、清净守持菩萨戒的珍贵善知

[28] 唐译：菩萨习五明，总为求种智，解伏信治摄，为五五别求。

识，乘即是指依之能行，所谓的大乘具足七种广大特点。如《经庄严论》中云："所缘及修行，智慧勤精进，善巧方便法，真实成就大，佛陀事业大，具此七大故，决定称大乘[29]。"

依止上师的方式：就像《华严经》记载吉祥生童子的传记中依止上师的方式那样，此经中云：当以不厌承担一切重担如大地之心；意乐不退转如金刚之心；不为一切痛苦所动如铁围山之心；不放弃一切所行之事如奴仆之心；远离贡高我慢如笤帚之心；担负一切重担如乘之心；不嗔不怒如犬之心；不厌来来去去如船筏之心；承侍上师如孝子之心而恭敬承侍善知识。善男子，汝当于自己作病人想；于善知识作医师想；于正法作妙药想；于精进修行作疗病想。

子五、为了知学处而参阅经典等：

此及余学处，阅经即能知，

经中学处广，故应阅经藏。

对于此论中所说的这些学处以及佛陀所开示的其余所有学处，通过阅读经部便能一目了然。所有学处在一切经中都有明显提及。

首当先阅览，虚空藏经部，

亦当勤阅读，学处总集论，

佛子恒修行，学集广说故。

其中最先要读阅《虚空藏经》，此经中宣说了堕罪与还净的方法，这些都是需要首先了知的。寂天阿阇黎所著的《学集论》也必定要反复阅读。为什么呢？因为此论中对菩萨常常要行持的事宜阐述得极为详细。

或暂阅精简，一切经集论。

亦当偶披阅，龙树二论典。

或者暂时阅读寂天菩萨总结所有经典的句义而造的《经集论》。勤奋研读圣者

[29] 唐译：缘行智勤巧，果事皆具足，依此七大义，建立于大乘。

龙树菩萨所造的《学集论》与《经集论》。《大疏》中说：之所以在此论中未加以阐述是考虑到彼等论典中有明说。

经论所未遮，皆当勤修学。
为护世人心，知已即当行。

我们应当行持在任何经论中也未遮止的行为。为了避免世人不起信心，在参阅《学集论》等论典以后就要真实付诸实践。

壬三、略说护持正知之法相：

再三宜深观，身心诸状态，
仅此简言之，即护正知义。

我们务必要以明晓取舍的智慧再三观察自己的身体、语言以及心的状态，略而言之，这就是护持正知的法相。

己三、教诫结合相续而精进：

法应恭谨行，徒说岂有益？
唯阅疗病方，疾患云何愈？

我们的心身如果没有实地去修这些应行的修法，而只是空口言说又能有什么收益呢？比如仅仅读一读、看一看药方，疾病怎么就会痊愈呢？根本不会痊愈。

不具正知念双目，闻等身体纵强壮，
亦不能越轮回地，故智者当护知念。

第五品释终

第六品　安忍

丁二、安忍分二：

一、当修安忍；二、修持方法。

戊一、当修安忍分二：

一、嗔恨之过患；二、安忍之功德。

己一、嗔恨之过患分三：

一、未见之果；二、已见之果；三、概述。

庚一、未见之果：

一嗔能摧毁，千劫所积聚，
施供善逝等，一切诸福善。

注释中解释说：只是生起一个嗔心就足以摧毁千劫中所积累的布施、供养佛陀等三宝以及严谨持戒这所有的福德。《文殊游舞经》中云："文殊，所谓嗔心能毁百劫所积之善。"

对此从所毁、能毁、摧毁方式三个方面加以阐述。

一、所毁：一般来说，所毁的善法有三种，即未以方便智慧所摄持的随福德分善、以证悟无我所摄的随解脱分善以及被方便智慧所摄的大乘善法，这里指的是其中的第一种。

二、能毁：缘殊胜对境而生起十分猛烈的嗔恨心，后来也无有后悔等对治法。

三、摧毁方式：有人说："并不是从根本上摧毁种子，而是压服顺次生受业的能力后转为顺后生受业。其原因是较深重罪业的果报也是首先成熟，罗睺罗尊者亲言：'业之重果报，若近若串习，若前彼等中，前前将成熟。'”但感受时间改变实际上对随解脱分善也可以，因此所毁的善根并不固定，摧毁的方式也没有固定[30]。《说一切有部经》中云：“优波离，大善根亦减低、净除、灭尽无余，是故甚至对木炽亦不能生嗔心，更何况说于有心识之身。”

罪恶莫过嗔，难行莫胜忍，
故应以众理，努力修安忍。

所有罪恶中再没有超过嗔心的了，而且艰难的苦行也无有胜过对治嗔心的安忍，因而要依靠众多道理千方百计努力修忍辱。

庚二、已见之果：

若心执灼嗔，意即不寂静，
喜乐亦难生，烦躁不成眠。

如果怀有炽灼的嗔恚之心，那么就会心烦意乱，十分痛苦，不可能处于平静的心态中，这样一来，当然也就难以得到意乐与五根门的从属安乐，以致于夜不成眠，烦躁不安，身心无法堪能。

纵人以利敬，恩施来依者，
施主若易嗔，反遭彼弑害。
嗔令亲友厌，虽施亦不依。

尽管主人以财产的利益与恭敬的恩惠赐给那些前来依靠他们的仆人，但如果主人易嗔易怒，反而会遭到他们的反抗杀害。嗔心使亲友心生厌烦，虽然以布施来摄集有情，但由于被嗔心控制使得一切有情都不与之亲近、交往。

[30] 意思是说，可能从根本上摧毁善根。

庚三、概述：

若心有嗔恚，安乐不久住，

嗔敌能招致，如上诸苦患。

总而言之，由嗔怒导致而不会拥有安乐，因此，嗔恨的敌人会带来诸如上述今世以及其他的痛苦过患。

己二、安忍之功德：

精勤灭嗔者，享乐今后世。

如果全力以赴摧毁嗔恨，那么此人无论今生还是他世都会享受快乐。

戊二、修持方法分二：

一、略说；二、广说。

己一、略说分二：

一、思维所断因之过患；二、理当遣除。

庚一、思维所断因之过患；

强行我不欲，或挠吾所欲，

得此不乐食，嗔盛毁自己。

强制性地给我造成不幸、百般阻挠我所希求之事，得到这种不悦意的“食物”，嗔心的能力就会大大增强，足以毁灭自己。

庚二、理当遣除：

故当尽断除，嗔敌诸粮食，

此敌唯害我，更无他余事。

因此，理所应当断绝自己的这个嗔恨敌人的不悦意“食物”。原因是，这位怨敌除了如此加害我以外再没有其余的事情了。

遭遇任何事，莫扰欢喜心，
忧恼不济事，反失诸善行。

无论遇到任何事，自己都不要扰乱欢喜的情绪而造成心不愉快。即使忧愁苦恼也无济于事，根本实现不了愿望，反而会失毁一切高尚的行为。

若事尚可改，云何不欢喜，
若已不济事，忧恼有何益？

再者说，假设事情尚有可扭转的余地，那么还有什么不高兴的呢？倘若已经不可救药，那忧愁苦恼又有什么用呢？根本无有任何利益，因此闷闷不乐实不合理。

己二、广说分二：

一、总说嗔恨对境之分类；二、遮破嗔彼。

庚一、总说嗔恨对境之分类：

不欲我与友，历苦遭轻蔑，
闻受粗鄙语，于敌则相反。

由于仇人使我或我的亲友们饱尝痛苦、遭遇不幸；对我们百般侮辱使我们得不到利养；让我们听到恶语中伤；毁坏名誉的刺耳语言。给我方带来的是这四种不愿意，相反的四种是我们所希望的事。而对我的怨敌则与此相反，让他们痛苦等是我求之不得的事，他们安乐等是我不愿意的，总有此十二种，再加上阻挠十二种愿意之事。为此，我才对怨敌生起嗔怒。

庚二、遮破嗔彼分二：

一、遮破于令遭不幸者生嗔；二、遮破于障碍所欲者生嗔。

辛一、遮破于令遭不幸者生嗔分三：

一、破嗔于我造四罪者；二、破嗔于亲友造四罪者；三、破嗔于怨敌作四善者。

壬一、破嗔于我造四罪者分二：

一、破嗔令我痛苦者；二、破嗔轻侮我等三者。

癸一、破嗔令我痛苦者分三：

一、忍受痛苦之安忍；二、定思正法之安忍；三、忍耐作害者之安忍。

子一、忍受痛苦之安忍分四：

一、作意轮回之自性；二、作意出离之因；三、以修习观察安忍；四、作意功德。

丑一、作意轮回之自性：

乐因何其微，苦因极繁多。

在轮回中享受安乐之因的善业等只是偶尔产生，可谓少之又少，而痛苦之因的不善业等无勤中就存在却多之又多，因此出现痛苦本来就是轮回的自性[31]，因而应当安忍。

丑二、作意出离之因：

无苦无出离，故心应坚忍。

[31] 即是自然规律。

苦行伽那巴，无端忍烧割，

吾今求解脱，何故反畏怯？

如果没有痛苦，就不会对轮回生起厌离心，如此也就不会有出离轮回的念头，因此你这颗心要好好思维而坚定不移地承受痛苦。再者说，对大自在天的王妃天女俄玛生信者在九月九日等日子里绝食一天或三天，进而焚烧、割断自己的身体等等；为了与嘎讷札巴地方的人们竞争竟然忍耐互相用利刃打击，这般毫无意义的苦受，他们尚且忍耐，那么我现在是为了解脱，为什么反而畏缩怯懦呢？

丑三、以修习观察安忍分三：

一、略说；二、广说；三、摄义。

寅一、略说：

久习不成易，此事定非有，

渐习小害故，大难亦能忍。

《大疏》中解释说：久经串习还不变得容易的事无论在哪里都必定不会有，比如通过长期熏习，具有悭吝者竟然能把痛苦想成快乐。同样，菩萨修习一切痛苦为安乐想，最终必能获得《父子相会经》中所说的“诸法变成安乐”的等持。因此，通过逐渐修习而安忍小小的损害，到后来巨大的灾难也就能忍受了。

寅二、广说：

蛇及蚊虻噬，饥渴等苦受，

乃至疥疮等，岂非见惯耶？

虽然有些注释中为了表明要串习的小小痛苦，而说“遭受蛇噬、蚊蝇叮咬、饥渴等感受以及疥疮等无义的痛苦难道不是已经司空见惯了吗”，将喻义连在一起解释，但实际上解释为“既然见过这些无义的痛苦就理当安忍具有意义的痛苦”较为恰当。

故于寒暑风，病缚捶打等，

不宜太娇弱，若娇反增苦。

此外，对于严寒酷暑、狂风大作等，重病缠身、遭受束缚、被人殴打等，自己不应当过于娇柔怯弱，如果过于娇弱反而会更增加痛苦。

有者见己血，反增其坚勇，

有人见他血，惊慌复闷绝，

此二大差别，悉由勇怯致。

再者说，有的人见到自己的血反而会更加坚强勇敢，有的人看见他人的血也会惊慌失措，昏迷不醒。这两者有如此悬殊的差别完全是由内心坚韧与怯懦所导致的。

寅三、摄义：

故应轻害苦，莫为诸苦毁。

智者纵历苦，不乱心澄明。

因此，我们要通过修习力而轻视一切损害，不被一切痛苦所害。智者即便历经千辛万苦，然而内心仍旧要保持明清，不受干扰。

丑四、作意功德：

奋战诸烦恼，虽生多害苦，

然应轻彼苦，力克嗔等敌，

制惑真勇士，余唯弑尸者。

在与一切烦恼进行殊死搏斗时，虽然会遭受众多损害，但要不顾一切苦害而力争摧毁嗔等烦恼仇敌，制伏烦恼仇敌的这些人才堪称为战胜怨敌的真正勇士，而杀害其他有情之辈就像杀尸体一样徒劳无益。

苦害有诸德，厌离除骄慢。

悲愍生死众，羞恶乐行善。

再来说说痛苦的功德：痛苦能让人们生起厌离心，遣除骄傲自满的情绪，进而对流转在痛苦生死轮回中的众生萌发恻隐之情，希望他们脱离轮回，警惕轮回之因的恶业而乐于奉行对治罪业的善法。

子二、定思正法之安忍分三：

一、遣嗔作害者；二、遣除除嗔不应理之邪念；三、摄义。

丑一、遣嗔作害者分三：

一、作害者身不由己故不应视为嗔境；二、遮破自主之作害者；三、摄义。

寅一、作害者身不由己故不应视为嗔境分三：

一、无有自主；二、无心；三、摄义。

卯一、无有自主：

不嗔胆病等，痛苦大渊薮，
云何嗔有情，彼皆缘所成。
如人不欲病，然病仍生起，
如是不欲恼，烦恼强涌现。

如果有人心里认为：敌人使我生起痛苦，因此我才嗔恨他。

胆涎等疾病是多重痛苦的大根源，对它们竟然不嗔恨，为什么唯一嗔怒有心的怨敌呢？

如果认为：胆病等是以外缘不由自主而形成的，因而不该嗔恨。

那些作害者实际上也是以烦恼的外缘而给你造成痛苦，烦恼的外缘也是在不情愿中被外缘力所压迫而涌现的，如同不愿意中也会生病一样。

卯二、无心：

心虽不思嗔，而人自然嗔，
如是未思生，嗔恼犹自生。

若想：胆病等没有想作害，而怨敌有作害的想法，因而嗔恨他们。

心虽然没有思维“我要嗔恨”，但人们仅以外缘自然生起嗔恨，而此外缘也未曾思维“我要生起嗔恨”，但嗔心还是同样会生起。

卯三、摄义分二：

一、不由自主之摄义；二、无心之摄义。

一、不由自主之摄义：

所有众过失，种种诸罪恶，
彼皆缘所生，全然非自力。

烦恼等所有的过失以及由它引发的各种各样罪业也都是由外缘力所产生的，而没有一点自主权。

二、无心之摄义：

彼等众缘聚，不思将生嗔，
所生诸嗔恼，亦无己生想。

能产生罪过等的形形色色外缘也没有“要生这些罪业等之果”的念头。而所产生的这些罪业之果也没有“我要依靠此外缘而产生”的想法。

寅二、遮破自主之作害者分二：

一、共破神我与主物；二、别破常我。

数论外道与胜论外道等认为我与一切外缘不由自主是不成立的，下文中要讲的

主物与神我等能自主产生敌人的害心等一切果。下面对此加以破斥：

卯一、共破神我与主物：

纵许有主物，施设所谓我，

主我不故思，将生而生起，

不生故无果。

你们所承许的主物以及所谓的神我作为有法，所谓的“我故意为了加害等而生”于是便产生这一点是不会有的（立宗），因为不生之故（因），如同石女儿（比喻）。不生的理由是成立的，因为承许这些常有自在的缘故。如果已经产生，显现就成了无常并随因缘而转。周遍：如若尚未产生，就根本不会存在，这一点是一定的（必定成立立宗），如此一来，当时想产生作害等果也就决定不会存在。

卯二、别破常我分二：

一、破享用者；二、破能生果。

辰一、破享用者：

常我欲享果，于境则恒散，

彼执亦不息。

如果对方说：这个神我依靠主物能享用指定的对境。

倘若如此，则神我对于诸如敌人一个对境的执著应成永远不会消失，并将散乱于诸如敌人的唯一对境中，因为执著它的能取常有之故，原因是神我常有是你们自己承认的。“亦”字的意思是说也不会趋入对境，因为恒常的缘故。

辰二、破能生果：

彼我若是常，无作如虚空。

《大疏》中将这两句解释为遮破胜论派所承认的无心常我。（如果你们所谓的常我是恒常的，）那么这样的常我显然就成了起不到害心的作用，原因何在？因为常有之故，如同虚空。

纵遇他缘时，不动无变异。
作时亦如前，则作有何用？
谓作用即此，我作何相干？

若对方说：假设常我遇到其他无常的外缘，就会起作用。此种说法也是不合理的，既然自性无有迁变，依外缘又怎么会有前所未有的差别呢？根本不会有所不同。如果依靠他缘起作用时，常我也是一如既往未曾改变，那么外缘的作用对它又造作了什么前所未有的特征呢？根本没有造作。如果自性改变，显然就失毁了常有。如果说，常我是彼者，而起作用的作者是此者。如此一来，作用与常我这两者到底有什么能饶益与所饶益的关系呢？因为恒常的我不可能依外缘而起作用。

寅三、摄义：

是故一切法，依他非自主，
知已不应嗔，如幻如化事。

因此说，所有万法均是依靠他力而生，一切外缘也是以前前之力而产生，所以它们都是不由自主，而且前面的边际无穷无尽，自主的任何事都不可能有，我们认识到这一点以后，就不会再嗔恨无实中显现如幻化般的一切事物。

丑二、遣除除嗔不应理之邪念：

由谁除何嗔，除嗔不如理，
嗔除诸苦灭，故非不应理。

如果说：既然一切如幻化般无有真实性可言，那么由何人或依靠何种对治来遣除何种嗔心呢？遣除也是不应理的。

答辩：在世俗谛中，承许依靠去除嗔心而息灭依于嗔恨的所有痛苦，因此并无不合理之处。这是善天论师及《释论》中解释的。《大疏》对“一切若以缘生则遣除嗔恨不应理”的观点也作了答复。

丑三、摄义：

故见怨或亲，非理妄加害，

思此乃缘生，受之甘如饴。

因而，当见到仇敌或者亲友做非理之事[32]的时候，心里应当这样想：他们之所以做出如此不合情理的事完全是身不由己，依外缘而造成的，我不该为此而心烦意乱，而要乐观接受。

若苦由自取，而人皆厌苦，

以是诸有情，皆当无苦楚。

假设说痛苦是随意而成的，那么任何有情都不希望自己痛苦，由此一来，一切众生都不应当有痛苦了。

子三、忍耐作害者之安忍分三：

一、作害者理应是悲悯之对境；二、不应是嗔恨之对境；三、宣说嗔恨之颠倒理由。

丑一、作害者理应是悲悯之对境：

或因己不慎，以刺自戳伤，

或为得妇心，忧伤复绝食，

纵崖或自缢，吞服毒害食，

妄以自虐行，于己作损伤。

那些作害者由于被烦恼所控制不加小心当中，自己用荆棘等戳伤自己的身体；

[32] 指妄自加害自己。

或者为了赢得女人的心，得到财物等而忧愁悲伤，甚至绝食等等；有些人自尽、跳崖、服毒、吞下有害食品等等，以非福德行为长期自我虐待。

自惜身命者，因惑尚自尽，
况于他人身，丝毫无伤损。

一旦被烦恼所左右，甚至不顾惜极为珍爱的自己生身性命，自杀身亡，又怎么会对别人的身体丝毫也不伤害呢?

故于害我者，心应怀慈悯，
慈悲纵不起，生嗔亦非当。

因此对于萌生烦恼而加害我的那些人理当生起悲心，就算生不起悲心，又有什么理由嗔恨他们呢？实在不该嗔恨他们。

丑二、不应是嗔恨之对境分二：

一、观察作害者之自性；二、观察受害者自己之过失。

寅一、观察作害者之自性分二：

一、观察本体；二、观察害法。

卯一、观察本体：

设若害他人，乃愚自本性，
嗔彼则非理，如嗔烧性火。

假设说损害他众是所有凡夫愚者的本性，那么就更不应该嗔恨他们，否则就像嗔恨燃烧本性的火一样。

若过是偶发，有情性仁贤，
则嗔亦非理，如嗔烟蔽空。

如果损害等过患只是偶然性的，众生本性善良，那么也不应当嗔恨，这种嗔恨

就像仇恨自性空无的虚空被滚滚的浓烟遮蔽一样。

卯二、观察害法：

棍杖所伤人，不应嗔使者，

彼复嗔使故，理应憎其嗔。

如果敌人使用棍棒与兵刃等来加害，那么理应嗔恨直接的加害者棍棒（而不应当嗔恨使用棍棒的人）。如果说使用者是敌人，因此对他生嗔，实际上敌人也是由嗔恨心唆使而造业，那理所应当憎恨嗔心了。

寅二、观察受害者自己之过失分三：

一、说明以往曾害过他人；二、说明自身之过失；三、说明业力之过失。

卯一、说明以往自己曾害过他人：

我昔于有情，曾作如是害，

既曾伤有情，理应受此损。

（在受害之时心里要这样想：我之所以受到这样的伤害）完全是由于我以前曾经对有情如此加害过，既然我曾经害过有情，那么如今受到这样损害的报应是天经地义的事。

卯二、说明自身之过失：

敌器与我身，二皆致苦因，

双出器与身，于谁该当嗔？

敌人的兵刃与我的身体这两者均是伤痛的来源，既然怨敌使出兵器、自己拿出身体才导致的伤害，应当对二者中的何者生嗔呢？因为这两者的理由是相同的。

身似人形疮，轻触苦不堪，

盲目我爱执，遭损谁当嗔？

身体就像人形的脓疖一样，只是轻轻触碰也是苦不堪言，盲目愚痴的我由于贪爱身体等的我执而遭受一切损害，那么应当对加害身体的谁生嗔恨心呢？嗔恨他人实不合理。

卯三、说明业力之过失：

愚夫不欲苦，偏作诸苦因，

既由己过害，岂能嗔于人？

譬如地狱卒，及诸剑叶林，

既由己业生，于谁该当嗔？

愚昧的凡夫本不想受苦，却偏偏造痛苦之因的恶业并贪恋身体，既然由于自己所造痛苦之因、执著自身的过患才招致损害的，怎么能憎恨他人呢？无有理由憎恨他人。例如，众生地狱的看守与剑叶林等完全是由地狱众生自己的业力所感召的。同样，既然是由自己的业力所感遭受这些伤害，那又该对其他谁人生嗔心呢？对谁也不应生嗔。

丑三、宣说嗔恨之颠倒理由：

宿业所引发，令他损恼我，

因此若堕狱，岂非我害他？

由令自己受害的往昔业力牵引而导致他众加害损恼我，如果依此而令那些作害者堕入众生地狱，岂不是我毁了那些作害者吗？

依敌修忍辱，消我诸多罪，

怨敌依我者，堕狱久受苦。

若我伤害彼，敌反饶益我，

则汝粗暴心，何故反嗔彼？

再者说，依靠这些作害者修安忍可消除我的众多罪业，可是敌人却由于加害我而长期堕落于地狱中受苦，这样一来，我反而成了加害怨敌的人，而那些敌人却是饶益我的人，如此这般颠倒，为什么粗暴的心你反而对他生嗔呢？显然不应理。

若我有功德，必不堕地狱，

若吾自守护，则彼何所得？

若有人想：以他人的罪业为缘使我也堕入地狱。如果我具有安忍的功德，则绝不会下堕地狱。倘若认为：同为作害不应该有堕不堕入地狱的差别吧？应该有差别，如果以我的功德而防止我堕入地狱，那么他们怎么会得到这种防护呢？不会得到的。

若以怨报怨，则更不护敌，

吾行将退失，难行亦毁损。

如果说：那么，你以安忍来保护你自己，而不保护饶益你的那位怨敌，显然已成了不知报恩或无有悲心。

以我的安忍尚且无法保护他，如果我无有安忍那又能以什么来保护他们呢？如果我以牙还牙进行报复，那只能更增长他们的罪业而已，根本不可能保护他们，这样一来，我的沙门四行也将失毁，结果最殊胜的苦行安忍也会毁于一旦。

癸二、破嗔轻侮我等三者分三：

一、轻侮等无害故不应嗔恨；二、不应嗔成为利养之违缘者；三、不应嗔令他人不信者。

子一、轻侮等无害故不应嗔恨：

心意无形体，谁亦不能毁。

若心执此身，定遭诸苦损，

轻蔑语粗鄙，口出恶言辞，

于身既无害，心汝何故嗔？

如果说：由于敌人伤害心意或身体，因而对他生嗔。但伤害心意不合理，因为心意不具形体，所以谁也无法用兵刃等对它加以摧毁。

如果对方说：由于心贪执身体，身体是能够以痛苦加害的，伤害身体实际上就等于加害身心二者了。既然口出轻侮粗语以及刺耳之词也不会对身体有伤害，更何况说对心了，心你为什么极度嗔恨这些呢？

谓他不喜我，然彼于现后，

不能毁损我，何故厌讥毁？

如果说：由于通过轻视等态度造成其他众生不喜欢我，为此生起嗔恨。既然今生或他世中这对我不会造成损害，我又何必讨厌、讥讽、诋毁他们呢？

子二、不应嗔成为利养之违缘者分三：

一、嗔罪严重；二、利养无有实质；三、遮破有实质之妄念。

丑一、嗔罪严重：

谓碍利养故，纵我厌受损，

吾利终须舍，诸罪则久留。

如果说：由于轻蔑等使他人对我不起信心，这样一来，就对我得到利养造成不良的影响，因此我不愿意受到轻辱。纵然我获得利养，但最终毕竟要留在今世，不可能跟随到后世，而为了他而嗔恨的罪业则要在未感受果报之前一直恒久稳固留存。

宁今速死殁，不愿邪命活，

苟安纵久住，终必遭死苦。

因此，宁愿我无有利养当下死亡，也不愿意通过害他的途径来邪命养活、苟且偷生长久存活，因为我即便能长久留住人世，但终究摆脱不了死亡的痛苦，并且死后以邪命的果报还将受苦。

丑二、利养无有实质：

梦受百年乐，彼人复苏醒，
或受须臾乐，梦已此人觉，
觉已此二人，梦乐皆不还。
寿虽有长短，临终唯如是，
设得多利养，长时享安乐，
死如遭盗劫，赤裸空手还。

有人在梦中百年享受快乐，醒来以后会是怎样的一番情景呢，另有人于梦境中只是在顷刻间感受安乐，醒来后又会是怎样的呢？很显然，清醒后的这两者，梦中拥有的快乐在醒觉时都是一去不复返。同样的道理，长寿短命这两种人，在死亡时以前享受的快乐均不会再现，都会消失得无影无踪。再者，即便获得丰厚利养能长时间尽情享乐，可是在死亡的时候就像遭受强盗抢劫一般，丝毫也无权带到后世，最终只能是赤手空拳、赤身裸体而离开人世。因此，利养等无有实质。

丑三、遮破有实质之妄念：

谓利能活命，净罪并修福，
然为利养嗔，福尽恶当生。
若为尘俗活，复因彼退堕，
唯行罪恶事，苟活义安在？

若有人说：利养是生活的顺缘，具足利养后可以长久存活，并能灭尽罪业、增长福德，如云："行法乃至长生存，期间极增善相续。"因而利养意义颇大，为此才嗔恨对利养作违缘的人。如果为了利养而嗔恨对利养制造障碍者，那么岂不是会灭尽福德、增长罪业吗？为了存活的目的而使福德失毁，唯一以造罪业苟活尘世有什么意义呢？根本无有实义。

子三、不应嗔令他人不信者：

谓谤令他失，故我嗔谤者，

如是何不嗔，诽谤他人者？

如果说：由于会使其他众生对我退失信心，为此才嗔恨那些诽谤我的人。那么，你为什么不同样嗔恨诽谤其他人的人呢？因为这也会使人对他退失信心。

谓此唯关他，是故吾堪忍，

如是何不忍，烦恼所生谤？

若说：因为这只关系到别人对他信不信的问题，（所以我可以接受）当然别人对他有没有信心，这还取决于他本身有无功德与可信处。如果对他人无有信心这一点你可以忍受，那为什么不能安忍诽谤自己的人呢？因为别人也是由于心生烦恼而诽谤你的。

壬二、破嗔于亲友造四罪者分二：

一、因于对境无害而止嗔；二、破嗔于受害者造罪之人。

癸一、因于对境无害而止嗔：

于佛塔像法，诽诋损毁者，

吾亦不应嗔，因佛远诸害。

对于佛像、佛塔、正法信口开河说些非理诽谤之词并加以毁坏的人，我理应生起悲心才对，不该反而生嗔心，因为这于对境的佛陀等不会有丝毫损害，并且作害者本是该悲悯的对象。

癸二、破嗔于受害者造罪之人分三：

一、深思法理之安忍；二、不畏损害之安忍；三、修承受痛苦之安忍。

子一、深思法理之安忍：

于害上师尊，及伤亲友者，

思彼皆缘生，知已应止嗔。

其实，加害上师亲朋好友等也都是依靠以前如是一切外缘等造成的，我们一定要认识到这一点，进而制止嗔恨。

子二、不畏损害之安忍分三：

一、怨敌不应为嗔恨之对境；二、是故断除嗔彼；三、为断嗔而除贪。

丑一、怨敌不应为嗔恨之对境分三：

一、与无情损害相同；二、与嗔者罪业相同；三、害由业生故不应嗔敌。

寅一、与无情损害相同：

情与无情二，俱害诸有情，

云何唯嗔人？故我应忍害。

如果有情与无情对众生同样损害，那么为何单单对有情怀有仇恨呢？因此，我们理当安忍损害。

寅二、与嗔者罪业相同：

或由愚行害，或因愚还嗔，

此中孰无过？孰为有过者？

如果有些仇敌是由于愚昧而作加害，有些因为愚痴而以怨报怨，那么这两者谁无有过失，谁具有过失呢？很明显，两者同等具有过失。

寅三、害由业生故不应嗔敌：

因何昔造业，于今受他害？

一切既依业，凭何嗔于彼？

你昔日为什么要造下损害众生的业，以致于如今遭受他众的加害？既然一切损害均来源于自己的业力，那我凭什么仇恨这位怨敌呢？

丑二、是故断除嗔彼：

如是体解已，以慈互善待，

故吾当一心，勤行诸福善。

这般认清损害是由业力所致等道理以后务必要尽心尽力断除互相之间的嗔恨心，彼此仁慈善待。为此，我应当集中精力、一心一意勤修福德。

丑三、为断嗔而除贪：

譬如屋着火，燃及他屋时，

理当速移弃，助火蔓延草。

如是心所贪，能助嗔火蔓，

虑火烧德屋，应疾厌弃彼。

例如，房屋失火，当火势燃向其他房屋，这时主人按理来说要将能助燃的草木等转移出去。同样的道理，由于心贪执所需的物品，别人对此作违缘能使嗔心之火蔓延，因此唯恐嗔恨的烈火焚烧福德的宅室，一定要当机立断，厌恶地抛弃贪执。

子三、修承受痛苦之安忍：

如彼待杀者，断手获解脱，

若以修行苦，离狱岂非善？

如果说：敌人使我带来巨大的痛苦，因而我对他实在无法容忍。

举个例子来说，一个将要遭杀的人假设只是被砍断手而免于一死，那难道不是值得庆幸吗？当然值得庆幸。同样的道理，如果仅仅以人类的这一痛苦或者安忍现在的这种苦难就远离地狱，那岂不是很好？

于今些微苦，若我不能忍，

何不除嗔恚，地狱众苦因？

现在的这一点点苦如果我都不能忍受，那为什么还不遣除地狱苦因的嗔恨呢？理当遣除。

为欲曾千返，堕狱受烧烤，

然于自他利，今犹未成办。

由于贪执欲妙而为了达到目的，我以嗔恨曾经成千上万次堕入地狱受烧烤的煎熬，或者按《大疏》中所说“为了嗔恨而曾经……”尽管几度饱尝过这般剧烈的痛苦，可是如今我仍然没有成办自利与他利。

安忍苦不剧，复能成大利，

为除众生害，欣然受此苦。

只是承受现在的痛苦这并不是大的危害，而且依靠安忍还能成办广大利益，因此理应欢欣喜悦地承受能遣除一切众生损害的危难或痛苦。

壬三、破嗔于怨敌作四善者分三：

一、破嗔赞誉怨敌者；二、破嗔令怨敌安乐者；三、破嗔成办怨敌利养者。

癸一、破嗔赞誉怨敌者分三：

一、堪为自乐之因故当取受；二、是他乐之因故不应舍弃；三、宣说颠倒取舍之理。

子一、堪为自乐之因故当取受：

人赞敌有德，若获欢喜乐，

意汝何不赞，令汝自欢喜？

假设说他人赞评怨敌具有功德，从而赞叹者获得了随喜他人功德的安乐，那么心意你不应当对此忍受不了，你为什么不赞叹敌人而令自己像其他赞叹者一样满怀喜悦之情呢？

如是所生乐，唯乐无性罪，

诸佛皆称许，复是摄他法。

你随喜别人的功德而赞叹他这种安乐绝对是快乐的源泉，而无有罪业，并具有功德，也是诸佛等圣贤一致高度赞许的，由此别人知道你无有嫉妒，会起信心，因此又是摄受他众的殊胜方便。

子二、是他乐之因故不应舍弃：

谓他获乐故，然汝厌彼乐，

则应不予酬，此坏现后世。

假设说因为赞叹他人而使他获得喜乐，然而你厌恶称赞他人的快乐，那么由于付给工作人员薪水等也会使对方安乐，所以也应当剥夺不给，如此一来，眼见的今世当中事业等、未见的后世中感受布施之果报等都将毁坏。

子三、宣说颠倒取舍之理：

他赞吾德时，我亦欲他乐，

他赞敌功德，何故我不乐？

当别人赞叹自己的功德时，希望他也获得赞扬我功德的快乐，而当他称赞别人的功德时，我为什么不希望他获得赞说别人的欣乐，这实属颠倒错乱。

癸二、破嗔令怨敌安乐者：

初欲有情乐，而发菩提心，

有情今获乐，何故反嗔彼？

最初以欲求一切有情获得安乐的意乐而发菩提心，如果众生不需要我帮助自己获得快乐，为什么反而嗔恨他们呢？实不应理。

癸三、破嗔成办怨敌利养者分二：

一、不应以得利养等之因而嗔他；二、理当以未得之因而嗔己。

子一、不应以得利养等之因而嗔他分二：

一、因实现自之愿望故不应生嗔；二、因不加害我故不应生嗔。

丑一、因实现自之愿望故不应生嗔：

初欲令有情，成佛受他供，

今见人获利，何故生嫉恼？

当初承诺说希望一切有情成就三界供养处的佛果，如今见到他们只是拥有微薄的利养恭敬，为什么要生起妒忌而损恼他呢？

所应恩亲养，当由汝供给，

彼今已自立，不喜岂反嗔？

比如，你的亲人本该由你来抚养，按理来说，你要给予他食物等，如果那位亲人不需要你施舍，独自而谋得生计，那么你怎么会不欢喜雀跃反而嗔怒呢？

不愿人获利，岂愿彼证觉？

妒憎富贵者，岂有菩提心？

如果连别人获得暂时的这点利养也不愿意，那么，又怎能愿意众生证得菩提呢，根本不可能。善天尊者解释为，倘若不愿意让敌人获得这么一点点利养，那么……对他人的财富憎恨者怎么会具有菩提心呢？根本不会具有。

丑二、因不加害我故不应生嗔：

若已从他得，或利在施家，

二俱非汝有，施否何相干？

如果怨敌从施主那里获得受用，或者他没有得到，那些财物仍旧留在施主家中，不管怎样都不会到你手中，无论施给与否，受用或破立的行为与你又有什么瓜葛呢？根本毫不相干。

子二、理当以未得之因而嗔己：

何故弃福善，信心与己德？

不守己得财，何不自嗔责？

假设嗔恨敌人的利养而过分希求自己获得，那么自己得到利养的因是以往的福德、施主的信心以及自己暂时的功德，既然如此，为什么要以嗔恨力丢弃这些呢？本是自己没有把握住得到利养的这些因，那为何不嗔恨自己，理当自我谴责才对。

于昔所为恶，犹无忧愧色，

岂还欲竞胜，曾培福德者。

此外若有人想：既然自己没有利养，以后他人也无有才好。你非但对自己得不到利养之因——往昔所造的罪恶无有羞愧后悔之意，居然还想与培植利养之因——福德的他众攀比，这么做实不应当。

辛二、遮破于障碍所欲者生嗔分二：

一、破嗔于怨敌造罪作障者；二、破嗔于自己与亲友行善作障者。

壬一、破嗔于怨敌造罪作障者分二：

一、敌人痛苦于己不利；二、愿敌痛苦之心有害。

癸一、敌人痛苦于己不利：

纵令敌不喜，汝有何可乐？

唯盼敌受苦，不成损他因。

即便仇敌闷闷不乐，痛苦不堪，你又有什么值得高兴的呢？即使你值得高兴，但只是以想降伏敌人（盼望他们受苦）的愿望而并不能成为损害敌人的因，所以无有实义。

癸二、愿敌痛苦之心有害：

汝愿纵得偿，他苦汝何乐？

若谓满我愿，招祸岂过此？

若为嗔渔夫，利钩所钩执，

陷我入狱篓，定受狱卒煎。

纵然你让怨敌痛苦的想法如愿以偿，你又有什么可欢喜的呢？如果说这样一来就满了我的心愿，那么还有比此更严重的祸害吗？

一旦被烦恼发心的渔夫所投下带有愿别人痛苦之诱饵十分锐利的铁钩所擒，必定使我在众生地狱的篓里受狱卒们煎煮。

壬二、破嗔于自己与亲友行善作障者分二：

一、破嗔于世间法作障者；二、破嗔于福德作障者。

癸一、破嗔于世间法作障者分二：

一、阻碍赞誉者并非有害；二、将阻碍赞誉者视为有益。

子一、阻碍赞誉者并非有害分二：

一、赞誉无有利乐；二、不应喜之。

丑一、赞誉无有利乐：

受赞享荣耀，非福非长寿，

非力非免疫，非令身安乐。

赞叹与名誉的荣耀既不能成为有利于未来的福德，也不能成为今生安乐之因的长寿，又不会使自己身强力壮，也不能带来健康无病、身体舒适。

若吾识损益，赞誉有何利？

若唯图暂乐，应依赌等酒。

如果分析成不成为我自利的是心识，那么赞叹与名誉对此能谈得上什么自利呢？根本无有利益。假设说依此能舒心悦意。如果只是贪图暂时的惬意，那么就应该去赌博、去喝酒、去交往美女佳人等等。

若仅为虚名，失财复丧命，

誉词何所为，死时谁得乐？

如果毫无意义仅仅为了慷慨布施的虚有名声而倾家荡产，为了英雄的称号而奔赴战场，自己也会有丧命等危险，那名声又有什么用呢？自己死亡时，又有谁依靠名誉而得到安乐了呢？

沙屋倾颓时，愚童哀极泣，

若我伤失誉，岂非似愚童？

如果沙屋倒塌了，那些愚昧无知的孩童就会极度伤心哭泣。同样，如果我因失去了称赞与名誉而伤心，难道不是与幼稚的孩童一模一样了？这实在不应理。

丑二、不应喜之：

声暂无心故，称誉何足乐？

若谓他喜我，彼赞是喜因？

受赞或他喜，于我有何益？

喜乐属于彼，少分吾不得。

偶尔的赞叹声原本无心，因而不可能有“要称赞我”的想法，对此有什么值得欢喜的呢？因赞誉而欣喜若狂实不应理。如果认为令其他赞叹的人喜欢我，宣扬我名声的他人欢喜就是我欢喜的因，那么无论是赞叹敌人还是褒扬我，赞者的欢喜对我又有什么利益呢？欢喜是赞叹者拥有的，我从中一点也不会得到。

他乐故我乐，于众应如是，

他喜而赞敌，何故我不乐？

如果说：我是菩萨，因此赞叹者快乐我也快乐。那么，一切有情安乐也同样需要欢喜。为什么当其他人欢喜称赞你的仇敌而快乐时我却郁郁寡欢呢？理当欢喜快乐。

故我受赞时，心若生欢喜，

此喜亦非当，唯是愚童行。

因此，当我受到他人赞扬时，生起欢喜也同样是不合理的，这种欢喜只是喜欢无义之事的愚童行为罢了。

子二、将阻碍赞誉视为有益：

赞誉令心散，损坏厌离心，

令妒有德者，复毁圆满事。

赞扬名声等能使自己的心散乱于善法所缘之外，它也会毁坏对轮回的厌离心，并且为了它会嫉贤妒能，对他人的圆满怒火中烧，这以上是《大疏》与《释论》中解释的。《普明论》中将其解释为：以嗔恨心毁坏他人的圆满。

以是若有人，欲损吾声誉，

岂非救护我，免堕诸恶趣。

因此，如果有人想毁坏我的名誉等，那难道不是依靠他们的力量救护我，使我免于堕入恶趣了吗？为此更不该嗔恨。

吾唯求解脱，无需利敬缚，

于解束缚者，何故反生嗔？

此外，我唯一追求的是从轮回中解脱，不应当被成为解脱障碍的利养恭敬所束缚，有人从中作梗而使我解开轮回的束缚，我怎么能反而嗔恨他呢？

如我欲趣苦，然蒙佛加被，

闭门不放行，云何反嗔彼？

正如我想以赞誉的罪业趋入恶趣中时，蒙受佛陀的加持，通过障碍利养的方式不放行我到恶趣中而紧闭恶趣之门，我怎么能反而嗔恨他呢？实在不应憎恨。

癸二、破嗔于福德作障者分三：

一、嗔恨是福德之障；二、作害是顺缘；三、故当消除嗔恨而恭敬。

子一、嗔恨是福德之障：

谓敌能障福，嗔敌亦非当，

难行莫胜忍，云何不忍耶？

如果说：敌人是福德的障碍者（因而嗔恨）。嗔恨障碍福德者也不应理，如果再没有与安忍相提并论的苦行，那么我为什么不安忍呢？理当安忍，而安忍要依赖敌人。

若我因己过，不堪忍敌害，

岂非徒自障，习忍福德因？

假设我因为自己的过失而不能忍受这位怨敌，难道不是我自己对福德之因的安忍作障碍了吗？

子二、作害是顺缘：

无害忍不生，怨敌生忍福，

既为修福因，云何谓障福？

应时来乞者，非行布施障，

授戒阿阇黎，亦非障出家。

某一法如果不存在，就不会生果，某一法如果存在就会生果，那么这一法就是此果的因。既然安忍也是随怨敌而生，那为什么说仇人障碍福德呢？实际上怨敌正是安忍之因，譬如布施时，前来乞讨者是布施的因而绝不是布施的障碍；赐予出家戒律的授戒阿阇黎等绝不会被称为障碍出家者。

子三、故当消除嗔恨而恭敬分三：

一、以众生自之功德当恭敬；二、信仰佛陀故当恭敬；三、观察果当恭敬。

丑一、以众生自之功德当恭敬分二：

一、是成就我菩提之助缘故当恭敬；二、建立众生与佛相同。

寅一、是成就我菩提之助缘故当恭敬分二：

一、恭敬之因成立；二、断除于彼迷惑。

卯一、恭敬之因成立：

世间乞者众，忍缘敌害稀，

若不外植怨，必无为害者。

世间的乞者与怨敌同是福德之因，然而在世间中乞丐多不可数，而作害者却少得可怜，这其中的原因是：如果未加害对方，不结下怨恨，必定不会有反过来加害的人。

故敌极难得，如宝现贫舍，

能助菩提行，故当喜自敌。

由于安忍是最大的福德，因而敌人恩德颇大，难得难遇，如同未经辛勤劳作而

在自己家中出现宝藏一般，成为菩提行即成佛的助伴，因而我应当喜爱敌人才是。

敌我共成忍，故此安忍果，

首当奉献彼，因敌是忍缘。

敌人与我共同修成安忍，我们二者都属于安忍的因，为此果报正法甘露首先理当献给这位怨敌，因为他是安忍的真正因。

卯二、断除于彼迷惑：

谓无助忍想，故敌非应供，

则亦不应供，正法修善因。

假设说：敌人并没有助我修成安忍的想法，虽然他是安忍的因，但并非是应供。

那么，你为什么要供养修成善法之因的正法呢？（它也同样没有助修成善法的念头，）所以也不该成为应供。

谓敌思为害，故彼非应供，

若如医利我，云何修安忍？

假设说：这两者全然不同，正法无有害心，而敌人却有要害这个人的心态，因而他不是应供。

倘若敌人也像医生一样精勤利益我，那肯定不是安忍的对境，依靠他我怎么能成就安忍呢？

既依极嗔心，乃堪修坚忍，

故敌是忍因，应供如正法。

既然依于具有极度的嗔心者才能生起忍耐之心，所以说敌人才是安忍的因，理当犹如正法一样供养。

寅二、建立众生与佛相同分二：

一、安立教证；二、教义成立。

卯一、安立教证：

本师牟尼说，生佛胜福田。

能仁本师释迦牟尼佛在《摄正法经》中说：由于从有情中产生善法，因此众生之田与佛陀福田中出生佛法，此中云：“众生之田即佛之田，由佛田中获得诸佛法，于其倒行逆施不应理。”

卯二、教义成立分二：

一、真实宣说；二、遣除争论。

辰一、真实宣说：

常敬生佛者，圆满达彼岸。
修法所依缘，有情等诸佛，
敬佛不敬众，岂有此道理？

如果有人认为：由于这一教义没有依据的理证，因而不是可信之处。

有理可依，经常令众生欢喜者，能获得圆满波罗蜜多的佛果。因此，从依靠众生与佛陀成就佛果的正法这一角度来说是相同的。对佛陀恭敬而不恭敬众生，这是何道理？根本没有理由。

辰二、遣除争论：

非说智德等，由用故云等，
有情助成佛，故说生佛等。

假设有人认为：这两者功德截然不同，因而不应当同等恭敬。

这里并不是从自心功德的角度安立为同等的，而是从依靠众生与佛陀二者能成就佛果这一点而安立平等的。因此，与佛陀相同，一切众生也具有助成佛果的功德，

为此说众生与佛同等。

怀慈供有情，因彼尊贵故，

敬佛福德广，亦因佛尊贵。

此外，供养从一缘慈心等持中出定者，现世中也会获得福德，原因是众生尊贵，如果无有众生的对境，那么也就无有福德可言，对佛陀起信的福德也是由于佛陀是尊贵无比的福田。

助修成佛故，许众生佛等，

然生非等佛，无边功德海。

总而言之，由于同样是助修成佛，因而承许众生与佛平等，然而任何众生的功德不可能与无边功德海的诸佛平等。

唯佛功德齐，于具少分者，

虽供三界物，犹嫌不得足。

不仅如此，而且圆满具足一切殊胜功德的唯一补特伽罗就是佛陀，为了供养具足佛陀少分功德者，即使献上整个三界也是微不足道的，因此功德不同。

有情具功德，能生胜佛法，

唯因此德符，即应供有情。

然而，从能生起殊胜佛法的角度而言，一切众生也具有殊胜功德，仅以这一点相符，就理应供养众生。

丑二、信仰佛陀故当恭敬分二：

一、佛将众生作为我所；二、佛将众生作为我。

寅一、佛将众生作为我所分二：

一、当恭敬之理由；二、忏悔不敬之过。

卯一、当恭敬之理由：

无伪众生亲，诸佛唯利生，

除令有情喜，何足报佛恩？

对于无有虚伪狡猾、作为一切有情之至亲的诸佛与菩萨，所行所为唯一就是饶益无边众生，因而除了令众生欢喜以外，何以回报佛菩萨的深厚恩德？

利生方足报，舍身入狱佛，

故我虽受害，亦当行众善。

只有利益众生方可报答为了众生舍弃身体入于无间地狱的佛陀之恩，因此我无论遭受再大的损害，三门的一切行为都要善妙，唯一行持利益他众之事。

诸佛为有情，尚且不惜身，

愚痴我何故，骄慢不侍众？

众生的主尊——佛陀尚且为了群生不惜舍弃自己的身体，而愚昧无知的我怎么能贡高我慢、不行侍候众生的事情呢？

众乐佛欢喜，众苦佛伤悲，

悦众佛愉悦，犯众亦伤佛。

众生安乐，诸佛才会欢喜，众生痛苦，佛陀也会悲伤，令众生欢喜，诸佛自然会欣悦，冒犯加害这些有情，佛陀就会伤心，因此等于伤害佛陀。

遍身着火者，与欲乐不生，

若伤诸有情，云何悦诸佛？

譬如，周身燃火之人，不会以所求的一切功德而心情快乐。同样，如果伤害众生，（凭什么取悦诸佛？）那么显然无有其他令大悲诸佛欢喜的方法。

卯二、忏悔不敬之过：

因昔害众生，令佛伤心怀，

众罪我今悔，祈佛尽宽恕。

我因为曾经加害众生而令大慈大悲的诸佛不悦伤心，今日对所造的一切罪业分别忏悔，祈求诸佛原谅宽恕。

为令如来喜，止害利世间，

任他践吾顶，宁死悦世主。

从今以后，为了使诸位善逝欢欣喜悦，一定要制止损害众生，作为世人的奴仆，任凭芸芸众生脚踏在我的头顶，宁死也不反抗，以此令所有世间的怙主喜悦。

寅二、佛将众生作为我：

大悲诸佛尊，视众犹如己，

生佛既同体，何不敬众生？

悲悯一切有情的尊主佛陀，证悟法界等性并以自他相换的方式视众生为自己，这一点毋庸置疑。既然了达众生的本体就是怙主佛陀，我为什么还不恭敬众生呢？理当恭敬。

丑三、观察果当恭敬分三：

一、宣说取悦众生是诸善之因；二、以此方式教诫勤奋；三、摄义。

寅一、宣说取悦众生是诸善之因：

悦众令佛喜，能成自利益，

能除世间苦，故应常安忍。

取悦有情能令善逝欣喜，也能真实成办自己的利益，又能遣除一切世间的痛苦，所以我要时时刻刻修行安忍。

寅二、以此方式教诫勤奋：

譬如大王臣，虽伤众多人，

谋深虑远者，力堪不报复，

因敌力非单，王势即彼援，

故敌力虽弱，不应轻忽彼。

打个比方来说，国王的某位大臣伤害众多民众，然而深谋远虑、高瞻远瞩的人们，想到以后的利害，尽管当时力所能及也不进行报复，因为他们明白表面看来对方似乎只是孤身一人，无有兵旅，势单力薄，其实不然，国王的强大势力就是他的援兵。因此，作害者虽然力量薄弱，但也绝不能不屑一顾、等闲视之。

悲佛与狱卒，吾敌众依怙，

故如民侍君，普令有情喜。

同样，地狱的看守与大慈大悲的佛陀就是我这些怨敌的依怙靠山，狱卒会反过来对我进行报仇加害，佛陀会不悦悲伤。就像百姓对暴君做小小的错事也会大祸临头，因而应当如同民众百般取悦君王一样令所有众生皆大欢喜。

暴君纵生嗔，不能令堕狱，

然犯诸有情，定遭地狱害。

如是王虽喜，不能令成佛，

然悦诸众生，终成无上觉。

尽管使残暴的君主勃然大怒，但也不至于像使众生不悦那样遭受地狱的损害。同样，即便令国王心花怒放，也不可能像取悦众生那样获得佛果。因此，喻义二者利害并不相等。

寅三、摄义：

云何犹不见，取悦有情果，

来生成正觉，今世享荣耀。

生生修忍得，貌美无病障，

誉雅命久长，乐等转轮王。

为什么还见不到令众生喜悦的果报呢？暂且不说未来成就正觉，就是今生今世也会享受丰厚财富、美名远扬的快乐，不仅是现世，而且身处轮回中时，其他生世中也会因为安忍而感得相貌端严、健康无病、名声荣誉、长寿百年等等，拥有转轮王的圆满安乐。

于无始害恩德者，受苦成就大乐因，

观察能所嗔不成，莫嗔焚心诸智者。

第六品释终

第七品　精进

丁三、精进分二：

一、以承上启下方式教诫精进；二、宣说应当精进。

戊一、以承上启下方式教诫精进：

忍已需精进，精进证菩提，
若无风不动，无勤福不生。

具有安忍以后就需要勇猛精进。有了精进才能证得菩提，如同无风万物不会动摇一般，无有精进就不会生起作为菩提之因的福德与智慧。

戊二、宣说应当精进分三：

一、认识精进本体；二、断除其违品；三、增上对治。

己一、认识精进本体：

进即喜于善。

若问：到底精进指的是什么呢？所谓的精进即是由喜爱善法之业而产生。

己二、断除其违品分二：

一、宣说所断懈怠；二、断除方法。

庚一、宣说所断懈怠：

下说其违品：同恶散劣事，

自轻凌懒惰。

如果广说精进的违品懈怠的分类，则有三种，也就是，行持相违善法的同恶懒惰；贪执恶事不善无记法的耽著恶事懒惰；声称自己无有能力行善而懈怠的自轻凌懒惰。

庚二、断除方法分三：

一、断除同恶懒惰；二、断除耽著恶事懒惰；三、断除自轻凌懒惰。

辛一、断除同恶懒惰分二：

一、认识因；二、断除彼。

壬一、认识因：

贪图懒乐味，习卧嗜睡眠，

不厌轮回苦，频生强懈怠。

不精进善法，而贪图舒适快乐的感受，过分贪爱睡眠以致于不厌离轮回，屡屡生起强烈的懈怠。或者按照《大疏》中解释：由于不厌离轮回的痛苦从而沉湎于懒惰的快乐享受中，并由此贪爱睡眠。

壬二、断除彼分二：

一、生起精进之意乐；二、以加行修持。

癸一、生起精进之意乐分二：

一、思维今生无常；二、思维后世痛苦。

子一、思维今生无常分二：

一、决定无常；二、思维迅速死亡而劝勉。

丑一、决定无常：

云何犹不知，身陷惑网者，

必囚生死狱，正入死神口。

为什么仍然还不觉知：身体已陷入烦恼的网罟中，被控制束缚，由此必定被困入生死的牢狱当中，正在一步步进入死神的口中。

渐次杀吾类，汝岂不见乎？

然乐睡眠者，如牛见屠夫。

自己同类的人们渐渐被死主所杀戮，你难道还没有见到吗？就像视而不见一样。然而，爱好睡眠不行善法的人如同逐渐被屠夫宰杀还在沉睡中的牛一样愚笨。

通道遍封已，死神正凝望，

此时汝何能，贪食复耽眠？

通行之路普遍已被封锁，死神正在目不转睛地凝视着要杀的对象，此时此刻你如何还能爱恋吃吃喝喝、酣酣沉睡呢？如《本生传》中云：“诸道已被死主封，无所顾虑享极乐，置身如是处境众，无有畏惧真稀奇！”

丑二、思维迅速死亡而劝勉分二：

一、略说；二、广说。

寅一、略说：

死亡速临故，及时应积资，

届时方断懒，迟矣有何用？

如果有人想：虽说必定死亡，但接近死时行善就可以。

正如《亲友书》中所说："寿命多害即无常，犹如水泡为风吹，呼气吸气沉睡间，能得觉醒极稀奇。"我们很快就会迈向死亡，因而在有生之年要及时积累资粮，等到死亡临头时才断除懈怠已为时过晚，已经不是能行持善法的时候了，到那时才断除懒惰有何用呢？无有任何实义。

寅二、广说：

未肇或始作，或唯半成时，

死神突然至，呜呼吾命休！

当这件事尚未做完或者刚刚开始，或者仅仅做到一半时，死神会突如其来，到那时不禁会想：呜呼！死亡摧毁了我，我命休矣！

因忧眼红肿，面颊泪双垂，

亲友已绝望，吾见阎魔使，

忆罪怀忧苦，闻声惧堕狱，

狂乱秽覆身，届时复何如？

由于忧愁即将与我分离而导致双目红肿，泪流满面，亲友们都已断绝了我存活的希望。当我见到能将我引入地狱的阎罗狱卒的面孔，回想起自己的所有罪业，不由得忧恼万分，听到地狱的哀号声，想到我也会堕落其中，惊恐不已，不净粪不由自主地流漏，染污全身，被痛苦所迷惑之时，又能行持什么善法呢？根本不会行持。

子二、思维后世痛苦：

此生所怀惧，犹如待宰鱼，

何况昔罪引，难忍地狱苦。

你今生死亡时所怀有的畏惧就像待宰的活鱼在热沙中辗转翻滚一般，那更何况说昔日造罪的果报后世直接感受地狱那难以堪忍的痛苦呢？因此理当惧怕。如云："即便见闻地狱图，忆念读诵或造形，亦能生起怖畏心，何况真受异熟果？"

如婴触沸水，灼伤极刺痛，

已造狱业者，云何复逍遥？

地狱的痛苦如同滚烫沸腾的水触及婴儿柔嫩的肌肤上极度灼热一般，曾经造了转生地狱之业的人为何还这般逍遥自在呢？

不勤而冀得，娇弱频造罪，

临死犹天人，呜呼定受苦。

无有精勤行善的因而奢望获得安乐的果，忍耐力微弱，而频繁造作损害之事，明明已被死主擒捉，却还想如天人一般长久留住，唉！这些人得到的下场必定是不幸临头，被痛苦所毁。因此作者以悲悯的心情发出呜呼之感叹。

癸二、以加行修持：

依此人身筏，能渡大苦海，

此筏难复得，愚者勿贪眠。

请依靠人身的船只渡过痛苦的大海，这个人身船筏以后很难再次得到。因此，作者以悲哀的语气说：愚昧的人们呀，在需要精进的时候万万不要贪恋睡眠，以此为例，劝诫断除一切懈怠。

辛二、断除耽著恶事懒惰：

弃舍胜法喜，无边欢乐因，

何故汝反喜，散掉等苦因？

为什么舍弃无边喜乐之因妙法的殊胜欢喜，而乐于身心散乱、说笑歌唱等痛苦之因？实在不应当喜欢这些。

辛三、断除自轻凌懒惰分二：

一、略说；二、广说。

壬一、略说：

勿怯积助缘，策励令自主，

自他平等观，勤修自他换。

比如，诸位国王通过四大军队而取得胜利。同样，菩萨胜伏所断，一开始就要做到毫无怯懦，披上精进盔甲，具备下文中要讲的四种助缘，再以正知正念直接加以破立取舍，接着集中精力以对治法主宰自己的三门，最后精勤观修自他平等与自他相换。

壬二、广说分二：

一、修思维因无有能力而懈怠之对治；二、修缘难成而懒惰之对治。

癸一、修思维因无有能力而懈怠之对治：

不应自退怯，谓我不能觉，

如来实语者，说此真实言：

所有蚊虻蜂，如是诸虫蛆，

若发精进力，咸证无上觉。

我们绝不能以所谓的“我怎么能获得菩提”而退缩懈怠，善逝是唯一的真实语者，说了此谛实语：蝇蜂、蚊虻、昆虫，如果发起精进力，都能获得难得的无上菩提。《妙臂请问经》中云：“此外，菩萨如是真实随学，成为狮、虎、犬、狼、鹰、鹤、乌鸦、鸱枭、昆虫、蜜蜂、蚊蝇、虻之彼等亦将成就无上菩提佛果。我想，转为人时，纵遇命难而为何失毁获得菩提之精进？”《宣说梦境经》中云：“功德无论如何微，以胜心摄得菩提。”

况我生为人，明辨利与害，

行持若不废，何故不证觉？

（一切众生均能成佛）的理由也是因为一切众生都具有佛性的缘故。一般来说，佛性有两种，一种是自性住佛性，一种是修增长（也叫实修生）佛性，其中自性住佛性是指心的法性，修增长佛性则指垢染如应清净或存留于心中的善习气，第一自性住佛性周遍于一切众生，《宝性论》中云："佛身能现故，真如无别故，具种故众生，恒具如来藏。"何况我已转生为人，明辨利益与损害，如果没有断然放弃菩萨行，那么我怎么会不获证菩提呢？

癸二、修缘难成而懒惰之对治分二：

一、无有怯懦之因；二、有欢喜之因。

子一、无有怯懦之因分二：

一、断除难行之畏惧；二、断除长期之厌烦。

丑一、断除难行之畏惧分二：

一、宣说邪念；二、断除邪念。

寅一、宣说邪念：

若言我怖畏，须舍手足等。

如果说：为了菩提需要施舍手足等，因而我对此害怕。

寅二、断除邪念分二：

一、以观察而断；二、以修习而断。

卯一、以观察而断：

是昧轻与重，愚者徒自畏。

无量俱胝劫，千番受割截，

刺烧复分解，今犹未证觉。

只是由于对轻重的差别未加观察而不知取舍才导致愚痴的你如此畏惧。正因为从来没有为菩提而历经苦行，才造成于无数俱胝大劫在轮回中身体屡屡遭受砍截、棒击、焚烧、剖割等痛苦，但通过这些苦难如今仍旧未能证得菩提。

吾今修菩提，此苦有限期，

如为除腹疾，暂受疗割苦。

我今为了修成菩提所受的这一痛苦是有期限的，由于它微不足道，因而能够忍受。比如，为了去除腹部的疾患，身体暂时足能忍受医疗所致的创伤痛苦。

医皆以小苦，疗治令病除，

为灭众苦故，当忍修行苦。

所有医生治病救人都是以小小的治疗痛苦去除疾病，既然这样的苦痛也需要忍受，那么为了摧毁恶趣等众多剧苦就更应当安忍苦行的微小痛苦。

凡常此疗法，良医皆不用，

巧施缓药方，疗治众疴疾。

虽然具有这样一般治疗痛苦的方法，但最高明的医生——佛陀是不使用的，而是善巧采用极为温和的措施即简便易行的方法来根除一切烦恼的重症。慧源与普明论师解释说：这是指布施身体的苦行对于初学者来说是不能行持的意思。

卯二、以修习而断：

佛陀先令行，蔬菜等布施，

习此微施已，渐能施己肉。

若问：需要施舍自己的肉等怎么是温和的措施呢？为了令以前未曾修习过的人能发放布施，佛陀首先让人们布施些蔬菜等少量低等的物品，经过一番串习以后逐渐连自己的肉也能施舍。

一旦觉自身，卑微如蔬菜，

尔时舍身肉，于彼有何难？

通过特别串习，一旦对自己的身体也能像低劣的蔬菜等一样看待，生起无有耽著之心，到那时舍施自己的身肉等对他来说又有什么困难呢？

丑二、断除长期之厌烦：

身心受苦害，邪见罪为因，

恶断则无苦，智巧故无忧。

如果有人认为：乃至在轮回中时需要为了他众而苦行，被痛苦折磨得忧心忡忡。

事实并非如此，内心之所以遭受伤害就是因为这样的邪分别念使得过分耽著自己等，而身体所感受的损害是由罪业所产生的痛苦。而依靠利他苦行则可断除罪恶，因而身体无苦无痛，又由于精通所知的实相，是故心里也会无忧无虑。

福德引身适，智巧令心安，

为众处生死，菩萨岂疲厌？

如果了知不仅无有痛苦，并且以福德的果报而感召身体舒适、内心安乐，那么为了利益他众住于生死轮回中，慈悲为怀的菩萨怎么会厌烦呢？

子二、有欢喜之因：

以此菩提心，能尽宿恶业，

能聚福德海，故胜诸声闻。

菩萨依靠菩提心的力量能灭尽痛苦之因往昔所造的罪业，摄集快乐之因如海福德。因而远远胜过一切声闻。慧源与善天尊者讲解为比声闻成就菩提要迅速。

故应除疲厌，驾驭觉心驹，

从乐趋胜乐，智者谁退怯？

因此，我们应当遣除一切疲厌驾驭菩提心的骏马从安乐之处驶向殊胜安乐之处，

了知功过的智者谁会懈怠退怯呢？

己三、增上对治分二：

一、略说；二、广说。

庚一、略说：

勤利生助缘，信解坚喜舍，

畏苦思利益，能生希求力。

故断彼违品，以欲坚喜舍，

实行控制力，勤取增精进。

有些人解释说为了成办众生利益与摧毁所断之怨敌的助缘为信解，但《大疏》中说："希求"在这里是向往善法之义。邦译师说：梵语的版本中也有希求之义。我们要将这里所谓的信解理解成希求之义。助缘有四，即信解善法、开始着手后不退的坚毅、更加增上的欢喜、有大必要时的放舍。其中信解之因：畏惧恶业之果报痛苦，通过思维它的功德而生起信解。为了断除违品懈怠、增上精进，我们一定要奋发努力。

如果有人问：依靠什么方法增上精进呢？

通过具足信解、自信即坚毅、欢喜、放舍的助缘而勤奋取舍，主宰身心来增上精进。

庚二、广说分三：

一、具备助缘；二、依助缘精进修持；三、主宰自己。

辛一、具备助缘分四：

一、信解；二、自信；三、欢喜；四、放舍。

壬一、信解分三：

一、无信解之过；二、信解之功德；三、以宣说因之方式生起信解。

癸一、无信解之过分三：

一、思维未行信解之事；二、安立理由；三、宣说思维于法无信解之过而不应舍弃。

子一、思维未行信解之事：

发愿欲净除，自他诸过失，

然尽一一过，须修一劫海。

我已经发了菩提心，因此就必须要净除摧毁自他的无量过患，然而就算是尽毁这些过失的每一种，也需要在如海劫期间精进努力。

若我未曾有，除过精进分，

定受无量苦，吾心岂无惧？

如果明明见到自己不具备少分能灭尽罪业的精进，那么就成了无量痛苦的器皿，我怎么能对此无动于衷、毫不惧怕呢？

发愿欲促成，自他众功德，

成此一一德，须修一劫海。

然我终未生，应修功德分，

无义耗此生，莫名太稀奇！

同样，我本该拥有促成自他（成佛）的众多功德，当然即使要成办每一分功德也需要在如海劫中修习。然而，我始终没有生起应该修行的这些功德部分。本来，有幸拥有了难得的此生，而毫无意义地白白空耗，实在是莫名其妙，也是件非常遗憾的事！

子二、安立理由：

吾昔未供佛，未施喜宴乐，
未曾依教行，未满贫者愿，
未除怖者惧，未与苦者乐，
吾令母胎苦，唯起痛苦已。

《普明论》中解释说：所谓的“无义耗此生”只是起到连接上下文的作用。《大疏》中也有其他讲法。因为我从来没有供养过佛陀，也没有给予众生大喜宴的安乐，又没有遵循教规依教奉行，也不曾满足贫困者的心愿，未曾赐予怖畏者无畏，这以上是指没有发放法、财、无畏施。慧源与普明论师将“供佛”解释为供养佛堂。也没有给痛苦可怜的众生带来安乐，我只是给母胎带来了痛楚而已，根本就没有体现出获得暇满人身的价值。

子三、宣说思维于法无信解之过而不应舍弃：

从昔至于今，于法未信解，
故遭此困乏，谁复舍信解？

我从以前的世代直至现在的今生，对正法没有信解欲乐，因而才遭遇如此乏少安乐的困境，此义是按《大疏》中解释的。具有智慧者谁会舍弃信解正法呢？

癸二、信解之功德：

佛说一切善，根本为信解。

所有善法的根本就是信解，《慧海请问经》中云：“诸善之本即信解。”《文殊刹土庄严经》中也云：“诸法由缘生，住于意乐上。”

癸三、以宣说因之方式生起信解分三：

一、略说；二、广说；三、摄义。

子一、略说：

信解本则为，恒思业因果。

若问：那么如何生起信解呢？信解的根本就是要恒常思维、观修善有善报、恶有恶报的因果规律。

子二、广说分二：

一、总说黑白业果；二、广说彼等特殊之果。

丑一、总说黑白业果：

痛苦不悦意，种种诸畏惧，
所求不顺遂，皆从昔罪生。

五根门的从属痛苦以及意识的从属意苦受，还有种种恐怖、所有不幸，这一切果报均是由昔日造罪之因中产生。

由行所思善，无论至何处，
福报皆现前，供以善果德。

以欲乐心引发而奉行善法的人，不管转生于何处，福报都会现前献上善妙的供品。

恶徒虽求乐，然至一切处，
罪报皆现前，剧苦猛摧残。

造罪之人虽然希求安乐，可是无论到哪里，罪恶的果报都会现在其前，被罪业所感的剧苦兵刃猛烈摧残，如《教王经》中云："死亡来临国王去，受用亲友不跟随，士夫无论行何处，业如身影随其后。"

丑二、广说彼等特殊之果分二：

一、善业特殊之果；二、罪业特殊之果。

寅一、善业特殊之果：

因昔净善业，生居大莲藏，
芬芳极清凉，闻食妙佛语，
心润光泽生，光照白莲启，
托出妙色身，喜成佛前子。

因为昔日的清净善业而感，生处殊胜、饮食殊胜、身体殊胜及生后殊胜。生处殊胜：即往生到比狭窄臭恶的胎生更为殊胜散发妙香凉爽的广大莲花蕊中；饮食殊胜：在那里远远胜过以涎液漏水食物维生而依靠佛陀妙音说法的美食令自己光彩夺目；身体殊胜：超胜生的狭窄痛苦而以能仁佛光普照莲花绽开，从中生出胜妙身体；生后殊胜：出生后胜过士夫摄受而住于无量光佛等前，蒙受佛法的庇护。具足这般殊胜而成为佛子，这完全是由不同寻常的善法所感召的。

寅二、罪业特殊之果：

因昔众恶业，阎魔诸狱卒，
剥皮令受苦，热火熔铜液，
淋灌无肤体，炙燃剑矛刺，
身肉尽碎裂，纷堕烧铁地。

由于昔日造罪，由自己业力形成的阎罗狱卒剥尽皮肤，苦不堪言，并且被极度炽热的烈火熔化的沸腾铜汁浇灌体无完肤的身上，又再度被燃烧的剑矛刺入，肉碎百瓣，纷纷坠落在极其炽燃的铁地上，这些都是以造无间罪等众多弥天大罪所感召的。

子三、摄义：

故心应信解，恭敬修善法。

因此，应当信解希求善法，恭敬诚信取舍善恶，弃恶修善。

壬二、自信分二：

一、宣说生起自信；二、宣说趋入自信。

癸一、宣说生起自信：

轨以金刚幢，行善修自信。

首当量己力，自忖应为否，

不宜暂莫为，为已勿稍退。

《华严金刚幢之六——回向品》中云："譬如，天子日轮升起不为天盲及不平之群山等所退，普照堪为对境之一切。同理，菩萨为利他而现世，不为众生种种过失所退，令堪为所化之众生成熟、解脱。"我们应当按照此中所说的仪轨，修持能自始至终成办善根的自信。在行事之初，要反复思量、认真观察自己是否具有成办这件事的能力，如果有能力就着手进行，如果无能为力，则暂时放弃不做。假设力所不及，还是不做为好，一旦开始以后就不应该半途而废。

退则于来生，串习增罪苦，

他业及彼果，卑劣复不成。

如果半途而废，那么以等流果感召后世中也将屡屡退失誓言，士用果增上罪业，异熟果增加痛苦。放弃此事再做其他事，则做时及果时的这两件善业都会有头无尾，最终将一事无成。

癸二、宣说趋入自信分二：

一、略说；二、广说。

子一、略说：

于善断惑力，应生自信心。

对于善业、摧毁烦恼以及能力这三者，自己应当充满信心。

子二、广说分三：

一、业之自信；二、力之自信；三、灭惑之自信。

丑一、业之自信：

吾应独自为，此是业自信。

为自他的一切善业，我独自便能行持的这种心态即是业之自信。

世人随惑转，不能办自利，

众生不如我，故我当尽力。

如是思维的理由：为烦恼左右身不由己而行事的人们在这个世界上，连成办自利也力所不及，由于众生不能像我这样成办自他一切利益，因此我应当行持利益自他的一切事。

他尚勤俗务，我怎悠闲住？

亦莫因慢修，无慢最为宜。

如果其他人尚且认为不充当低劣之事的助伴而去负起其他重任等庸俗之事，那么我怎么不做利他的助伴而悠闲自得？这是不合理的。也不要以“那件事低劣、我是上等者”的这种傲慢而做那件事，无有傲慢是最好不过的，因此这种傲慢也要断除。

丑二、力之自信分四：

一、理当依自信；二、对治之自信自性；三、呵责所断之傲慢；四、赞叹对治之自信。

寅一、理当依自信：

乌鸦遇死蛇，勇行如大鹏，

信心若怯懦，反遭小过损。

譬如，在遇到死蛇时，乌鸦也会像大鹏鸟一样对它显露出轻蔑的行为。同样，倘若我表现出软弱无能，那么小小的堕罪也会加害于我。

怯懦舍精进，岂能除福贫？

自信复力行，障大也无碍。

倘若一想到断除烦恼，就具有一种怯懦畏缩的心理，放弃精勤，如此又怎么能去除福德的贫穷呢？永远也不能摆脱这种贫穷。如果生起一种自信，并且励力行持，那么所断再大也难以妨害阻碍你。

故心应坚定，奋灭诸罪堕，

我若负罪堕，何能超三界？

所以内心应当坚定奋勇毁尽一切堕罪，我如果被堕罪击败，那么如何能超离三界呢？想超胜三界显然就成了可笑之处。

寅二、对治之自信自性：

吾当胜一切，不使惑胜我，

吾乃佛狮子，应持此自信。

作为人中狮佛陀之子的菩萨，我理当胜伏一切所断烦恼，绝不能让所断烦恼战胜我，要持有这种自信的傲慢。

寅三、呵责所断之傲慢：

以慢而堕落，此惑非胜慢，

自信不随惑，此信制惑慢。

众生往往以具有功德等而自居的傲慢摧毁自己，这种傲慢是染污性的，而不是殊胜的自信，具有殊胜自信心并非如此，真正的自信不随烦恼敌人所转，而（能制伏）那些被烦恼敌所转的傲慢[33]。

[33] 此句藏文原义是：而一般染污性的的傲慢随着烦恼敌所转。

因慢生傲者，将赴恶趣道，

人间欢宴失，为仆食人残，

蠢丑体虚弱，轻蔑处处逢。

如果有人心想：随烦恼转又有什么过失呢？

以烦恼的傲慢而生起骄傲自满之心，结果就会将被这种傲慢带入恶趣，即便转生为人也是毁灭喜宴，心不欢喜，成为他人使用的奴仆，愚昧无知，相貌丑陋，身体虚弱，随时随地被人凌辱、歧视。

傲慢苦行者，倘入自信数，

堪怜宁过此？

再者，以傲慢而苦行者本来持有的是染污性的傲慢，如果把它列在自信当中，那么还有比这更值得悲悯的对境吗？

寅四、赞叹对治之自信：

为胜我慢敌，坚持自信心，

此乃胜利者，英豪自信士。

若复真实灭，暗延我慢敌，

定能成佛果，圆满众生愿。

为了胜伏烦恼的慢敌而满怀对治的自信，这才是真正的自信者、胜利者，也堪称为真勇士。只有这样的人才必能毁尽傲慢之敌，也能圆满成办众生一切所欲暂时与究竟佛陀的果位。

丑三、灭惑之自信：

设处众烦恼，千般须忍耐，

如狮处狐群，不遭烦恼害。

如果处于众多烦恼的群体中，一定要经常千方百计地忍辱负重，加以对治，就像狮子不为狐狸群所害一般不会被任何烦恼所害。

人逢大危难，先护其眼目，

如是虽临危，护心不随惑。

当人遭遇极大恐怖处于危急时刻，最先要集中精力保护眼目。同样，当遇到猛烈的烦恼外缘危难时，也要全力以赴争取做到不被烦恼控制。如果按照本颂的翻译来看，意思是很明显的，但慧源与善天尊者译为“人逢大危难，如眼不见味”，并解释道：“如眼不取味一般，遇到再大困难，也根本不被烦恼左右。”

吾宁被烧杀，甚或断头颅，

然终不稍让，屈就烦恼贼。

一切时与处，不行无义事。

我宁愿被烧死或被砍断头颅，也绝不向烦恼的敌人屈服。有些论中说“‘一切时与处，不行无义事’并不是阿阇黎寂天菩萨所说”，但由于难以分析，因而按原文保留为妙。

壬三、欢喜分二：

一、略说；二、广说。

癸一、略说：

如童逐戏乐，所为众善业，

心应极耽著，乐彼无餍足。

正如喜欢玩耍的孩童希求游戏的乐果一样，菩萨对所应奉行的善业执为所取，理当欢喜彼事永不满足。

癸二、广说分三：

一、理当行善本体安乐；二、理当不餍足异熟安乐；三、是故欢喜奉行。

子一、理当行善本体安乐：

世人勤求乐，成否犹未定，

二利能得乐，不行乐何有？

世间人为了自己安乐而做事，结果会不会安乐尚且无有定准，而为了众生，事情也安乐、果报也安乐，不行如此之事如何能得到安乐呢？《大疏》中解释说：想要后世安乐的人不行成为安乐之事，如何能得安乐呢？

子二、理当不餍足异熟安乐：

如嗜刃上蜜，贪欲无餍足，

感乐寂灭果，求彼何需足？

对于如同粘在刀刃上的蜂蜜一般利益微薄、过患严重的一切妙欲，尚且贪得无厌，那么对于能感得暂时增上生、究竟决定胜的安乐怎么会满足呢？

子三、是故欢喜奉行：

为成所求善，欢喜而趣行，

犹如日中象，遇池疾奔入。

为了使所做之事善始善终，就要像春季正午时酷热所逼的大象遇到湖泊立即会进入湖中般以欢喜的心情奉行善事。

壬四、放舍分二：

一、无力为之暂时放舍；二、完成后彻底放舍。

癸一、无力为之暂时放舍：

身心俱疲时，暂舍为久继。

如果当下体力衰退、身心疲惫不堪而不具备成办此事的能力，那么为了将来能成办，应当暂时搁置下来。

癸二、完成后彻底放舍：

事成应尽舍，续行余善故。

如果前面的事已经圆满完成，想成办后后更为殊胜之事的人理应舍弃前面之事。

辛二、依助缘精进修持分三：

一、精进修持对治之方法；二、断除罪过之方法；三、成办同品之事。

壬一、精进修持对治之方法分二：

一、勤持不放逸；二、勤持正念。

癸一、勤持不放逸：

沙场老兵将，遇敌避锋向，
如是回惑刃，巧缚烦恼敌。

譬如，在沙场上久经百战、经验丰富的老将不会与敌人针锋相对，以避免利刃击中自己，再反过来摧毁对方。同样，应当回避烦恼利刃，巧妙缚住一切烦恼，使其无法再度加害。

癸二、勤持正念：

战阵失利剑，惧杀疾拾取，
如是若失念，畏狱速提起。

例如，在战场上失落锋利的剑时，惊恐万分会疾速拾起。同样，如果丧失正念的兵器，就会忘失对治，当想起地狱的恐怖便会迅速拾起正念的利刃。

壬二、断除罪过之方法分二：

一、不应出现罪业；二、出现罪业则制止。

癸一、不应出现罪业：

循血急流动，箭毒速遍身，

如是惑得便，罪恶尽覆心。

如果不慎中毒，那么毒就会依靠血流而遍及全身，同样，微乎其微的烦恼过失得到机会，依靠它深重的罪恶将逐渐弥漫内心。

如人剑逼身，行持满钵油，

惧溢虑遭杀，护戒当如是。

比如手持宝剑者让人携带装满芥子油的器皿上路，并威胁他说：如果途中一滴油溢出，就要杀死你。当时提油者由于畏惧而必须要全神贯注。同样，具戒者护持戒律也务必要如此小心谨慎。

癸二、出现罪业则制止：

复如蛇入怀，疾起速抖落，

如是眠懈至，警醒速消除。

如果稍稍出现过患，就会导致严重的危害发生，因此应当像怀中进入毒蛇急不可待站起抖掉一样，出现懈怠睡眠等时，要迅速加以制止。

每逢误犯过，皆当深自责，

屡思吾今后，终不犯此过。

虽然这般努力，但假设出现少许过患，那么每当犯错误之时，都应当自我谴责，并屡屡思维：无论如何我从今以后要尽心尽力做到不犯罪业。

壬三、成办同品之事：

故于一切时，精勤修正念，

依此求明师，圆成正道业。

尽可能不出现罪业，当出现的时候立即予以制止，总之于一切时分，依靠所谓精勤修习对治这一正念之心的此因来值遇彼因——善知识，或者圆满完成正道的大业。关于正道，《大疏》中解释为获得正道业，意思是说以通过善知识教诫，为了从堕罪中解脱，根除罪业，而欲求修成正道。

辛三、主宰自己：

为令堪众善，应于行事前，

忆教不放逸，振奋欢喜行。

如絮极轻盈，随风任来去，

身心若振奋，众善皆易成。

不管做任何一件善事，首先要具备精进行持这所有善法的能力，并要忆念不放逸的一切言教，自己振作精神，极为欢喜而行持。其必要是，就像极其轻飘的柳絮随风驾驭而来来去去一样，心喜善法而运用自如驾驭身体与语言，如此一来，所有善法轻而易举即可成办。

第七品释终

第八品　静虑

丁四、静虑分三：

一、以连接方式教诫修禅；二、断除违品；三、谨持对治。

戊一、以连接方式教诫修禅：

发起精进已，意当住禅定。

如是通过闻思等途径对入定方法等发起精进心，之后心应入定于一缘专注的等持中。如《学集论》中云："当闻所受法，后住森林间。"

戊二、断除违品分二：

一、略说；二、广说。

己一、略说：

心意涣散者，危陷惑牙间。
身心若寂静，散乱即不生，
故应舍世间，尽弃诸俗虑。

若问：如果不安住于等持中，后果将如何呢？心思旁骛外散之人住于烦恼的利齿之间，显然很快就会被它所毁。

若又问：那么，依靠什么才能断除散乱呢？身心寂静就不会产生散乱的现象，因此应当舍弃俗世的愦闹而使身寂静，完全抛弃欲望等妄念从而使心寂静。

己二、广说分二：

一、离俗世；二、弃妄念；

庚一、离俗世分二：

一、从过患角度教诫远离愦闹；二、从功德角度教诫依止静处。

辛一、从过患角度教诫远离愦闹分二：

一、生起当断之心；二、修持断除之法。

壬一、生起当断之心：

贪亲爱利等，则难舍世间，

故当尽弃彼，随智修观行。

有止诸胜观，能灭诸烦恼，

知已先求止，止由离贪成。

由于贪恋有情、爱著利养等而不能舍弃红尘俗世，想要断除烦恼的智者一定要抛弃这些贪爱，如是而修行止观。如《经庄严论》中云：“依于真安住，法性住心中，抉择正法故，即是止与观[34]。”具足一缘安住心之法性的寂止，由彼所生或与之双运现证法性的胜观能从根本上摧毁烦恼，了知这一道理后首先应当寻求寂止，而寂止也是依靠不贪世间且以欢喜心成就的，并不是依靠其他成就的。

壬二、修持断除之法分三：

一、断除贪执内有情；二、断除贪执外资具；三、断除贪无能为力之他利。

[34] 唐译：安心于正定，此即名为止，正住法分别，是名为观相。

癸一、断除贪执内有情分二：

一、贪执之过患；二、所贪对境之过患。

子一、贪执之过患：

自身本无常，犹贪无常人，

纵历百千生，不见所爱人。

自身本来就是无常的本性，反而还要贪执无常的亲人，以这种贪执导致，纵然历经成百上千生世也见不到所喜爱的人，因为恶业必将产生不欲的果报。

未遇则不喜，不能入等至，

纵见不知足，如昔因爱苦。

如果没有亲眼看见所爱之人，就会心情忧郁，不能入定，即使见到也心不满足，依然如故因为贪爱他而遭受折磨。

若贪诸有情，则障实性慧，

亦毁厌离心，终遭愁叹苦。

若心专念彼，此生将虚度。

如果贪著有情，则会遮障现见真实义，并且能毁灭厌离心，被与之最终分离的忧愁所逼而哀叹苦恼。如果一门心思专注在亲人身上而消磨时光，不修持善法，结果将毫无意义地虚度此生。

子二、所贪对境之过患分二：

一、耽著凡夫非为所依；二、如何相应时机而交往。

丑一、耽著凡夫非为所依分三：

一、略说；二、广说；三、摄义。

寅一、略说：

无常众亲友，亦坏真常法。

行为同凡愚，必堕三恶趣，

令入非圣境，何需近凡愚？

善天尊者解释说：无常的亲密友人也能毁坏作为永恒解脱之因的正法。所谓“凡愚”有与老者、圣者与智者相对立的三种，这里是指后两者，其中最主要是指后者。因为行为如果与凡夫愚者同流合污，必将堕入恶趣，令我们与圣者缘分不同，也就是使我们不能跟随圣者而被引领到他道，那么依止凡愚又有何用呢？

寅二、广说分二：

一、我于彼无利；二、彼于我无利。

卯一、我于彼无利：

刹那成密友，须臾复结仇，

喜处亦生嗔，凡夫难取悦。

凡夫人彼此一瞬间成为亲密朋友，顷刻间也会反目成仇，甚至对于欢喜之处奉行善法也会嗔恨，因此凡夫实在难以取悦。

忠告则生嗔，反劝离诸善，

若不从彼语，嗔怒堕恶趣。

对他宣说有利的正法，他也生嗔，非但不接受，反而令自己离开有利的正法，如果不对他们言听计从，便会怒气冲冲，以此他们也会堕落恶趣中。

卯二、彼于我无利：

妒高竞相等，傲卑赞复骄，

逆耳更生嗔，处俗怎得益？

对比自己高的人妒心大发，与自己平起平坐的人奋力竞争，在不如自己的人面前，就摆出一副盛气凌人的架势；受到赞叹，就会骄傲自满，如果听到逆耳之语，便会生起嗔恚。交往凡夫能得到什么收益呢?

伴愚必然生，自赞毁他过，

好谈世间乐，无义不善事。

非但得不到利益，而且如果与凡夫愚者相处，那么必定会产生自赞毁他、喜爱轮回、贪执轮回的闲言碎语等不善业。

寅三、摄义：

是故近亲友，徒然自招损，

彼既无益我，吾亦未利彼，

故应远凡愚。

由此可见，交往亲友等他众只能毁坏自己而已。他们未曾利益我，我也未能饶益他们，因而我们应该远离凡夫。如《本生传》中云：“殊胜之我劝君你，永不见闻诸凡愚，永远不与彼交谈，不受交凡生忧苦。”

丑二、如何相应时机而交往：

会时喜相迎，亦莫太亲密，

善系君子谊。

当相遇之时，要以欣喜的姿态令他高兴，与他人的关系不过于亲密，只是平平淡淡，最好结成不亲不怨的君子之交。

犹如蜂采蜜，为法化缘已，

如昔未谋面，淡然而处之。

就像蜜蜂采蜜不贪恋花而从中取出蜜一般，除了为正法善说或修法的法行等外出化缘之外，与所有人都以素昧平生的方式淡然相处。

癸二、断除贪执外资具分二：

一、由贪生苦；二、贪境无实质。

子一、由贪生苦：

吾富受恭敬，众人皆喜我，

若持此骄傲，殁后定生惧。

我如果怀有“我备受人们的恭敬爱戴，拥有丰厚的利养，众人都喜欢我”的傲慢心态，那么以此为因死后必然会生起怖畏，《弥勒狮吼经》中云：“以利养恭敬、亲友、施主、智者或贤者这四缘生起骄慢，则为速堕地狱之因。”

故汝愚痴意，无论贪何物，

定感苦果报，千倍所贪得。

故智不应贪，贪生三途怖。

因此，愚昧的心你无论贪执利养等什么事物，最终都将感受千倍于所贪之利等总和的痛苦。所谓“合计”的意思是说利养等成为痛苦与痛苦之因。因而智者对一切都无所贪执，因为贪执中会生畏惧之故。

子二、贪境无实质分二：

一、利养等无常；二、喜赞忧毁不合理。

丑一、利养等无常：

应当坚信解，彼性本应舍。

纵吾财物丰，令誉遍称扬，

所集诸名利，非随心所欲。

我们要对利养等的自性确定无疑是所该舍弃的事物这一点坚信不移，彻底认清。

纵然我利养丰富，美名远扬，名闻利养样样齐全，但并不能随心所欲地支配，死亡的时候这些也不能跟随自己。

丑二、喜赞忧毁不合理：

若有人毁我，赞誉何足喜？

若有人赞我，讥毁何足忧？

如果有他人诋毁我，那么某人的赞叹有什么令我欢喜的呢？因为有障碍欢喜的事物存在着。如果有其他人称赞我，那么某人的讥毁又有什么令我不悦忧伤的呢？因为有障碍忧伤的事物存在着。

癸三、断除贪无能为力之他利：

有情种种心，佛亦难尽悦，

何况劣如我，故应舍此虑。

有情的信解千差万别，甚至佛陀也无法一一取悦，如善星比丘等，那更何况说像我这样恶劣的人了，因此我们一定要放下交往俗人的念头。

睥睨穷行者，诋毁富修士，

性本难为侣，处彼怎得乐？

《大疏》中解释说：凡愚如何难以取悦呢？一切凡夫众生，对于无有利养的清贫行人藐藐轻视，对于财产丰厚的富裕行者也是说刺耳的话加以诋毁，无论如何也不满意，自性本来难以相处的这些凡夫人，他们的欢喜心怎么会依靠我而生起呢？

如来曾宣示，凡愚若无利，

郁郁终寡欢，故莫友凡愚。

不交往凡愚的原因何在呢？

一切善逝都曾经这样开示说：作为凡夫，如果自己没有胜过他众，心中就会闷闷不乐，因此切莫与任何凡夫为友。《入诸善逝行境经》中云："如处猛兽中，永无欢喜心，如是依凡愚，亦永不欣乐。”

如果有人认为，这样一来，就与所说的菩萨唯一行利众之事相违了。

并不相违。前面是从不失毁自己而利他的角度而言的，这里则是从与之相反的方面来说的，虽然不能直接利益他众，但以利他的意乐奉行善法实际上也没有舍弃利他。如云：“虽无力利他，彼意乐恒行，何者具彼心，彼实行利他。”

辛二、从功德角度教诫依止静处分三：

一、于静处生欢喜；二、断除于彼不喜之因；三、教诲依止静处。

壬一、于静处生欢喜分四：

一、向往静处之友伴；二、向往静处之住所；三、向往静处之受用；四、向往心之功德。

癸一、向往静处之友伴：

林中鸟兽树，不出刺耳音，

伴彼心常乐，何时共安居？

寂静的林间有亲密的友伴飞禽走兽及茂密树林，这些不会发出刺耳的声音，与它们相依为伴，将安乐无比，什么时候才能与它们共同居住呢？对此心中羡慕不已。

癸二、向往静处之住所：

何时住树下，岩洞无人寺，

愿心不眷顾，断舍尘世贪？

什么时候才能居于岩洞或空无一人的殿堂或者树下，抛弃以往的家庭等尘世，不再眷恋？

何时方移栖，天然辽阔地，

不执为我所，无贪恣意行？

什么时候我才能义无反顾、无有挂碍居住在谁也未执为我所、天然广阔的地方，不依赖任何人而自由自在、无牵无挂地修行？

癸三、向往静处之受用：

何时居无惧，唯持钵等器，

匪盗不需衣，乃至不蔽体？

什么时候我才能居住在静处，只是持有土粉制成的钵盂等菲薄资物，身着众人均不需要的粪扫衣，不必顾及身体，甚至对这些受用未作隐藏，不遮掩身体，也无所畏惧？

癸四、向往心之功德：

何时赴寒林，触景生此情：

他骨及吾体，悉皆坏灭法。

什么时候我才能去往尸陀寒林而如是观想并通达：他人以前的骨骼与我的这个身体一模一样均是最终坏灭的有法。

壬二、断除于彼不喜之因：

吾身速腐朽，彼臭令狐狼，

不敢趋前尝，其变终至此。

不喜欢静处的原因就是贪著自他，所以要断除它。我的这个躯体最终必将变成这副情形：腐烂不堪，散发出的臭气甚至令寻肉的狐狸也不愿趋近跟前，更何况他众了。因而身体不是我们该贪执的对境。

孑然此一身，生时骨肉连，

死后各分散，何况是他亲？

与生俱来骨肉相连的这个独立身体最后尚且也会支离破散，其他亲友相互别离更不必说了，最终与这两者都将分离。

生既孤独生，殁复独自亡，

苦痛无人摊，亲眷有何益？

初生之时自己是孤身一人降生，死亡之际也将孤零零独自死去，我的痛苦他人无法代受，障碍善法的亲友有什么利益呢？这一偈说明亲友于己无有利益。

如诸行路客，不执暂留舍，

如是行有道，岂应恋生家？

譬如，行途中的旅客们都是离开一个住处又执著另一个住舍，不会贪著暂时的落脚处。同样，踏上三有道路的众生也将离开一个生处而去另一个处所，身体与亲友也都不固定是我所，因此要断除对这一切的贪执。

壬三、教诲依止静处：

迨及众亲友，伤痛及哀泣，

四人掮吾体，届时赴林间。

如果有人问：有教诫说在还没有到世间亲友等悲痛伤心，四人将自己的身体从家里抬到尸陀林之前一定要去往林间。前往那里有何必要呢？

无亲亦无怨，只身隐山林，

先若视同死，殁已无人忧。

四周既无人，哀伤或为害，

故修随念佛，无人扰令散。

与谁也不亲，与谁也无怨，只身一人居于寂静处，亲戚朋友等看待我好像早已死去了，这样一来，即使在真正死亡的时候也无人忧伤，又没有人在跟前被死亡的忧愁伤害，如此我也不会有因为见到忧伤者而心情不悦的现象，以此可行持随念佛陀等一切善法，对此也不会有人搅扰得心烦意乱。

故当独自栖，事少易安乐，

灵秀宜人林，止息众散乱。

宣说完静处功德后，接下来教诲居于林间静处：因此应当只身一人住在环境幽雅、琐事鲜少、舒心悦意、能息三门一切散乱的林间。

庚二、弃妄念分二：

一、略说；二、广说。

辛一、略说：

尽弃俗虑已，吾心当专一，

为令入等至，制惑而精进。

心除了思维善法以外放下一切，如云：“他我迷乱否，或他作未作，皆不应观察，观自入定否。”只是一心一意、千方百计使我的菩提心增上，为了以寂止入定、以胜观调柔必须百般精进。

辛二、广说分二：

一、于欲妙生起厌烦；二、于静处生起欢喜。

壬一、于欲妙生起厌烦分三：

一、观察果报可怕；二、观察本体不净；三、观察因有害。

癸一、观察果报可怕：

现世及来世，诸欲引灾祸，

今生砍杀缚，来世入地狱。

无论对于今生或来世，欲妙都会带来灾难，今生中依靠欲妙之因而遭杀、被缚、

受害，来世也是堕入地狱等处。《胜月女授记经》中云：“欲妙之奴遭剖剁，砍头挖眼断手足，贪欲令堕众生狱，令转饿鬼与旁生。”《方广庄严经》中云：“我知妙欲诸过患，争论怀恨忧苦根，如同可怖之毒叶，如火亦如利剑刃。”

癸二、观察本体不净分二：

一、以同离命故观彼不净；二、观察具命而观彼不净。

子一、以同离命故观彼不净分六：

一、无有所贪之法；二、以贪而视不应理；三、以嫉妒保护不应理；四、恭敬供养不应理；五、欣喜接触不应理；六、以贪拥抱不应理。

丑一、无有所贪之法：

月老媒婆前，何故屡恳求？
为何全不忌，诸罪或恶名？

为什么以前为了逢遇女人而百般恳求男女媒人，全然不顾及所有罪业或恶名？

纵险吾亦投，资财愿耗尽，
只为女入怀，销魂获至乐。
除骨更无余，与其苦贪执，
非我自主躯，何如趣涅槃？

哪怕是有丧命等危险的地方我也要进入并为此荡尽财产，如此而做只是为了怀抱女人尽情享乐。实际上这些女人也只是一堆骨锁而已，别无其余。与其如此贪恋并不能成为我自主与我拥有的这个女身，何不趋向涅槃呢？《念住经》中云：“女人祸害因，毁今生来世，若欲利己者，故当弃女人。”《大疏》中解释说：“只为女入怀……”这是从贪执其他女人而言，下文中的女人是从自己妻子方面来说的。

丑二、以贪而视不应理：

始则奋抬头，揭已羞垂视，

葬前见未见，悉以纱覆面。

《大疏》中解释说：最初为了看清她的容颜，而努力使她向上抬头，然而她却羞涩地向下垂视，在送往尸林（天葬）之前，死时的新媳妇无论他人见或未见，都是用面纱遮住她的脸，这是就印度大多数种姓的传统而言的。

昔隐惑君容，今现明眼前，

鹫已去其纱，既见何故逃？

昔日希望见到而迷惑你的那张面孔，如今明明摆在面前，尸林中的鹰鹫已扯去了她的面纱，既然已经见到，为何要惊慌失措逃跑呢？

丑三、以嫉妒保护不应理：

昔日他眼窥，汝即忙守护，

今鹫食彼肉，吝汝何不护？

以前，即便其他男士目视一眼你也竭力守护的那一身体，如今正在遭受啃食，此时此刻吝啬的你为何不加以保护呢？

丑四、恭敬供养不应理：

既见此聚尸，鹫兽竞分食，

何苦以花饰，殷献鸟兽食？

既然眼见这具骨肉聚合的尸体正被鹰鹫、豺狼等竞相吞食，你何苦以花鬘旃檀装饰品等供奉给别人的食物哟？

丑五、欣喜接触不应理：

若汝见白骨，静卧犹惊怖，

何不惧少女，灵动如活尸？

如果见到尸林中的白骨纹丝不动也令你如此惊恐害怕，那么为何不畏惧活着时起尸般由某种动机而行动的活尸呢？

丑六、以贪拥抱不应理：

昔衣汝亦贪，今裸何不欲？

若谓厌不净，何故拥着衣？

从前即便是用衣服遮掩皮肤也对此贪执的你，现在为何对裸体而露的肌肤不欲求呢？如果说讨厌没有遮掩的不净裸露的身体，那么为什么要拥抱衣服包裹的身体呢？

子二、观察具命而观彼不净分三：

一、脏物现前；二、以推理决定；三、破彼清净相。

丑一、脏物现前分二：

一、贪分别之脏物不应理；二、谴责具迷乱者。

寅一、贪分别之脏物不应理分三：

一、破贪口水；二、破贪所触；三、破贪身肉。

卯一、破贪口水：

粪便与口涎，悉从饮食生，

何故贪口液，不乐臭粪便？

如果说：喜爱女人的口水。

实际上粪便与口水都是由饮食这同一因产生的，既然如此，为何不喜爱这两者

中的粪便而单单喜欢女人的口液呢？

卯二、破贪所触：

嗜欲者不贪，柔软木棉枕，

谓无女体臭。彼诚迷秽垢。

迷劣欲者言：棉枕虽滑柔，

难成鸳鸯眠。于彼反生嗔。

如果说：喜爱女人的柔软所触。

既然如此，为何不贪执柔软的木棉枕。

如果说：之所以不喜欢接触有柔和感的木棉枕是由于它不会像女人一样散发出恶臭体味。

具贪欲者的你为什么对不净物竟然如此痴迷？

愚昧恶劣的具贪者这样说道：接触木棉枕虽有柔滑的感觉，却不能成为共享美眠者。由于对木棉枕甚至会起嗔怒，因此你贪执的根本不是所触，只是贪恋不净物而已。

若谓厌不净，肌腱系骨架，

肉泥粉饰女，何以拥入怀？

假设说对不净物没有贪恋，那么你为什么将骨骼连成、肉泥敷面的其他女人拥入怀抱中呢？

汝自多不净，日用恒经历，

岂贪不得足，犹图他垢囊？

你自己的身体本来就具有许多不净物，对此你恒常享用，为何还要贪婪地希求其他女人的肮脏臭皮囊呢？

卯三、破贪身肉：

若谓喜彼肉，欲观并摸触，

则汝何不欲，无心尸肉躯？

如果说：我不喜欢木棉枕等，而喜爱这个女人的柔嫩身肉。

假设只是想触摸观看她的肉，那你为何不希求死后无心自性的尸体肉呢？

所欲妇女心，无从观与触，

可触非心识，空拥何所为？

如果说：由于尸体无有心，因而不希求。

看来你所欲求的是心，而并不是所触与色相，所以无法触摸与观看，因为能接触与观看的那个身躯并不是心识，你拥抱实际不存在的躯体有什么用呢？

寅二、谴责具迷乱者：

不明他不净，犹非稀奇事，

不知自不净，此则太稀奇！

不了解他人身体是不净的本性倒也没有什么值得大惊小怪的，而不知道自己的身体为不净的真相实在太稀奇了。

汝执不净心，何故舍晨曦，

初启嫩莲花，反着垢秽囊？

如果说：身体虽然具有不清净的部分，但对于具足圆满颜色、形状、味道、所触这些方面才贪执。

这样一来，离云的阳光所开启的新鲜莲花也具足这些，你为何舍弃它反而以贪执不净的心态去喜爱肮脏的皮囊呢？

丑二、以推理决定分三：

一、以因果决定不净；二、以作用决定不净；三、以比喻决定不净。

寅一、以因果决定不净分二：

一、真实宣说；二、呵责贪彼。

卯一、真实宣说：

若汝不欲触，粪便所涂地，
云何反欲抚，泄垢体私处？

身体是不净之因：如果你不愿意接触粪便等不净物所染污的地方，那么为何反而愿意触摸产生不净物的身体私处呢？

若谓厌不净，垢种所孕育，
秽处所出生，何以搂入怀？

身体是不净之果：如果说对不净物没有贪执，那么你为何要将不净的母胎中出生、由父母不净种子精血孕育出来、依靠母亲所吃食物等肮脏物而形成的其他女身搂抱入怀呢？

粪便所生蛆，虽小尚不欲，
云何汝反欲，垢生不净躯？

由肮脏粪便中生出的不净蛆虫虽然很小，但你却不希求，为什么反而欲求许多不净物自性污秽身体所生出的庞大身躯呢？

卯二、呵责贪彼：

汝自不净身，非仅不轻弃，
反因贪不净，图彼臭皮囊。

如果说：我自己的身体也本是如此，为何不希求她呢？就像夜叉与食子一样。

你本该轻视自己的不净身体，可是非但不轻视，反而由于贪恋你自己的肮脏臭皮囊还要欲求其他的臭皮囊，这实在不应理。

寅二、以作用决定不净：

宜人冰片等，米饭或蔬菜，
食已复排出，大地亦染污。

无论是合意的冰片等还是可口的米饭、蔬菜这些清净的东西吃进口中后再排泄出来就连大地也会被污染，更何况说导致如此后果的身体了。

寅三、以比喻决定不净：

垢身浊如此，亲见若复疑，
应观寒尸林，腐身不净景。

如果目睹身体这般不清净仍旧生起怀疑，那么就应当去观看扔在尸林中不净尸体的场面。

皮表迸裂尸，见者生大畏，
知已复何能，好色生欢喜？

见到表皮裂开也会生起极大畏惧的人们知道（这一真相）后怎么还能对不净的躯体生起欢喜心呢？

丑三、破彼清净相分三：

一、以他功德贪身不合理；二、身体本性不应贪执；三、喜彼不应理。

寅一、以他功德贪身不合理：

涂身微妙香，旃檀非她身，
何以因异香，贪著她身躯？

如果说：由于女人具有旃檀等熏染的芳香，因而贪恋她的身体。

涂在身体上的香气是旃檀等的功德而不是她身的功德，为何要以其他物品的香

味而贪恋女人的身体呢?

身味若本臭，不贪岂非善?

贪俗无聊辈，为何身涂香?

假设贪执气味，那么这个身体自性本是臭恶的，不贪恋它难道不是最好吗?贪爱无聊庸俗之事的人们为何偏偏要在身体上涂抹香水呢?

若香属旃檀，身出乃异味，

何以因异香，贪爱女身躯?

如果说：尽管本来不具有芳香，但涂抹后会变得香气扑鼻，因而贪恋她。

如果那香味是属于旃檀的，身体又怎么会散发出香气呢?根本不会散发。既然不会散发，你为什么以他物的气味而贪执女人的身体呢?

寅二、身体本性不应贪执:

长发污修爪，黄牙泥臭味，

皆令人怖畏，躯体自本性，

如伤己利刃，何故勤擦拭?

假设对身体的本来面目丝毫不做修改，就是长长的乱发、修长的指甲、具有污垢的黄黄牙齿、汗泥染污的赤裸可怖的身躯，为何要苦苦贪著它呢?这就像擦拭伤害自己的兵器一样，为什么要苦苦地清洁、修饰自己的身体呢?

寅三、喜彼不应理:

自迷痴狂徒，呜呼满天下!

可悲啊!由于痴迷自己的不净身体而毫无意义地为了它的清洁付出辛苦，被烦恼迷醉的疯狂之辈充斥遍满了整个大地。

寒林唯见骨，意若生厌离，

岂乐活白骨，充塞寒林城?

如果这些人见到尸林中的唯一白骨而生起厌离，那么由这样的动机驱使，还会喜欢活动的骨锁遍布的尸林城吗？根本不应当喜欢。

癸三、观察因有害分二：

一、略说；二、广说。

子一、略说：

复次女垢身，无酬不可得，

今生逐尘劳，彼世遭狱难。

如此污浊不堪的女人无有资本也是得不到的，为了她要奔波积财，即生中也是忙得团团转，搞得精疲力竭，来世还要遭受地狱等痛苦的灾难。

子二、广说分二：

一、无有享用欲妙之机会；二、与他罪相联。

丑一、无有享用欲妙之机会：

少无生财力，及长怎享乐？

财积寿渐近，衰老欲何为？

孩提时代没有能力积攒获得女人的钱财，到了壮年时没有得到又怎么能享乐呢？之后一直为了财产等辛苦奔波，在这期间人生将至尽头，等到老态龙钟以后，欲妙又有什么用呢？那时根本无力享受。

多欲卑下人，白日劳力竭，

夜归精气散，身如死尸眠。

再者，有些具有欲望的下劣之辈白天忙忙碌碌，疲惫不堪，到了晚上回到家中后疲劳的身体就像尸体一般睡卧下去，根本无法享受欲乐。

或需赴他乡，长途历辛劳，

虽欲会娇妻，终年不相见。

有些人由于长途跋涉而折磨得心身憔悴，远离自己的家乡，苦不堪言，虽然想念娇柔的妻子，却常年不能相见，更何况说享受欲乐了。

丑二、与他罪相联分六：

一、获得身苦；二、阻碍解脱机会；三、以比喻说明过患；四、空耗暇满；五、痛苦无义；六、痛苦无法比拟。

寅一、获得身苦：

或人为谋利，因愚卖身讫，

然利犹未得，空随业风去。

本想自己得利，但由于对方法一窍不通，而为了妻子、生计等贩卖自己的身体，实际上并没有从中获利，对自己没有其他利益，只是随着妻子等业风不由自主而去，今生来世都极为痛苦。

或人自售身，任随他指使，

妻妾纵临产，荒郊树下生。

有些人把自己的身体出卖给别人当奴仆，身不由己地受他人役使，即便是妻子临产时，也没有自己的家，而是在树下荒郊野处等随处而生，饱尝苦痛。

欲欺凡夫谓：求活谋生故，

虑丧赴疆场，为利成佣奴。

被欲望所欺惑的愚夫说：“为了生存，我必须要去战争，这样才能养家糊口。”于是他们一边担忧送命一边赴往战场。还有的人为了谋利而去做他人的奴佣。

为欲或丧身，或竖利戈尖，

或遭短矛刺，乃至火焚烧。

此外，贪欲之因使那些欲壑难填的人，有的身体被斩断，有的被穿在利戈尖端上，有些被短矛所刺，有些被烈火焚烧，这些也是随处可见的。

寅二、阻碍解脱机会：

积护耗尽苦，应知财多祸，

贪金涣散人，脱苦遥无期。

以积累、守护、耗尽财产的苦恼所害，为此，我们一定要认识到财产是无边祸殃的根源，贪财散乱的人们无有从三有痛苦中解脱的机会。

寅三、以比喻说明过患：

贪欲生众苦，害多福利少，

如彼拖车牲，唯得数口草。

对于具有贪欲者来说，上述的过患可谓多如牛毛，而福利却微乎其微，就像拉车的牲畜只能得到几口草料。

寅四、空耗暇满：

彼利极微薄，虽畜不难得，

为彼勤苦众，竟毁暇满身。

轻而易举可以办到的微薄之利，牲口来办也不成问题。《致弟子书》中云："善逝依道引众生上路，具大心力之人能获得，天龙非天大鹏持明者，人耶非耶[35]大腹不得彼。"正如这其中所说，具有能修持菩提的圆满功德并且来之不易的暇满人身，往往被那些由往昔业力所牵而不知取舍的人们白白地浪费掉。

[35] 人耶非耶：即人非人，天龙八部化作人形在佛前听法，似人而非人，故而得名。

寅五、痛苦无义：

诸欲终坏灭，贪彼易堕狱，

为此瞬息乐，须久历艰困。

欲望自之本体必将坏灭，并具有能使人堕落地狱等过患，为了毫无大利、只是瞬间安乐的它居然要恒时饱经痛苦折磨的莫大艰辛。

彼困千万分，便足成佛道，

欲者较菩萨，苦多无菩提。

如果把为了欲望的这份艰辛千百万分之一用在修持正法上，也足可以成就佛果，然而具贪欲者所受的痛苦要比行持菩萨行者大得多，却并没有依此而成就菩提果的。

寅六、痛苦无法比拟：

思维地狱苦，始知诸欲患，

非毒兵器火，险地所能拟。

如果思维贪欲的果报地狱等痛苦，那么兵刃、毒害、烈火、险地以及怨敌这一切都无法比拟。

壬二、于静处生起欢喜分二：

一、略说连接文；二、广说。

癸一、略说连接文：

故当厌诸欲，欣乐阿兰若。

综上所述，我们必须对欲妙生起厌烦之心而对寂静处生起欢喜之情。

癸二、广说分二：

一、圆满之特点；二、安乐之特点。

子一、圆满之特点：

离诤无烦恼，寂静山林中，
皎洁明月光，清凉似檀香。
倾泻平石上，如宫意生欢。
林风无声息，徐徐默吹送。
有福瑜伽士，踱步思利他。

既没有外界的争论，也没有内心的烦恼，又无有盗匪等威胁的寂静林间，有缘的菩萨就像国王在檀香涂敷的王宫中散步，或者伴着皎洁的月光、檀香散发出的清凉，在宽阔平坦、舒心悦意的石洞宫殿里，享受别人掸动有宝柄之扇子的悠闲一般。林中悄无声息，柔和的林风徐徐吹送，具有福德的瑜伽行者一边缓缓踱步，一边心中思维利益他众之事。

子二、安乐之特点：

空舍岩洞树，随时任意住，
尽舍护持苦，无忌恣意行。

在空无一人的房室、树下、岩洞中可以随心所欲而安住，远离执著守护欲妙的痛苦，无忧无虑、悠然自得而修行。

离贪自在行，谁亦不相干，
王侯亦难享，知足闲居欢。

随自己的心愿自由自在行持，对一切资具无有贪执，与任何众生都无有牵连，享受知足少欲的快乐，这样的快乐恐怕连帝释天王也难以得到。如《致弟子书》中云："皎洁圆满月轮作庄严，山腰飘带雨云层层现，山顶森林之中无贪著，如风飘动终生大缘分，森林野兽成群而栖息，美丽悦意之地遍快乐，如此欢喜林园天界中，自然石板妙处岂具有？"前面讲述了对身寂静生起欢喜心，这里讲述了对心寂静生

起欢喜，因而不会有重复的过失。

戊三、谨持对治分三：

一、总说连接文；二、修世俗菩提心；三、修胜义菩提心。

己一、总说连接文：

远离诸尘缘，思彼具功德，
尽息诸分别，观修菩提心。

以上述等方式思维静处功德后，接下来就要息灭一切欲望等分别妄念，观修菩提心。

己二、修世俗菩提心分三：

一、自他平等；二、自他相换；三、共同之事宜。

庚一、自他平等分三：

一、教诫修自他平等；二、广说修法；三、摄义。

辛一、教诫修自他平等：

首当勤观修，自他本平等。

世俗菩提心分为二，首先要集中精力修自他平等。如果不具备自他平等的菩提心，就无法生起利他的清净心。

辛二、广说修法分二：

一、真实宣说修法；二、功德。

壬一、真实宣说修法分三：

一、略说；二、广说；三、摄义。

癸一、略说：

避苦求乐同，护他如护己。

众生与我同等理当护持，因为希求快乐、不愿受苦这一点众生与我一模一样。

癸二、广说分二：

一、能生起平等心；二、理当生起。

子一、能生起平等心：

手足肢虽众，护如身相同，
众生苦乐殊，求乐与我同。

手足等分类虽然众多，但将它们执为一身而尽力爱护这一点完全相同。同样，尽管一切有情千差万别，然而他们由于耽著自己一身而想离苦得乐这一点与我完全相同。

虽我所受苦，不伤他人身，
此苦亦当除，执我难忍故，
如是他诸苦，虽不临吾身，
彼苦仍应除，执我难忍故。

如果有人问：自他的痛苦互相无害，因此如何能生起这样的心呢？《大疏》中对此回答道："虽说自己所生的痛苦不会伤及他众的身体，但实际上这样的痛苦也就是自己的痛苦，因为自己有我执而无法忍受彼苦之故。同样的道理，尽管他人的痛苦不会降临到自己的头上，然而，如果将他执为我，那么他的痛苦也就是我的痛苦，因为他以我执而难以堪忍彼苦之故。"实际上是说，应当生起了知将他执为我则他的痛苦与自己的痛苦也就无有差别这一智慧。

子二、理当生起分二：

一、安立因；二、成立周遍。

丑一、安立因分二：

一、对境苦乐相同；二、有境意愿相同。

寅一、对境苦乐相同：

吾应除他苦，他苦如自苦，
吾当利乐他，有情如吾身。

其他众生的痛苦，我理当遣除，是痛苦之故，如同我的痛苦一般；其他众生，我理当饶益，是众生故，如同我的身体一般。

寅二、有境意愿相同：

自与他双方，求乐既相同，
自他何差殊？何故求独乐？
自与他双方，恶苦既相同，
自他何差殊？何故唯自护？

任何时候自己与他众都同样希求快乐，自己与他众又有什么差别呢？为何不顾他众而只热衷于独自一人安乐呢？同理，任何时候，自己与他众都同样不愿痛苦，自己与他众又有什么差别呢？为何不顾他众而只爱护自己呢？这里是从希求相同的角度而言的，因此在取舍上没有差别。《大疏》中将此二偈颂安立前推理的能遍[36]

[36] 能遍：因明术语，概括众多部分概念的总体，如瓶，是概括金瓶、瓷瓶等一切瓶类的能遍，亦即金瓶、瓷瓶的总概念。

而讲解的。

丑二、成立周遍分二：

一、真实宣说成立周遍；二、断罪之答辩。

寅一、真实宣说成立周遍分二：

一、一异无实故互不护持之过；二、故当断除我执。

卯一、一异无实故互不护持之过分二：

一、时间相异之苦不护之过；二、对境相异之苦不护之过。

一、时间相异之苦不护之过：

谓彼不伤吾，故不护他苦，
后苦不害今，何故汝防护？
若谓当受苦，此诚邪思维，
亡者他体故，生者亦复然。

如果说：我的痛苦对自己有害，因此我当保护，他众遭受的痛苦对我无害，所以不保护他。

那么，未来的恶趣痛苦也没有损害到今生，你为何要保护呢？因为它明明对今生无害之故。

如果对方认为：那一痛苦虽然对今生无害，但我后来要感受，因此要防护。

这种将今生后世之蕴执为一体的分别念纯属是颠倒的，因为死亡以后今生显然也就成了他体，今生相对后世是他体，因而乃至前后刹那之间都可同样依此类推。

二、对境相异之苦不护之过：

若谓自身苦，应由自防护，

足苦非手苦，何故手护足？

如果说：任何时候，自身的痛苦应当由自己来保护，而不是由他者来保护。既然如此，脚的痛苦，为何要用手来保护呢？因为它不是手的缘故。

卯二、故当断除我执：

若谓此非理，执我故如此，

执自他非理，唯当极力断。

如果说：虽然这种做法不合理，但由于我执串习而有今生护后世、以手护足的心态才这么做的。

有些注释中对此回答说：实际上，无论是自己还是他众，不应理的地方都要尽心尽力予以断除。

寅二、断罪之答辩：

相续与蕴聚，假名如军鬘，

本无受苦者，谁复感彼苦？

既无受苦者，诸苦无分别。

如果说，虽然手、足，前、后世同是异体，但自己的前后世是同一相续，手足等是同一蕴聚，彼此保护的其他众生并非如此，因而不保护他们。

所谓的一相续实际上就像许多颗珠子穿在一起称一串念珠一样，所谓的一蕴聚也只不过像许多士兵聚集一起叫军队等一样虚妄，没有独立成实的本性。

再者，如若认为这些对境、时间虽然是异体，但能感受的人是一个，因此加以保护。既然受苦者不存在，那么谁在主宰这一痛苦呢？感受痛苦者无有，自他一切均无有差别，因而区分自他防不防护显然是不应理的。

癸三、摄义分二：

一、真实宣说摄义；二、遣除争论。

子一、真实宣说摄义：

苦故即当除，何需强区分？
不应有此诤，何需除他苦？
欲除悉应除，否则自如他。

因为是痛苦，故而他众的痛苦也需要遣除，只消除自己的痛苦而不解除他苦这般强制区分有何用呢？只愿意遣除自己痛苦的对方不应该争论说：痛苦与痛苦者都不存在，因而为何要遣除一切众生的痛苦？如果要解除自己的痛苦，那么理所应当解除一切痛苦，原因是若不解除他众的痛苦，则自己的痛苦也如其他众生的痛苦一样不应解除。安乐也可依此类推。

子二、遣除争论：

悲心引众苦，何苦强催生？
若愍众生苦，自苦云何增？

如果有人问：以悲心将其他众生的所有痛苦作为我所，如此一来，不是具有许多痛苦了吗？为何要策励激发这种痛苦呢？

作答：如果想到众生的地狱等痛苦，那么观待它而生悲悯，怎么会增多痛苦呢？绝不会增多。

一苦若能除，众多他人苦，
为利自他故，慈者乐彼苦。
妙花月虽知，国王有害意，
然为尽众苦，不惜殉自命。

即便是稍有痛苦，但慈悲者的一个痛苦能换来其他众生不受更多的痛苦，那么为了自己与他众，仁慈的菩萨必会欣然承受这一痛苦。例如，妙花月菩萨明知国王的害心，但没有去解除自己的痛苦而是毅然决然前往危险之处，依此而消除了许多众生的痛苦。《三摩地王经》中记载：善逝宝莲月现圣王教法末期，有一名为妙花月比丘与七千菩萨一同居于名为普贤林苑中。他以神通观察，结果发现若前去勇施国王珍宝皇宫说法，则数多含生将获得善趣与解脱，若未说法，则不得善趣与解脱。虽然明知国王会杀害自己，但他仍旧去往该处，于七日内不食，夜间转绕具善逝指甲之佛塔，白日前往宫中讲经说法，将数多那由他众生安置菩提，最终自己被国王所杀。事后国王也追悔莫及，将其遗骨作为灵塔供养。

壬二、功德：

如是修自心，则乐灭他苦，

恶狱亦乐往，如鹅趣莲池。

如此在相续中串修自他平等之人乐于息灭他众的痛苦，因此一经发现有息苦的方法，便会像天鹅喜爱莲花池一般趣入，纵然是无间地狱，也会前往。

有情若解脱，心喜如大海，

此喜宁不足？云何唯自度？

若问：解脱是大乐，因此我想自我解脱，而利他的快乐并不是大乐，为何要欣然趣入呢？

作答：如果能令一切有情从痛苦中解脱，那么这种喜乐如同无边大海一般，难道以如此的喜乐还不满足吗？只求独自解脱与之相比实在无有乐味，单是希求自我解脱有什么用呢？有些注释中也明示说：远离味道的安乐有何用呢？依靠利他的安乐，解脱也会顺便获得。如云："现行众生利，善逝自然得，由他转汝德，略说彼诗人。"

故虽谋他利，然无骄矜气，

一心乐利他，不望得善报。

因此，虽然菩萨行持利他之事，但无有自以为是、执为稀奇的心态，菩萨一心一意热衷于利他，而并不图异熟果报。

辛三、摄义：

微如言不逊，吾亦慎防护，
如是于众生，当习悲护心。

对于自身，纵然是微不足道出口不逊的区区小事，我也加以防护，同样，对于他众也应修习这种爱护心与悲悯心。

如亲精卵聚，本非吾自身，
串习故执取，精卵聚为我。
如是于他身，何不执为我？

如果认为：无法做到这样。《大疏》中驳斥说：就像以串习之力而将父母精卵聚合本不存在我的物质执为我一样，如果经过串修，为何不能对他众的身体执为我呢？完全能够执为我。

庚二、自他相换分二：

一、略说；二、广说。

辛一、略说：

自身换他身，是故亦无难，
自身过患多，他身功德广，
知已当修习，爱他弃我执。

如此一来，自身相换他身也无有困难，《大疏》中将这两句颂词摄于自他平等的范畴内，而此处是按照善天尊者的观点在自他相换中讲解。因此，了知自己或爱重自己的过患以及他众或爱重他众的如海功德后应当修习抛弃我执，而珍爱取受他

众之苦。

辛二、广说分二：

一、宣说法相；二、宣说事宜。

壬一、宣说法相分五：

一、代受他苦；二、舍弃自己；三、自他为主之功过；四、自他不相换之过患；五、摄义。

癸一、代受他苦分三：

一、代受他苦应理；二、退失不应理；三、摄义。

子一、代受他苦应理分四：

一、理当代受；二、能够代受；三、彼之功德；四、教诫代受。

丑一、理当代受：

众人皆认许，手足是身肢，
如是何不许，有情众生分？

如果认为将许多不同的众生执为一我是不合理的。其实这是合理的，就像本是身体支分的手等许多肢体承许为一身一样，有情是一切众生的分支，因此为何不将他们许为众生一体而一取一舍呢？道理相同之故。

丑二、能够代受：

于此无我躯，串习成我所，
如是于他身，何不生我觉？

若想：道理虽然相同，但生不起来这样的心。既然由于长久串习，对本来无我的这个身体也能执为我而产生是我的概念，如是对他众的身体串习为何不能生起是我的念头呢？

丑三、彼之功德：

故虽谋他利，然无骄矜气，

如人自喂食，未曾盼回报。

如果对其他众生起我的概念，那么虽然行持利他之事，也不会产生自以为是、洋洋自得的傲气，就像自己吃食物不会希求回报一样也不会有图报之心。

丑四、教诫代受：

微如言不逊，吾亦慎防护，

如是于众生，当习悲护心。

从道理与功用方面来说他众均具有功德，纵然是微乎其微如出言不当的事，我也要小心翼翼慎重防护，同样，对于他众也要这样来修爱护心与慈悲心。《释论》中说：悲心与护心重复，因而此处应该是说要修习慈护心。

怙主观世音，为除众怖畏，

涌现大悲心，加持自圣号。

由于极度串习慈悲心，怙主观世音菩萨以大悲心甚至为了消除众生小至在轮回中害怕的恐惧感，也是加持自己的名号，使得仅仅听闻到此名号，便能得到庇护。《华严经》中云："忆念三次我之名号者，愿彼于轮回中无有恐怖感。"

子二、退失不应理：

闻名昔丧胆，因久习近故，

失彼竟寡欢，知难应莫退。

若想：虽说功德巨大，也有能力，但还是极为困难。

我们不应当因难而退，如果长久串习，那么就会变得轻而易举。因为通过如此的串习力，甚至与曾经闻名丧胆的众生朝夕共处，久而久之，一旦失去也会郁郁寡欢、闷闷不乐。

子三、摄义：

若人欲速疾，救护自与他，
当修自他换，胜妙秘密诀。

想迅速救护自己与他众脱离一切痛苦之人应当修行自他相换这一对非法器保密的胜妙窍诀。

癸二、舍弃自己分二：

一、现世生怖畏故当舍弃；二、后世生痛苦故当舍弃。

子一、现世生怖畏故当舍弃：

贪著自身故，小怖亦生畏。
于此生惧身，谁不似敌嗔？

由于贪执自己的身体，以致对微乎其微的险处也生起恐惧，因此对于产生一切畏惧的自身，具有智慧者谁不像怨敌一样嗔恨呢？

子二、后世生痛苦故当舍弃：

千般需疗除，饥渴身疾者，
捕杀鱼鸟兽，伺机劫道途。
或为求利敬，乃至杀父母，
盗取三宝物，以是焚无间。

有谁聪智者，欲护供此身？

谁不视如仇，谁不轻蔑彼？

有人为了解除自身的饥渴、治疗疾病等而捕杀飞禽走兽以及水中鱼类等，潜伏途中伺机抢劫别人的财产。或者，为了得到利养恭敬甚至杀害父母双亲、盗取三宝财物，依此导致在无间地狱中被焚烧。作为智者，谁还会由于喜爱身体而想保护它呢？谁还能不视之如仇、藐视轻蔑呢？理当视之如仇、藐视轻蔑。

癸三、自他为主之功过分二：

一、相之差别；二、果之差别。

子一、相之差别：

若施何能享？自利饿鬼道，

自享何所施？利他人天法。

声称"若施给他众自己享用什么"只考虑自利的人实际上是饿鬼的做法。"若自己享用，布施什么"这种考虑他利的念头正是善妙的天界法规。

子二、果之差别分三：

一、分别宣说；二、摄义；三、以实例说明。

丑一、分别宣说：

为自而害他，将受地狱苦，

损己以利他，一切圆满成。

如果为了自己而伤害他众，结果将在地狱等处遭受苦难；如果为了他众而损害自己，则能获得一切圆满之事。

欲求自高者，卑愚堕恶趣，

回此举荐他，受敬上善道。

只求自己凌驾于他人之上的人最终将一落千丈，堕入恶趣，成为种姓低贱、相貌丑陋、愚蠢之辈；相反，如果将高位让与他人，则投生善趣并受到敬仰承侍。

为己役他者，终遭仆役苦，

劳自以利他，当封王侯爵。

为了自己而差使他众的人，将感受被奴役当差的痛苦；如果为了利他而自己劳作，将获得拥有眷仆的君主达官之位。

丑二、摄义：

所有世间乐，悉从利他生，

一切世间苦，咸由自利成。

总而言之，凡是世间的安乐都是由希望他乐而生，世间的所有痛苦均来源于贪图自乐。

丑三、以实例说明：

何需更繁叙？凡愚求自利，

牟尼唯利他，且观此二别。

不需要更多繁多冗长地讲述此等理由，只要看一看凡夫愚者谋求自利、能仁佛陀唯一利他这二者的差别（便可一清二楚）。

癸四、自他不相换之过患分二：

一、真实宣说；二、教诫断除彼因。

子一、真实宣说分三：

一、未见之过患；二、可见之过患；三、摄义。

丑一、未见之过患：

若不以自乐，真实换他苦，

非仅不成佛，生死亦无乐。

如果没有以自己的安乐真实相换他者的痛苦，那么非但不能成就佛果，就是在轮回中也无法获得善趣的安乐。

丑二、可见之过患：

后世且莫论，今生不为仆，

雇主不予酬，难成现世利。

暂且不说后世不得安乐，就是在即生中，仆人不做事情、主人不给薪水，也无法成办现世的衣食和所需之事。

丑三、摄义：

利他能成乐，否则乐尽失，

害他令受苦，愚者定遭殃。

对苦乐之因愚昧不知、舍弃成办今生来世一切安乐之因——自他相换的人显然已抛弃了一切圆满快乐，而以害他的痛苦之因取受今生后世的难忍之苦。

子二、教诫断除彼因：

世间诸灾害，怖畏及众苦，

悉由我执生，此魔我何用？

世间中所有的损害、灾难、畏惧、痛苦都来自于我执，既然如此，那么造成一切伤害的这一大魔对我来说又有什么用途呢？理当遣除它。

我执未尽舍，苦必不能除，

如火未抛弃，不免受灼伤。

如果我执没有完全摈弃，就无法彻底断除痛苦，就像没有抛弃火就不可能解除被焚烧的危险一样。

癸五、摄义分二：

一、意乐；二、行为。

子一、意乐：

如为止自害，及灭他痛苦，

舍自尽施他，爱他如爱己。

珍爱执著自己是自他诸多损害与痛苦的根源，所以为了制止自己的危害、灭除他众的痛苦，将自己施舍予他，爱重他如同珍爱自己一般。

意汝定当知，吾已全属他，

除利有情想，切莫更思余。

心意你一定要知道：我已经完全归其他众生所属，从现在开始，你除了利益一切有情之外不要再胡思乱想其余之事。

子二、行为：

不应以他眼，成办自利益，

亦莫以眼等，邪恶待众生。

具有上述这种意乐的补特伽罗，眼等诸根万万不能只是着重成办自利，因为自己已经归属于他众。有些注释中将“眼”解释为手。眼或手等不能邪恶对待他众，因为已经施予他利。

故当尊有情，己身所有物，

见已咸取出，广利诸众生。

为此，我们应当以众生为主，见到自己的身体衣装等所欲之物要全部取出，尽己所能广利他众。

壬二、宣说事宜分二：

一、意乐；二、行为。

癸一、意乐分三：

一、略说；二、广说；三、摄义。

子一、略说：

易位卑等高，移自换为他，
以无疑虑心，修妒竞胜慢。

为了断除前面所说的对高者嫉妒、对平等者竞争、对下者傲慢的三种过失，而将低于自己等三者观为自己而将自己观成其余三者，以无有怀疑妄念之心再对低者修妒忌、对平等者修竞争、对高者修我慢。

子二、广说分二：

一、真实修法；二、彼之原因。

丑一、真实修法分三：

一、修嫉妒；二、修竞争心；三、修我慢。

寅一、修嫉妒分二：

一、于世间法嫉妒；二、于功德法嫉妒。

卯一、于世间法嫉妒：

蒙敬彼非我，吾财不如彼，

受赞他非我，彼乐吾受苦。

工作吾勤苦，度日彼安逸。

（将自己观想成高于自己之人，来修嫉妒心：）这位菩萨受到世人恭敬，而我却没有，我的财产也不如他，他被人赞叹，我却遭人谴责，他享受快乐，我却遭受痛苦。

我兢兢业业做事，而他却悠闲自在度日，他作为我、我作为他应当对他嫉妒。在修此等法时“自他”的一切名称交换都应如此了知。

卯二、于功德法嫉妒：

世间盛赞彼，吾之身名裂，

无才何所为？才学众悉有，

彼较某人劣，吾亦胜某人。

世人都称扬这位菩萨功德广大，我低劣无德，身败名裂，既然无有功德、才学，又能做什么呢？其实没有欲求我也具有众人所拥有的功德，因为具有自性功德如来藏，所以并非无有功德。此外，《大疏》中解释道：殊胜也是观待低下而安立的，因此与具大功德者相比，这位菩萨也是低劣，与某位下劣者相比，我也更为殊胜，因而高低不能一概而论。若问：既然这里是将自己看成低劣，那么观待何者而安立殊胜呢？虽然没有比一切下劣者都下劣的，但将自己看作下劣中个别人来修持，由于当时观待处成立，因此无有过失。

戒见衰退等，因惑而非我，

故应悲济我，困则自取受。

如果说从戒律失毁、见解退失等方面来看你比这位菩萨低劣。戒律与见解以及“等”字所包括的生活衰败，这些实际上都是由烦恼所感召的，并非受我控制，你既然承认是具有悲心者，因此应当竭尽全力救济我脱离这些衰败。如果已经救助了，

那么为此而历经的艰难险阻我也甘愿承受。

然吾未蒙济，竟然反遭轻，

彼虽具功德，于我有何益？

然而，我却并没有成为这位菩萨所救助的对境，他既然不能救济我，又为何自以为是贤善的菩萨而轻蔑我呢？他虽然具有功德，但若不能救护我，那对我来说他的功德又有什么用呢？因为这位菩萨自己虽是具功德者，却于我无益。

不愍愚众生，危陷恶趣门，

向外夸己德，欲胜诸智者。

此外该如是心怀嫉妒地说：对于由罪恶所牵趋近恶趣之门住于毒蛇、猛兽等口中的众生竟然无有悲悯之心，具有这种过患非但不承认是过患，反而向外炫耀自己是具功德者，还想与诸位智者抗衡，这实在不合理。因此说，你非但无有功德，反而具有许多过失。

寅二、修竞争心：

为令自优胜，利能等我者，

纵诤亦冀得，财利与恭敬。

关注与自己平等者而为了自己在利养等方面胜他一筹，纵然是依靠争论等手段也要从这位菩萨手中将财利恭敬等抢夺过来。

极力称吾德，令名扬世间，

克抑彼功德，不令世间闻。

无论如何，都要尽力使自己的功德光显于整个世间，而使谁也听不到他所具有的功德。

复当隐吾过，受供而非他，

今我获大利，受敬而非他。

想方设法隐瞒自己的过失，而暴露这位菩萨的所有过失，我试图自己受到众人

供养，而对他并非如是，我获得丰厚利养，而令他一无所得，我受到众人恭敬，而不让他受到爱戴。

吾喜观望彼，沦落久遭难，

令受众嘲讽，竞相共责难。

我怀着幸灾乐祸的心态观瞧着这位菩萨长期遭受痛苦，使他受到一切众生冷嘲热讽、交相谴责。

寅三、修我慢：

据云此狂徒，欲与吾相争，

财貌与慧识，种姓宁等我？

将自己看作高者后观想：据说这个烦恼深重的低劣之辈竟然想与我比试高低、一争雌雄，这个人无论从见闻、智慧、容貌、种姓、财产方面能与我平起平坐吗？

故令闻众口，齐颂吾胜德，

毛竖心欢喜，浑然乐陶陶。

要让他听到所有世界都在交口称赞我的功德远远胜过他，我因而汗毛竖立，心生欢喜，完全沉浸在这种欢乐之中。

彼富吾夺取，若为吾从仆，

唯予资生酬，其余悉霸取。

令彼乏安乐，恒常遇祸害。

虽然努力制止，但也无法阻挡，就算此人成为拥有利养等的富翁，但假设他无有我慢而甘愿为我做事，那么我也只给此人仅能维生的薪水，剩余的全部霸占为己有。这以上是有些注释中解释的。还要让这个人失去安乐，不仅如此，而且我要让他恒常灾难临头、痛苦不堪。

丑二、彼之原因：

彼为堕生死，百般折损我。

如果问：我为何这般憎恨这个人呢？

因为此人在轮回中于漫长的岁月、众多的地方曾经百般折磨、损害过我。

子三、摄义分三：

一、不修自他相换之过患；二、修自他相换之功德；三、是故教诫修自他相换。

丑一、不修自他相换之过患：

汝虽欲自利，然经无数劫，

遍历大劬劳，执我唯增苦。

心意你只追求自利，结果以前历经了无数劫，为了成办自利付出过何等的艰辛，你只是饱尝痛苦而已，因而理当断除自私自利的念头。

这以下“自他”的名称都归回原位。

丑二、修自他相换之功德：

是故当尽心，勤行众生利，

牟尼无欺言，奉行必获益。

因此，一定要通过自他相换的方式行持利他。释迦牟尼佛的教言无有欺惑地讲述了自他交换的功德，很明显，依此而行以后必能获得圣者果位。

若汝自往昔，素行利生事，

除获正觉乐，必不逢今苦。

假设你在以往就能奉行自他相换的事，那么，不可能得不到佛陀圆满安乐而落到感受如今痛苦的这般地步。

丑三、是故教诫修自他相换：

故汝于父母，一滴精血聚，

既可执为我，于他亦当习。

因此，就像你对于由父母的精血聚合物说是自己的身体执为我一样，对于其他众生也要如此修习。

癸二、行为分二：

一、行为修法；二、以行为主宰心。

子一、行为修法分三：

一、当利他；二、断除珍爱自己；三、摄义。

丑一、当利他：

应为他密探，见己有何物，

悉数尽盗取，以彼利众生。

我应当作为他众的大密探，观察自己在做什么，作为侦探以后就要看自身有什么所需的物品，全部抢夺过来，你应当以此利益他众。

丑二、断除珍爱自己分三：

一、以意乐自我嫉妒；二、以行为代他苦；三、以心行置低位。

寅一、以意乐自我嫉妒：

我乐他不乐，我高他卑下，

利己不顾人，何不反自妒？

我快乐无比，他闷闷不乐，我高高在上，他低三下四，我行持为一己私利的善业，

而全然不顾及他众，为什么不反过来妒忌自己呢？

寅二、以行为代他苦：

吾当离安乐，甘代他人苦。

我应当远离安乐，甘心情愿代受他众的所有痛苦。

寅三、以心行置低位：

时观念起处，细察己过失。

他虽犯大过，欣然吾顶替，

自过纵微小，众前诚忏悔。

时时应当观自己的心念处于什么状态，扪心自问自己犯了什么罪过，观察自己的过失，纵然他人犯了罪，也要转为自己的过失，即使自己只是做了一件微不足道的错事也要在大庭广众前诚心忏悔承认说“我有此种罪过”。

显扬他令誉，以此匿己名，

役自如下仆，勤谋众人利。

特别宣扬他人的功德声誉，以此埋没自己的名声，隐含不露，自己像下等仆人一样无有我慢精勤为他们的所有利益当差役使。

此身过本多，德寡奚足夸？

故当隐己德，莫令他人知。

自己本身具足多种过失，偶尔性的功德微乎其微，何足赞叹？因此就算是小小的功德也应当尽量隐藏，不让他人知晓。

丑三、摄义：

往昔为自利，所行尽害他，

今为他谋利，愿害悉归我。

总而言之，往昔为了私利，我所作所为均是有损他众的害行，从今以后，为了利益众生，愿以往这所有的损害全部落到自己的头上。

莫令汝此身，猛现顽强相，

令如初嫁媳，羞畏极谨慎。

不要让自己的这个身体过于顽固不化，现出一副趾高气扬的神态，应当如同新媳妇的姿态那样具有羞涩畏罪、谨慎约束、自重自爱等行为。

子二、以行为主宰心分三：

一、以对治主宰；二、视为所断违品；三、精通对治方便。

丑一、以对治主宰分二：

一、略说；二、广说。

寅一、略说：

坚持利他行，切莫伤众生，

妄动应制止，逾矩当治罚。

应当以利他的意乐行持利他的行为，千万不能有自私自利的意乐行为，如此以对治法主宰这颗心，也就是说如果它逾越了取舍，就要用对治来惩罚它。

寅二、广说：

纵已如是诲，汝犹不行善，

众过终归汝，唯当受治罚。

尽管这般谆谆教诲，如果“心”你仍旧屡教不改，不依此而行，那么将来一切罪过都必然归咎于你，到那时你也只能甘愿受惩罚而已。

昔时受汝制，今日吾已觉，

无论至何处，悉摧汝骄慢。

如果想：实在做不到这样。由于你这颗心只求自利，使我一败涂地，当时是未见到罪过的以前，并非是见到你是罪魁祸首的此时，现在我已发现你的本性与罪过，因此无论你去往何处，我一定要让你无处可去，将你自私自利的所有傲慢摧毁无遗。

今当弃此念，尚享自权益。

汝已售他人，莫哀应尽力。

如今你必须放弃“我应有自己的权益”这一念头，我已将你出售给他众，因此要无有厌倦竭尽全力饶益其他众生。

丑二、视为所断违品：

若吾稍放逸，未施汝于众，

则汝定将我，贩与诸狱卒。

假设我随心所欲放逸无度，没有把你施予一切有情，那么你一定将我卖给地狱的狱卒们。

如是汝屡屡，弃我令久苦，

今忆宿仇怨，摧汝自利心。

你往昔也曾经屡次将我送给狱卒们，让我久经痛苦，现在想起你的那一怨仇，必然要摧毁你谋求自利的心。

丑三、精通对治方便分二：

一、略说；二、广说。

寅一、略说：

若汝欲自喜，不应自爱执，

若汝欲自护，则当常护他。

如果你想自己永远欢喜快乐，那么就千万不要贪执自我欢喜，假设你想免遭痛苦，那就应该恒常爱护他众。

寅二、广说分二：

一、断除贪身；二、善用此身之方法。

卯一、断除贪身分二：

一、贪执之过患；二、贪执不合理。

辰一、贪执之过患分二：

一、真实宣说；二、旁述知足之功德。

巳一、真实宣说：

汝愈献殷勤，护此不净身，
彼愈趋退堕，衰朽极脆弱。

其实，你越是对这个身体百般珍爱护持，它就越会软弱无力，腐朽不堪。如果没有丝毫欲妙，也会产生剧大痛苦，以至于堕落。

身弱欲爱增，大地一切物，
尚且不餍足，谁复惬彼欲？
逐欲未得足，生恼复失意。

如果有人想：只要成办所有欲妙就不会产生痛苦了。如此堕落下去，那么它的欲望无有止境，无法满足，即便整个大地上的所有财物还不能使它得以满足，那谁能满足它的所有贪欲呢？如云："大地尽粮食，黄金畜无病，皆不足一人，当息如是心。"或者"我乳国王统辖四洲，与帝释天王平起平坐仍不满足……"本来没有成办欲妙的能力却异想天开，依此而倍加苦恼、疲惫至极、满怀嗔恨等等，由于事

与愿违或者因为不满足而大失所望，生起忧愁。

巳二、旁述知足之功德：

若人无所求，彼福无穷尽，

乐长身贪故，莫令有机趁，

不执悦意物，厥为真妙财。

任何人，如果对身体受用一无所求，那么他的圆满快乐无穷无尽。对自身的贪欲只会越来越增长，因此绝不要让它有机可乘。任何人，不将悦意的事物看得很重，那么他的受用最初容易获得，中间不会产生贪执的痛苦，最终不会出现耗尽的苦恼，因此才称得上是最妙的财物。如《亲友书》中云："佛说一切财产中，知足乃为最殊胜，是故应当常知足，知足无财真富翁。"

辰二、贪执不合理分二：

一、由于低劣故贪不合理；二、由于不知利害故贪不合理。

巳一、由于低劣故贪不合理：

可怖不净身，不动待他牵，

火化终成灰，何故执为我？

若想：虽然不应耽著受用，但贪执身体是理所应当的事。

事实并非如此，这个身体终将化为灰迹，并且自己独立并不能行动，要依靠心的牵引才能活动，为什么要将如此肮脏的色法执为我呢？

无论生与死，朽身何所为？

岂异粪等物？怎不除我慢？

无论是活还是死，这个虚妄的身体又能对我做什么呢？难道与粪便等物品有什么差别吗？呜呼！为什么不遣除将这个身体执为我与我所的慢心呢？

奉承此身故，无义集诸苦，

于此似树身，何劳贪与嗔？

由于听从自身的指使而毫无意义积聚痛苦，对于树木般的这个身体，为何贪执嗔恨呢？它根本不是贪嗔的对境。

巳二、由于不知利害故贪不合理：

细心极爱护，或弃鹫兽食，

身既无贪嗔，何苦爱此身？

其实自己如此精心珍爱保护或者被鹰鹫所食的这个身体既无贪心也无嗔心，为何要苦苦贪爱它呢？

何毁引身嗔？何赞令身喜？

身既无所知，殷勤何所为？

何者诋毁能令身体嗔恨，何者赞叹能令身体喜悦，既然身体无有心识，那么自己何必要为了身体而费力取舍赞毁呢？如是而为实在是徒劳无义。

若人喜我身，则彼为吾友，

众皆爱己身，何不爱众生？

假设说：身体虽然不知道这些，但有人喜爱这个身体，使它变得可爱，能使别人成为我的朋友而喜欢它。那么，所有众生都贪爱各自的身体，我为什么不喜爱所有的众生呢？理当同等喜爱。

卯二、善用此身之方法：

故应离贪执，为众舍己身，

此身虽多患，善用如工具。

贪执自身可谓过患无穷，为了使自己能够做到无有贪执而利益众生，一定要将这个身体舍给众生作为仆奴或资具。如果能对他众有利，虽说这个身体有累累过患，但也要像工具一样善于运用。

庚三、共同之事宜分二：

一、遣除教诫之障；二、精勤对治。

辛一、遣除教诫之障：

愚行足堪厌，今当随圣贤，

忆教不放逸，奋退昏与眠。

修自他平等与自他相换大有必要，如今贪执愚夫无义的行为已足够了，实在没有意义，我务必要追随智者佛菩萨们的足迹，修持菩提心。忆念本论中的第四品、第七品以及《学集论》等中所说的一切不放逸教言，断除昏沉、睡眠等三摩地的五障。《亲友书》中云："掉举后悔与害心，昏睡贪欲及怀疑，当知此等五种障，乃夺善财之盗匪。"应当遣除这五种障碍。

辛二、精勤对治：

如佛大悲子，安忍所当行，

若不恒勤修，何日得出苦？

就像所有大慈大悲的佛菩萨们那样断绝一切罪过，并为以后不再犯而坚忍不拔地奉行对治的善法，夜以继日精勤不怠，倘若没有精进努力，那么自己的痛苦何时才能完结呢？永无终止。

己三、修胜义菩提心：

为除诸障故，回心避邪途，

并于正所缘，恒常修三昧。

鉴于前述原因，为了遣除贪欲等烦恼障以及非烦恼性的分别念所知障，使心避开欲望分别等邪道，专注真实善法所缘，恒常修持禅定。

第八品释终

第九品　智慧

丁五、智慧分三：

一、连接文教诫生起智慧；二、生智慧之方法；三、以智慧所得之事。

戊一、连接文教诫生起智慧：

此等一切支，佛为智慧说，
故欲息苦者，当启空性慧。

发心至静虑之间的分支均是智慧之因的资粮，这一切，佛陀是为了让有情生起智慧而宣说的，佛在《摄正法经》中说："意入定而如实见真性……"关于此义，《学集论》中亦云："入定知真性，此乃能仁说。"因此，想要息灭自他痛苦的人务必要生起智慧。轮回的一切痛苦均来源于有漏的业惑，业惑也是由实执中产生，《六十正理论》中云："若许有实法，则生大贪嗔。"证悟空性的智慧可以断除这种实执，从而息灭一切痛苦，《摄集经》中云："以智慧遍知法之自性后，真实超离一切三界。"如果自己证悟了空性，那么也就可以为他众宣说空性，从而解除痛苦。《菩提心释》中云："如是瑜伽士，若修习空性，内心喜利他，决定无困难。"

戊二、生智慧之方法分三：

一、认识智慧之自性；二、深入对境无我；三、破除所断实执。

己一、认识智慧之自性分二：

一、抉择对境二谛；二、修行有境正道。

庚一、抉择对境二谛分二：

一、安立二谛之自性；二、遣除争论。

辛一、安立二谛之自性分三：

一、分类；二、本体；三、能量彼之慧差别。

壬一、分类：

世俗与胜义，许之为二谛。

世俗是指能障碍真实义的一切迷乱分别法，由于在分别心前成立，因此为世俗谛。《入中论》中云：“痴障性故名世俗，假法由彼现为谛，能仁说名世俗谛，所有假法唯世俗。”胜义是指圣者的无现智慧，由于是圣者所证悟的意义，故称为胜义。如《辨中边论》中云：“圣者行境故。”以上世俗与胜义二种被承许为二谛。

壬二、本体：

胜义非心境，说心是世俗。

关于胜义，诚如《宣说二谛经》中云：“天子，胜义谛若成身语意之对境，则不成胜义，而成世俗谛……胜义谛亦超离遍知智慧之对境。”

善天论师讲解说：所谓的“成为心之行境”并不是指从肯定的方面成立，由于心能障碍现见胜义，因而承许心是世俗。慧源论师与普明尊者说心是分别念、是无明，因此胜义不是它的对境。此处依照《辨中边论》中所说的“非真实妄念，心心所三界”，心是指三界的心与心所，因此说胜义不是如来的对境与是圣者智慧所证的对境这两者并不相违。经中所说的“亦非佛智之对境”密意是说胜义中一切均不成立。由于不成立一切，因此可以说没有什么可证悟的，但以无现智慧不执一切可以安立为证悟胜义。如《未生怨王忏悔经》中云：“大王，未见一切法，即是真实之现见，

大王，真实之见即无见。”所以，（证悟胜义与胜义无可证悟）这两者也不矛盾。

壬三、能量彼之慧差别分三：

一、补特伽罗之分类；二、妨害之次第；三、能害之理。

癸一、补特伽罗之分类：

世间见二种，瑜伽及平凡。

有些注释中解释道：见到运用这二谛的世间——补特伽罗有两种，也就是具有止观等持的瑜伽行者与不具备止观等持的平凡人。实际上以具不具备三智慧如应抉择无我之义来分更为合理。

癸二、妨害之次第：

瑜伽世间破，平凡世间者，

复因慧差别，层层更超胜。

两种世间中所有平凡世间将身体视为一体、将心看作常有等等，对此以瑜伽世间的“身体非一体、具多部分故，心乃无常法，变成他法故”等理证可以遮破。说外境的有部经部以及唯识、中观三种瑜伽也根据智慧是否符合所知实相的差别而上上超胜下下。

其中说外境的有部与经部将所取无分微尘、能取刹那心识看作胜义。对此，以唯识宗的“以六同时合，极微成六分，六分若一位，丸亦成微尘”等理证可以遮破。由于所积的微尘不成立，因而微尘积聚的粗大物质当然也就不成立，既然它不成立，那么这两者也就不成立实有。唯识宗将无有能取所取自明自知的心识视为胜义。对此，正如中观宗在本论中所说的“破自证”等理证遮破的那样。

癸三、能害之理：

以二同许喻。

善天尊者解释说：运用双方一致承认并且是众所周知的比喻来建立所立而不需要观察。

如果有人问：由于世间人的分别心前这样显现，因此这些对境并不成立为无实，这样一来，他的心又怎么成立为虚妄呢？

对此，普明尊者认为：以平凡人与瑜伽行者均承认无实的幻术等比喻可以说明这一点，有实宗的瑜伽行者心前虽然显现，但是通过遮破实有尚且能证明在他们心前成立是虚幻，那何况说是平凡者呢？以此作为基础，再进一步展开“为果不观察……”的辩论。

辛二、遣除争论分二：

一、遣除世俗之争论；二、遣除胜义之争论。

壬一、遣除世俗之争论分五：

一、遣除不行道之诤辩；二、遣除于境不净之辩；三、遣除以量有害之诤；四、遣除与教相违之诤；五、遣除太过。

癸一、遣除不行道之诤辩：

为果不观察。

如果对方说：假设一切法均无实有，那么就不能依靠布施等获得菩提，因此也就不必为菩提而布施经历六度万行了。

驳：胜义中虽然无有，但在未经观察的世俗中却是存在的，因而为证菩提果发放布施等无有相违之处。

癸二、遣除于境不诤之辩：

世人见实法，分别为真实，

而非如幻化，故诤瑜伽师。

如果有人问：既然有实法在瑜伽师与平凡人二者前均显现，那么他们还对此争论什么呢？

虽然同样显现，但是平凡世间者见到色等有实法并执著为真实，并没有认识到它如幻的本性，而瑜伽师了知此理，因此瑜伽师与世间平凡者之间便产生了争议。

癸三、遣除以量有害之诤：

色等现量境，共称非智量，

彼等诚虚妄，如垢谓净等。

如果对方说：色等现量成立，因此与虚妄相违。

实际上并不相违，因为色等现量成立只不过是世间共同称说的，在正量面前并不真实，就像对于本是不净、无常等的身体人们共称为清净等一样虚妄，如《三摩地王经》中云："眼耳鼻非量，舌身意亦非，若诸根为量，圣道复益谁？"

癸四、遣除与教相违之诤：

为导世间人，佛说无常法，

真实非刹那。岂不违世俗？

瑜伽量无过，待世谓见真，

否则观不净，将违世间见。

如果有人问：假设一切法无有自性，那么佛陀为何说有实法是刹那无常的自性？

这是有密意的，佛的用意是指显现分，必要是为了次第引导耽著有实法的世人，怙主佛陀才说有实法无常。如云："佛说我我所，所说依密意，蕴界以及处，亦以密意说。"当然，从真如本性来说这些有实法刹那也无实有，因为以遮破刹那的理

证有妨害的缘故。

如果对方说：由于刹那于世人前不显现，因而安立世俗也相违。

尽管在平凡者前不显现，然而在只是见到人无我的诸位瑜伽者前显现，因此是世俗谛，并没有过失。

如果对方说：这样一来，难道不是与佛说“见刹那即见真如”这一道理相违了吗？

善天尊者对此回答说：并不相违，实际上是观待世间人看作常有等，才将瑜伽行者见刹那安立为见真如的，因为刹那只是相似的胜义。否则，如果观待瑜伽行者，平凡人所见是真实的，那么对于瑜伽行者真正所了悟的女身为不净，以世间执为清净反而可以妨害了。

癸五、遣除太过分四：

一、破除不得福德之诤；二、破除不能结生之诤；三、破除无有善恶之诤；四、破除奉行无义之诤。

子一、破除不得福德之诤：

供幻佛生德，如供实有佛。

如果对方说：倘若一切法无实，那么佛陀也成了虚妄，因此供佛也不会获得福德。

就像你们自己承认供养实有的佛陀能获得实有的福德一样，供养如幻的佛陀也同样能获得如幻的福德，因而无有过失。

子二、破除不能结生之诤：

有情若如幻，死已云何生？
众缘聚合已，虽幻亦当生，
云何因久住，有情成实有？

若问：如果有情如幻，那么死后怎么能再生呢？

只要生的众缘聚合，也就是说在因缘聚合期间，即便是虚幻也能产生，众生与幻物同样是无实，但都能产生。因此，怎么能仅仅以相续长久，将有情执为实有呢?否则的话，根据持续时间的长短幻化也应成了实有或无实。

子三、破除无有善恶之诤：

幻人行杀施，无心无罪福，

于有幻心者，则生幻罪福。

如果对方说：如此一来，众生杀害众生或供养众生，幻人杀害幻人或供养幻人等在有无福德、罪业方面都成了一模一样。

幻人杀害或供养幻人等，由于作者无有心，也就无有善恶可言。如果具有如幻之心的众生如此而行，那么由于作者具有仁慈、嗔恨等心，因此也会相应产生福德、罪业。

咒等无功能，不生如幻心，

种种因缘生，种种如幻物，

一缘生一切，毕竟此非有。

之所以取决于有无心的差别，是因为幻咒等无有发心的能力，也就不会有幻心产生，而有情存在这种因。虽然是虚妄，但果不同完全是观待因的不同，各种各样的外缘所生的幻物也是形形色色，而单独一种外缘产生一切果，这在哪里也是不会有的。

子四、破除奉行无义之诤：

胜义若涅槃，世俗悉轮回，

则佛亦轮回，菩提行何用?

诸缘若未绝，纵幻亦不灭，

诸缘若断绝，俗中亦不生。

如果有人问：胜义中一切有情自性即涅槃，而他们在世俗中仍然流转轮回，以同等理可知，从显现的角度而言佛陀也成了流转轮回，这样一来，菩提行还有什么用呢？

善天论师对此回答说：如果众缘没有断绝，那么即使是幻象也不会消失，同样，众生流转的因缘没有断绝，那就是轮回，由于佛陀流转的诸缘已经灭绝，因此轮回的自性在世俗中也不会产生。“亦”字是说何况是胜义。

或者解释说：佛陀示现出世是以愿力而显现的，并不是因为流转轮回之缘没有中断，所以不会有你们所说的这种过失。

慧源尊者解释说：如果外缘未断，那么不仅是轮回就是幻象也不会消失，如果流转之缘已断，那么在世俗中也不可能存在轮回，由于通过修习真如而次第灭尽了无明等十二缘起，因而佛陀不会流转轮回。

普明尊者讲解说：佛陀的幻象观待众生的福德因缘，如果众生有福德因缘，佛陀才会出现；假设不具备众生的福德因缘，那么世俗中佛陀也不会现世。

壬二、遣除胜义之争论分二：

一、破除若无迷识则无执著之过失；二、破除若迷基不成则无轮回之过失。

癸一、破除若无迷识则无执著之过失分二：

一、辩诤；二、答辩。

子一、辩诤：

乱识若亦无，以何缘幻境？

唯识宗论师说：不管什么时候，倘若迷乱的心识不存在，那么当时以什么来缘如幻的显现呢？

子二、答辩分三：

一、同等辩论；二、遮破辩答；三、结合时义。

丑一、同等辩论：

若许无幻境，心识何所缘？

反问：不管什么时候，如果按照你们唯识宗的观点，如幻的所取分不存在实有，那么当时心识又缘什么所取境呢？（能取、所取）这两者实际上是相同的。

丑二、遮破辩答分二：

一、遮破承许显现为心；二、遮破境心非二之有实。

寅一、遮破承许显现为心分二：

一、立宗；二、破彼。

卯一、立宗：

所缘异实境，境相即心体。

对方说：所缘境虽然无实有，但心识真实存在，显现所缘境的形象实际上就是心的本体，因此可以缘。

卯二、破彼分三：

一、破除妨害胜义自证；二、无有根据；三、破除妨害遮破。

辰一、破除妨害胜义自证分二：

一、真实破除；二、遣除迷乱。

巳一、真实破除：

幻境若即心，何者见何者？

世间主亦言，心不自见心，

犹如刀剑锋，不能自割自。

假设心本身与所取境幻象是一实体，那么当时能见所见无有二致，又以什么来见什么呢？世间怙主佛陀在《楞伽经》中说："犹如剑自刃，不能斩自锋，指不触自尖，心不见自心。"《宝髻经》中亦云："如剑锋不能斩剑锋，手指不能接触自尖，自心不能见自心。"因此，就像剑锋自己不能斩自己一样，心不能见心。

巳二、遣除迷乱分二：

一、比喻不成立；二、意义不相同。

午一、比喻不成立分二：

一、破灯火之比喻；二、破蓝色之比喻。

未一、破灯火之比喻：

若谓如灯火，如实明自身。

灯火非所明，其无暗蔽故。

对方说：就像灯火自己能真实照明自身一样，心本身也能证知自心。

灯火并不是本身所照明的对象，为什么呢？所明一定是指以前不明的东西，而灯火本体无有不明的黑暗遮蔽。如《中论》中云："灯中自无暗，住处亦无暗。破暗乃名照，无暗则无照。"

未二、破蓝色之比喻：

如晶青依他，物青不依他，

如是亦得见，识依不依他。

非于非青性，而自成青性。

对方继续说：比如青色也有两种，水晶一类的青色必须要依靠他物才能见到它的青色，而蓝琉璃的蓝色不依靠他物，因此白水晶变成青色观待他物，蓝琉璃的蓝色作为蓝色并不观待他物。同样，觉知瓶子等某些物体观待他法，而像灯火、苦乐无观待独立也可以觉知。

藏地的某些智者对此驳斥说：实际上并非如此，蓝琉璃自然就成立蓝色，并非是本为非蓝色物自己将自己造作成蓝色的，因此不能作为自明自知的比喻。

慧源尊者是这样驳斥的：青色成为青色本身也并非不观待他法，要观待因的缘故。假设不是由自己的因中产生蓝色，那么可以说不观待他缘而形成蓝色，需要自己将自己造成蓝色这是绝对不可能的，因为自己对自己起作用相违。

午二、意义不相同：

若谓识了知，故说灯能明。

自心本自明，由何识知耶？

如果说在名言中灯火能照明自己是由心识来了知的，那么说“胜义中心自明自知”是以什么来了知的呢？因此你们用的比喻也不符合意义。

辰二、无有根据分二：

一、无有现量根据；二、无有比量根据。

巳一、无有现量根据：

若识皆不见，则明或不明，

如石女女媚，说彼亦无义。

如果说胜义中自证他证均不成立，任何识也没有其他识来觉知，那么说什么明不明的差别显然也无有实义，这就像谈论石女的女儿姿态娇媚不娇媚一样。

巳二、无有比量根据：

若无自证分，心识怎忆念？

心境相连故，能知如鼠毒。

对方说：倘若自证不存在，那么心识如何能回忆往事呢？根本无法回忆，因此以忆念的理由可以证明自证成立。

这也是不一定的，虽然自己未曾感受到，但与感受过其他色法等对境相联系，从中可以忆念，就像未曾发觉染上鼠毒，然而遇到雷声的外缘而觉察到疾病，通过推理而回想起来。

辰三、破除妨害遮破：

心通远见他，近故心自明。

然涂炼就药，见瓶不见药。

对方说：具有等持等他缘者对远处的他心也能察知，因此明了近处自己的心是合理的。

这一点也不一定，举个例子来说，在眼睛上涂抹炼就成功的眼药者，虽然能看见远在地下的瓶子，却不能见到近在眼上的药物。此种说法与任何解释都不同，但我认为这就是寂天阿阇黎的密意。

（藏文中此处有科判三，但前文中无有，请观察：）

见闻与觉知，于此不遮除。

此处所遮者，苦因执谛实。

对方说：假设自证不存在，那么他证也不存在，如此一来，见闻觉知也都不复

存在了。

此等见闻觉知与显现分并不是这里所要遮破的对象，此处所破的是妄执这些实有的分别念，因为它是痛苦的根源。如《入真如经》中云：“由执实有过，自生贪等敌，如若遣除彼，彼等岂能生？”

寅二、遮破境心非二之有实：

幻境非心外，亦非全无异。

若实怎非异？非异则非实。

对方说：如幻的所取并不是除了这颗心以外的外境，也不能完全安立为与心相同的他法，而是一种既不能说是心也不能说是与心不同的有实法。

如若它是有实法，怎么会是除了心之外既不是心又不是他法的法呢？要么是心，要么是他法，如果说既不是心也不是他法，那它也就成了无实法，而不可能存在这样的有实法。

丑三、结合时义：

幻境非实有，能见心亦然。

你们唯识宗的观点也是如此：如幻的所取境虽然不是实有，却是所见，同样心识虽然无实有，但名言中显现为能见。

癸二、破除若迷基不成则无轮回之过失分二：

一、辩论；二、破彼。

子一、辩论：

轮回依实法，否则如虚空。

对方说：能取所取的轮回要依于迷基无二心识这一实法，否则，二取轮回倘若是实有法以外的他法，就如同虚空一样显现二取有实法也将化为乌有。

子二、破彼：

无实若依实，云何有作用？

汝心无助伴，应成独一体。

若心离所取，众皆成如来。

施设唯识义，究竟有何德？

驳：如果二取依赖于有实法，那怎么能具有显现二取有实法的作用呢？显然就成了不具有这种作用，因为（二取）是无实法。可见，你们宗派所承认的心无有所取的助伴，实际上就成了独一无二的心识。什么时候，心远离了所取，那么当时一切众生都已变成了佛陀，如此一来，将二取轮回的所依真实安立为唯识又有什么必要呢？因为轮回根本不成立。

庚二、修持有境正道分二：

一、了知世俗如幻而修道；二、了知胜义空性而修道。

辛一、了知世俗如幻而修道分三：

一、真实宣说；二、所修道之自性；三、修道之果。

壬一、真实宣说：

虽知法如幻，岂能除烦恼？

如彼幻变师，亦贪所变女。

对方辩争：纵然通晓万法如幻，又怎么能遣除一切烦恼呢？因为魔术师有时候对他所幻变出的女人也生贪心。

幻师于所知，未断烦恼习，

空性习气弱，故见犹生贪。

若久修空性，必断实有习，

由修无所有，后亦断空执。

答辩：魔术师由于对女人等所知贪恋的烦恼习气还没有断除，因而见到虚幻的女人时，他空性的习气极其微弱，虽然明白虚幻为空性，但由于没有证悟诸法为空性，因此贪恋的习气还会复苏。如果长久串修诸法了知为空性的习气，结果必然会断除实执的习气，了悟所谓的“空与不空一切均不成立”，再进一步加以修习，那么空性或虚妄的执著到后来也将断除，最终对任何法均无有执著，也就不可能产生烦恼，因此这二者并不相同。

壬二、所修道之自性分二：

一、一切对境均不成立；二、心不缘一切。

癸一、一切对境均不成立：

观法无谛实，不得谛实法。

无实离所依，彼岂依心前？

任何时候，观察所谓的“某一有实法不存在”并且不得所破的有实法，当时，安立无实法就脱离了观待的基础，这样一来，心前怎么会存在无实法对境呢？就像石女儿不存在就不会有她的死亡一样。

癸二、心不缘一切：

若实无实法，悉不住心前，

彼时无余相，无缘最寂灭。

任何时候，有实法与无实法均不住于心前，当时也不会存在是二、非二的第三品物其余相，通过修持此法最终可达到能缘对境之心不存在的最寂灭境界。如《入中论》中云："尽焚所知如干薪，诸佛法身最寂灭，尔时不生亦不灭，由心灭故唯身证。"这其中也可以说是指佛陀无有本智之义，然而《大疏》中说："息灭一切分别念故为寂灭，并非像火一样全然消失。"因此我认为，能缘对境四边（有、无、是二、非二）的心也就是执著对境的分别念不存在称为最寂灭，而下文中出现的所谓"无心"等也是指无有二取分别念之义而并非是说智慧不存在的意思。

壬三、修道之果分三：

一、虽无发心然能成利；二、作者虽灭然有作用；三、虽无心然能生福。

癸一、虽无发心然能成利：

摩尼如意树，无心能满愿，

因福与宿愿，诸佛亦现身。

如果对方说：如此一来，佛陀就不能利他了，因为佛陀没有利他的想法。

就像如意宝与如意树虽然无有分别念，但它们的能力与众生的福德聚合后就能满足众生心愿。同样，所化众生的相续清净与菩萨发愿利众这两者聚合，佛陀的色身就会现世饶益众生，因此全无过失。关于无分别念而行利众事业的这一道理，在《现智庄严经》中有广说。

癸二、作者虽灭然有作用：

如人修鹏塔，塔成彼人逝。

虽逝经久远，灭毒用犹存。

随修菩提行，圆成正觉塔，

菩萨虽入灭，能成众利益。

如果对方说：菩萨的愿力在成佛时已经泯灭，因此当时利益众生不应理。

无有此种过失，比如，婆罗门桑革以陀罗尼咒的威力而修大鹏塔，此塔修成之后修塔人已经去世，虽然他过世后已经历经了漫漫岁月，但那一大鹏塔仍旧具有解毒等能力。同样，菩萨以随顺菩提行的资粮、愿力等修成佛身之塔，成就者菩萨虽然趣入不住之涅槃，灭尽了想成办他利的分别念，然而他仍旧能够成办一切他利，这并无相违之处。

癸三、虽无心然能生福：

供养无心物，云何能得果？
供奉今昔佛，经说福等故。
供以真俗心，经说皆获福，
如供实有佛，能得果报然。

声闻宗论师说：如果佛陀无有心，那么供佛怎么会有福德果呢？不会有的。

这不一定，为什么呢？因为经中说供养住世或者涅槃的佛身，二者福德相同。《绕塔功德经》中云："若人清净心，供养住世佛，灭后之遗塔，功德无差别。"无论是对无心世俗的佛陀或有心真如的佛陀供养都会获得果报，这一点以教证成立，就像你们所承认的供养实有具心的佛陀能生实有的福德果一样，我们承认供养虚妄的佛陀会生虚妄的福德也同样无有过失。此处所谓的无心实际上也是指无有二取分别念。《大疏》中说："远离世俗心之佛陀。"

辛二、了知胜义空性而修道分二：

一、辩诤；二、答辩。

壬一、辩诤：

见谛则解脱，何需见空性？

声闻有部等宗派论师说：修习现量见到四谛无常等行相，就能解脱业与烦恼，见到一切不成立的空性又有何用呢？实在无有必要。

壬二、答辩分三：

一、以教略说；二、以辩答广说；三、摄共同之义。

癸一、以教略说：

般若经中说：无慧无菩提。

需要见到空性的原因，正如《般若经》中所说：“若无证悟空性之此慧，则无菩提果，具实法之相者无修智慧波罗蜜多……未断以习气结生之烦恼。”又云：“欲成善逝声闻者，独觉以及正等觉，不依此忍（空性）不可得。”

癸二、以辩答广说分三：

一、不成立之诤辩；二、大乘教典成立佛说；三、修持胜义正道。

子一、不成立之诤辩：

声闻有幻化、大菩提、一边寂灭与增上慢四种，其中最后增上慢声闻没有现见真谛而过于耽著自己的宗派，他们说：大乘不是佛说，因此不成立是可信的圣教。

子二、大乘教典成立佛说分二：

一、反诘；二、破彼回答。

丑一、反诘：

大乘若不成，汝教云何成？

反问：大乘如果不成立佛说，你们的四部阿含等这些怎么能成立是佛说呢？

丑二、破彼回答分二：

一、破教之理由；二、破佛说之理由。

寅一、破教之理由分二：

一、破是教之理由；二、破非教之理由。

卯一、破是教之理由：

二皆许此故。汝初亦不许。

何缘信彼典，大乘亦复然，

二许若成真，吠陀亦成真。

若对方辩驳说：四部阿含等可以相信是佛说，为什么呢？因为辩论双方均承认它是佛说。

双方的意义是指你们中的二者还是任何两者？如果是你们中的二者，那么最初你们在没有入宗派时也不承认阿含四部等是佛说，因为当时对你们来说这并不成立佛说。

对方又辩驳说：由于从传承没有间断的大德那里听闻到的，因此可以确认是佛说。

相信你们的教是佛说的这一理由也同样适用于大乘，因为大乘具有未曾间断的传承大德。如果只是因为任何其他二者共许就成了真实的话，那么吠陀等外道的所有论典也应成了真实可信的圣教。

卯二、破非教之理由：

小诤大乘故。外道于阿含，

自他于他教，有诤悉应舍。

如果说由于（小乘）对大乘有争论的缘故可以推知（大乘）不是可信的教法，那么对于你们的共同教法，由于所有外道与其他有部宗等自他有争论的缘故也该

舍弃。

寅二、破佛说之理由：

若语入经藏，即许为佛语，

三藏大乘教，云何汝不许？

所谓“若语入经藏”等三颂，慧源论师说这些是他人加入的，而并不是（寂天）阿阇黎的原论。有些论师认为是原论，有些论中写在此处，多数都是在下文讲解的。应当提到此处讲述。

有部宗论师说：宣说定学的佛语放入经藏中，宣说戒学的出现在律藏中，宣说慧学的不违对法论，并承认这些是佛所说，大乘无有这些，因而不是佛语。

那么《解深密经》等大乘的多数经中也宣说了三学，这些与你们的经一致，为何不承认是佛语呢？理当承认。

若因一不摄，一切皆有过，

则当以一同，一切成佛语。

如果对方说：虽然有些大乘是佛语，但《般若经》等宣说诸法无自性这一切不具有佛语的三种法相，因此不是佛语。

像《经庄严论》中所说的“入于自经故，现于自律故，甚深广大故，与法性无违[37]。”这一切也具有三法相，只是你们自己没有了悟此理而已，假设你们完全了悟了佛语的三法相，而仅以诸如《般若经》一者就认为所有的大乘经典具有不是佛语的过失，那么怎么不以与你们的经同样具足佛语法相的《解深密经》等一部经来承认所有的大乘经均是佛说，理由相同之故。

诸圣大迦叶，佛语未尽测，

谁因汝不解，废持大乘教？

如果对方说：大乘教与《般若经》等这些如果是佛语，那么大迦叶尊者等理当

[37] 唐译：入自大乘经，现自烦恼灭，广大甚深义，不违自法空。

了悟，而他们也没有了悟，由此可知大乘不是佛语。

对于大迦叶尊者等也并没有透彻了达极其深奥的大乘经所说的内容，怎么能因为你们自己没有了达而断言大乘不是佛语呢？如《经庄严论》中云：“无量种种相，愚者何故定[38]？”或者如此解释：你们自己根本不知道迦叶尊者等是否通达了大乘经义，怎么能以此原因而说大乘不是佛语呢？由于理由不成立，因此理由所表达的意义也就无法立足。

子三、修持胜义正道分三：

一、未修胜义之过失；二、修胜义之功德；三、摄义。

丑一、未修胜义之过失分三：

一、未断烦恼不得涅槃；二、断烦恼亦不得涅槃；三、心灭亦再现。

寅一、未断烦恼不得涅槃：

比丘为教本，彼亦难安立，
心有所缘者，亦难住涅槃。

佛教住世的根本即是比丘阿罗汉，（这一点也难以安立，）如果心有所缘没有证悟空性，那么即便是比丘罗汉也难得安住涅槃，因为他仍然没有从根本上断除烦恼，由于他没有遣除痛苦而难以安住、获得涅槃。

寅二、断烦恼亦不得涅槃：

断惑若即脱，彼无间应尔，
彼等虽无惑，犹见业功能。

如果对方说：虽然没有证悟这样的空性，但通过修行蕴无常等人无我也能断除

[38] 唐译：无量余未闻，谤者成痴业。

烦恼、脱离痛苦。

既然如此，那么获得有余阿罗汉即刻就要无有痛苦，因为已经断尽了烦恼。如果这样承认，那些阿罗汉就该无有烦恼，可是佛经中明确记载目犍连等某些（阿罗汉）以往昔业力而感受痛苦。

谓无近取爱，故定无后有，

此非染污爱，如痴云何无？

因受缘生爱，彼等仍有受。

如果对方说：暂时断除烦恼虽然不能立即脱离痛苦，但如若已经舍弃了寿之行便可解脱，因为他们对近取三有之缘的蕴无有爱著，故而必定不存在后有。

他们（指阿罗汉）对所知尚有非染污性的愚痴，怎么会没有不是业与烦恼性的蕴呢？以具有实执的受之缘必定产生爱，而那些阿罗汉仍然有受。

寅三、心灭亦再现：

心识有所缘，彼仍住其中。

若无空性心，灭已复当生，

犹如无想定，故当修空性。

远离证悟空性的心就是具有所缘的心，因而仍旧会耽著某一对境，尽管暂时灭尽，但仍会再度生起，就像入无想定时心虽然暂时息灭但还会再度生起一样。因此，想尽除一切痛苦者应当修持空性。

丑二、修胜义之功德分二：

一、成办二利；二、断除二障。

寅一、成办二利：

为度愚苦众，菩萨离贪惧，

悲智住轮回，此即悟空果。

自己如果证悟了空性，那么就会对所有由于不知空性而痛苦的有情生起悲心，因此为了利益他们而以远离贪执轮回安乐、畏惧痛苦之二边的方式住在轮回中成办无量利他事业，这就是修行空性的结果。

寅二、断除二障：

空性能对治，烦恼所知障，

欲速成佛者，何不修空性？

阻碍遍知佛果之烦恼障与所知障黑暗的对治法即是修空性，因而想要迅速获得遍知果位者为什么不修空性呢？必须修持空性。

丑三、摄义：

不应妄破除，如上空性理，

切莫心生疑，如理修空性。

由于证悟空性有如是的功德、没有证悟空性有如此的过患，因此破斥空性是不合理的，不要怀疑空性是否为佛道，而该如理修持空性。

癸三、摄共同之义：

执实能生苦，于彼应生惧，

悟空能息苦，云何畏空性？

如果有人想：由于畏惧空性，因而不修空性。

实执能产生一切痛苦，对它理当生起恐惧，然而众生却不生恐惧。修习空性本能息灭一切痛苦，为何对它生起恐怖呢？实在不该生恐怖。

己二、深入对境无我分二：

一、深入人无我；二、深入法无我。

庚一、深入人无我分二：

一、承上启下而略说；二、广说。

辛一、承上启下而略说：

实我若稍存，于物则有惧，

既无少分我，谁复生畏惧？

假设畏惧者的我有少许存在，那么对于任何对境产生畏惧也是情理之中的事，如果我一丝一毫也不存在，那么生畏惧者到底是谁呢？

辛二、广说分三：

一、分析蕴而总破；二、别破所许之我；三、遣除无我之争论。

壬一、分析蕴而总破：

齿发甲非我，我非骨及血，

非涎非鼻涕，非脓非黄水，

非脂亦非汗，非肺亦非肝，

我非余内脏，亦非屎与尿，

肉与皮非我，脉气热非我，

百窍亦复然，六识皆非我。

牙齿、头发、指甲不是我，我也不是骨骼及血液，又不是口涎与鼻涕，不是脓，不是黄水，不是脂肪，也不是汗水，既不是肺，也不是肝，我又不是其余的内脏，也不是屎与尿，身肉与皮肤不是我，（脉络、）气（风）、温热不是我，百窍也同

样不是我，六识都不是我，因为此等六界是无常、众多、无有自主之故。

壬二、别破所许之我分二：

一、破数论外道所假立之我；二、破胜论外道所假立之我。

癸一、破数论外道所假立之我分二：

一、宣说遮破；二、破遣过之答复。

子一、宣说遮破：

声识若是常，一切时应闻，
若无所知声，何理谓识声？
无识若能知，则树亦应知，
是故定应解：无境则无知。

如果缘取声音的耳识常有，那么无有声音的一切时刻也成了有缘取声音的识。如果承认这一点，则由于声识观待声音，倘若所知的声音不存在，又如何能认知对境呢？这样一来，又以什么理由能说有缘取声音的识呢？如果说没有认知声音也是缘取声音的识，那么树木也成了缘取声音的识。因此，可以肯定地说所知对境不存在，缘取它的识就无有。

子二、破遣过之答复分二：

一、作答；二、破彼。

丑一、作答：

若谓彼知色。

对方回答说：无有声音的时候，并不会导致不存在缘取声音的识，由于以前知

觉声音，而后来在无有声音时，去认知色法等，前后两个识其实是一体。

丑二、破彼分三：

一、以前一太过存在之推理而破；二、以行相相违之推理而破；三、以相互不缘之推理而破。

寅一、以前一太过存在之推理而破：

彼时何不闻？若谓声不近，
则知识亦无。

如果是这样的话，那认知色的时候为什么听不到声音，应当听到。
如果对方说：当时声音不在近前，因而听不到。
这样一来，缘取声的识也必然成立无有。

寅二、以行相相违之推理而破分二：

一、安立推理；二、比喻不成立。

卯一、安立推理：

闻声自性者，云何成眼识？

本是取声的自性又如何能成为取色的眼识呢？因为二者行相相违之故。

卯二、比喻不成立：

一人成父子，假名非真实。
忧喜暗三德，非子亦非父。

如果对方说：相违的行相观待前后两个对境而是一体，如此一来并不矛盾，就像一个人观待父亲或儿子分别安立为儿子、父亲一样。

你们的观点也只是说父亲与儿子假立为一人，实际上这并非是真实的，你们承许任何有实无情法的喜忧暗三者平衡时不显现，其实这既不是父亲也不是儿子。

寅三、以相互不缘之推理而破分二：

一、安立推理；二、遣除不成立。

卯一、安立推理：

彼无闻声性，不见彼性故。

取色的眼识并不具有听声的自性，如果具有听声的自性，应当可以发现，实际上并没有发现这一点。

卯二、遣除不成立分二：

一、真实遣除；二、遣除不定之理。

辰一、真实遣除：

如见伎异状。是识即非常。

如果对方说：就像一位舞蹈演员表演不同形象一样，取前面声音的识也可以通过其他形式取色而见。

这样一来，那个识显然就成了无常的，因为变成了其他法的行相。

辰二、遣除不定之理分二：

一、辩诤；二、破彼等之理。

巳一、辩诤：

谓异样一体。

如果对方说：虽然变成了不同行相，但前面的那一自性仍旧是恒常的。

巳二、破彼等之理分二：

一、形象相违故自性一体不应理；二、别相虚妄故总相真实不应理。

午一、形象相违故自性一体不应理：

彼一未曾有，异样若非真，

自性复为何？若谓即是识，

众生将成一。

（你们所承认的）这一自性是前所未有的一种形式。

如果对方说：虽然现为异体的行相，但这并不是真实的，实际上就是一体。

那么，请说说绝对真实的这一自性到底是什么？

如果对方说：只是心识一者而已。

如此一来，相续不同的所有众生的心也同样成了这唯一的心识，结果一切的一切都将变成一体。

心无心亦一，同为实有故。

同样，有心的神我与无心的主物也都成为一体，因为它们恒常存在于所知中是相同的缘故。

午二、别相虚妄故总相真实不应理：

差殊成妄时，何为共同依？

什么时候，取色取声等识的别相都是颠倒不实，当时真实的共同唯识——所依总相究竟是什么呢？根本不存在。

胜论外道承许属于士夫相续唯一常有的无情法和心是异体，因而无情物是享用对境的“我”。

癸二、破胜论外道所假立之我分三：

一、安立推理；二、破除周遍迷乱；三、摄义。

子一、安立推理：

无心亦非我，无心则如瓶。

无心的实法也不是享用对境的“我”，无心的本体就像瓶子等一样。

子二、破除周遍迷乱：

谓合有心故，知成无知灭。

若我无变异，心于彼何用？

对方说：虽然它没有思维真如的本体，但由于具有异体之心的缘故，可以作为对境的受用者。

这种说法是不合理的，如果“我”的自性本来不了知对境，而当具有心时才了知，那么无知的神我显然就成了坏灭、无常法。既然“我”无有迁变，那么具有心又能对我从不知对境变成了知对境的差别起到什么作用呢？根本不能起作用。

子三、摄义：

无知复无用，虚空亦成我。

由于“我”是这样的无情物既不了知对境，又是常有之法，因而并不具有生果的作用，如果承认这样的一个“我”，那么虚空也可以作为“我”了（，实际上它根本不是“我”）。

壬三、遣除无我之争论分二：

一、遣除业果不合理；二、遣除悲心不合理。

癸一、遣除业果不合理分二：

一、辩诤；二、作答。

子一、辩诤：

若我非实有，业果系非理，
已作我既灭，谁复受业报？

对方说：假设常有的我不存在，那么业果之间的联系——造业感受果报就不合理了，由于造业以后作者已经灭亡，在受报之时已不复存在，结果成为谁的业呢？

子二、作答分三：

一、相同辩论；二、遮破辩答；三、遣除违教。

丑一、相同辩论：

作者受者异，报时作者亡。
汝我若共许，诤此有何义？

造业所依的今生之蕴、成熟果报的所依后世之蕴这两者是异体，时间也是两个阶段，积业的那个我在感受异熟时就不存在，关于这一点，是承认常有无情法的你们与承许无我的我们共同承许，对此进行争论难道不是无有意义吗？确实无有意义。

丑二、遮破辩答：

因时见有果，此见不可能。

如果对方认为：顺现法受业的业果在因位时并没有不同。

如此一来，造因业之蕴的刹那就能见到感受它的果报，这是不可能的，就像父子不可能同时出生一样。

丑三、遣除违教：

依一相续故，佛说作者受。

如果对方说：经教中云："此者所造之业他者如何感受？诸比丘，所造所积之此业即不成熟于外界之地界等上，而成熟于有执受之蕴等上。"如此就与所说的"造业者感受果"相违了。

经中所说是有密意的，用意是指同一相续，出自制止诽谤业果的必要而说造业者就是受报者，而并不是指真实的作者感受，因为常有的我不成立之故。

过去未来心，俱无故非我。
今心若是我，彼灭则我亡。
犹如芭蕉树，剥析无所有，
如是以慧观，觅我见非实。

如果问：那到底是怎样的呢？

过去与未来心不是我，因为过去心已经灭亡，未来心还没有产生，它们都不存在。

如果对方说：然而生已未灭现在的心是我。

这样一来，现在的心第二刹那灭亡时，我也将荡然无存了，同样以此理也能遮破五蕴为我。譬如，假设将芭蕉树干剖析成部分，那么丝毫实质也无有，同样，如若以理分析寻觅，我也并非真实存在。

癸二、遣除悲心不合理分三：

一、遣除无对境故修悲心不合理；二、遣除无果故修悲心不合理；三、遣除是所断故修悲心不合理。

子一、遣除无对境故修悲心不合理：

有情若非有，于谁起悲愍？

立誓成佛者，因痴虚设有。

有人提出这样的问题：倘若有情不存在，那么对谁修悲心呢？

作为对境的众生虽然无实有，但在世俗中立誓将他们安置于解脱果位，所缘境是由愚昧所假立的，对迷乱者前显现的他们修悲心并不相违。

子二、遣除无果故修悲心不合理：

无人谁得果？许由痴心得。

有人又问：假设众生不存在，那么谁获得修悲心之果呢？

在胜义中的确如此，然而在世俗中却要承认，在不知万法真相的迷乱心前，众生的显现分仍然存在，修现分的悲心也就有现分的果报。

子三、遣除是所断故修悲心不合理：

为息众生苦，不应除果痴。

我慢痛苦因，惑我得增长。

谓慢不能除，修无我最胜。

如果说：悲心也是显现虚妄的有境，属于对所知的一种愚痴，因此与对我愚痴同样是应当遣除的。

为了息灭痛苦，不需要遣除这种愚痴，也不能遣除，因而对果位这种现分的无明不是该遣除的，而对我的无明务必要遣除，因为依靠它会增长成为痛苦之因的我慢等，而一定要摈除。

如果对方说：无有能遣除它的方法。

修持无我就是对治它的最殊胜方法。

接下来，广说深入法无我之理：《宣说诸法无生经》中云：“文殊，若见身如虚空，则彼即于身随观身之念住。同理类推，若不缘受，则为于受随观受之念住；若知心唯名，则为于心随观心之念住；若不缘善不善法，则为于法随观法之念住。”

庚二、深入法无我分四：

一、身念住；二、受念住；三、心念住；四、法念住。

辛一、身念住分三：

一、具支分之身不成立；二、支分不成立；三、摄义。

壬一、具支分之身不成立分二：

一、对境身体不成立；二、身执说为迷乱。

癸一、对境身体不成立分二：

一、破与分支相联之身；二、破与分支不相联之身。

子一、破与分支相联之身分三：

一、破各自分支为身；二、破身住于每一部分中；三、摄义。

丑一、破各自分支为身：

身非足小腿，腿腰亦非身，
腹背及胸臂，彼等复非身，
侧肋手非身，腋窝肩非身，
内脏头与颈，彼等皆非身，
此中孰为身？

身体不是脚、小腿，大腿、腰也不是身体，腹、背、胸、臂这些也不是身体，侧肋、手不是身体，腋窝、臂不是身体，内脏、头颅与颈部都不是身体。这所有肢体中哪一种能真实成立为身体呢？没有任何部位成立为身体。

丑二、破身住于每一部分中：

若身遍散住，一切诸支分，

分复住自分，身应住何处？

如果这个身体住在所有支分的每一部位，那么身体的所有部分又住于支分的部分，无分真实之身体自己到底住于何处呢？

若谓吾一身，分住手等分，

则尽手等数，应成等数身。

如果说：我的整个身体分别住于手等每一部位。

这样一来，手等支分有多少数量，身体也该有同等多的数量。

丑三、摄义：

内外若无身，云何手有身？

如果里里外外都没有身体，那么手等部位怎么会真实存在身体呢？根本不会存在。

子二、破与支分不相联之身：

手等外无他，云何有彼身？

由于除了手等所有支分以外得不到的缘故，因而身体并不存在。既然如此，那么整体的身躯又怎么会与支分不相联而存在呢？绝对不会存在。

癸二、身执说为迷乱：

无身因愚迷，于手生身觉，

如因石状殊，误彼为真人，
众缘聚合时，见石状似人，
如是于手等，亦见实有身。

身体实际上并不存在，可是众生由于愚昧而对本无身体的手等生起是身体的迷乱妄心。而事实并不是像内心所执著的那样真实存在，就像执著与人形相似的假人而把它当作人的妄心一样，在将假人误认为人的众缘存在期间，就会见到假人现为真人，同样在将手等误认为身体的外缘存在期间，就会见到这些显现为身体。

壬二、支分不成立：

手复指聚故，理当成何物？
指亦指节聚，指节犹可分。
分复析为尘，尘析为方分，
方分离部分，如空无微尘。

就像一个整体的身躯不成立实有一样，由于手是手指等聚合的缘故，手又怎么会成立实有呢？由于手指也是指节的聚合，因此手指也不真实存在。这些指节也可以分析为各自的部分，因而每一部分都不存在，一个部分可以更细致地分成微尘，微尘又以方分的分析而变成多体，结果统统不成实有。对每一方分再加以剖析，就成了远离实有的部分，到最后都如同虚空般成为空性，结果微尘本身也无实有。

壬三、摄义：

是故聪智者，谁贪如梦身？
如是身若无，岂有男女相？

因此，对于现而无实如梦境般的身体，具有观察能力的智者谁会贪执呢？绝不该贪执。既然身体不存在，身体的差别男相与女相又是什么呢？根本不存在。

辛二、受念住分四：

一、受之自性；二、受之因触；三、受之对境；四、执著不成立。

壬一、受之自性分二：

一、胜义中受不成立之理；二、修分别彼之对治。

癸一、胜义中受不成立之理分二：

一、遮破之理证；二、破彼之回答。

子一、遮破之理证：

苦性若实有，何不损极乐？

乐实则甘等，何不解忧苦？

如《中论》中云："若法实有性，后则不应无。性若有异相，是事终不然。"如果苦受真实存在，那么永远不能舍弃它，如此一来，怎么会对与之相违的喜乐没有害处呢？由于有害，结果永远也就无法生起喜乐，可是却明明见到可以生起快乐。同样，安乐如果真实存在，那么甘美食品等为什么对具有受忧愁、疾病等极度折磨者不能起作用呢？本该起作用，但明明见到并没有起作用。

子二、破彼之回答：

若谓苦强故，不觉彼乐受。

既非领纳性，云何可谓受？

如果对方说：痛苦虽然真实存在，但如果生起了强有力的快乐，便压服了痛苦，因此感觉不出痛苦。

如果不是领受本性的痛苦怎么能算是受呢？因为它不具有受的法相。

若谓有微苦，岂非已除粗？

谓彼即余乐，微苦岂非乐？

如果你们说只是感觉出细微痛苦，那么虽然是受，但它的粗大部分难道不是已被具有力量的快乐所遣除了吗？

如果对方说：细微苦受的本体就是除了粗大快乐以外力量微弱的喜乐。

这样一来，所感受的这一细微喜乐也就不再是前面的痛苦，因为它属于快乐的种类。

倘因逆缘故，苦受不得生，

此岂非成立，分别受是执？

假设因为生起快乐这一违缘而使他相续中不能生起痛苦，那么对于未生起的这种痛苦妄自分别为受难道不是一种颠倒执著吗？一定是颠倒执著。

癸二、修分别彼之对治：

故应修空性，对治实有执，

观慧良田中，能长瑜伽食。

执著受完全是一种迷乱，因此应当修持这种迷乱的对治法即分析诸法无有自性的这一智慧，因为智慧观察的良田中所生的果实禅定是使证悟瑜伽实相之身体茁壮成长的食物。

遮破承许受之因是对境、根、识三者接触的观点有三：

壬二、受之因触分三：

一、破根境相遇；二、破与识相遇；三、摄义。

癸一、破根境相遇分二：

一、总破相遇；二、破微尘相遇。

子一、总破相遇：

根境若间隔，彼二怎会遇？

无隔皆成一，谁复遇于谁？

如果眼等根与色等外境有间隔，那么它们如何能相遇呢？就像东山与西山一样。如果中间无有任何中断的部分，那么显然就成了一体，结果它们谁接触谁呢？因为所接触与能接触无二无别。

子二、破微尘相遇：

尘尘不相入，无间等大故。

不入则无合，无合则不遇。

根境的微尘所有方向都没有相遇，因为微尘进入微尘而融入一尘内的情况不存在，其原因是两种微尘均无有余地，体积也完全相等。这一点是一定的，因为相互没有进入而不会融合一体，由于没有融合一体使得一切方向不可能完全接触，故而称周遍。

无分而能遇，云何此有理？

若见请示我，无分相遇尘。

承认无分微尘一方能相遇的说法怎么会合理呢？倘若如此，显然就成了相遇与未遇的两部分。假设见到存在相遇并无有方分的情况，请显示给我看看。根本无法显示。

癸二、破与识相遇：

意识无色身，遇境不应理。

聚亦无实故，如前应观察。

意识接触外境不合理，因为意识无有色相之故。

如果对方说：虽然它们之间不存在色法的接触，但聚合而生果这一点是存在的。

这种说法也是不合理的，因为聚合也不存在真实的有实法，就像前面“手复指聚故，理当成何物？指亦指节聚，指节犹可分。分复析为尘，尘析为方分，方分离部分，如空无微尘”分析的一样。

癸三、摄义：

若触非真有，则受从何生？

何故逐尘劳，何苦伤何人？

如果受之因——触不存在，那么其果——受又从何而生呢？何故为了追逐、获得乐受而辛苦劳累呢？究竟是什么苦受在加害何者的相续呢？所害与能害根本不存在。

若见无受者，亦无实领受，

见此实性已，云何爱不灭？

一旦彻见到了既无有任何受者的我，也不存在感受本身这一阶段，当时已远离了苦乐，贪爱怎么会不灭除呢？一定会灭除。

壬三、受之对境：

所见或所触，性皆如梦幻。

所见与所触之间五境都是现而不实、如梦如幻的本性，为此它们的有境受也不存在实有。

壬四、执著不成立：

与心俱生故，受非心能见。

后念唯能忆，非能受前心，

不能自领纳，亦非他能受。

受并非是以与自身一同产生的心所能见到的，因为与心同时产生的缘故它们之间没有联系。而心在受之前或之后产生就只能忆念它、向往它而已，并不能亲自体验，因为在此等之时受尚未产生，或者已经灭亡。由于所受与能受无二，因此并不是自己领受自己。如果观察三时，则以他者来领受也不应理。

毕竟无受者，故受非真有，

谁言此幻受，能害无我聚？

由此可见，受者终究不存在。既然受者不存在，那领受当然就不可能有了，如此一来还怎么能以乐受利益、以苦受加害这个无我的蕴聚呢？因为能利与能害均不成立。

辛三、心念住分二：

一、意识不成立；二、五根识不成立。

壬一、意识不成立：

意不住诸根，不住色与中，

不住内或外，余处亦不得。

意识既不住于眼等诸根中，也不住在色等诸境中，原因是：虽然根境都存在，但是每一根、每一境都不能产生意识。根境之间其他处也不存在心，因为得不到的缘故。心不在身内也不在身外，除此之外他处也得不到心。

非身非异身，非合亦非离，

无少实性故，有情性涅槃。

心既不是身体，也不是身外的实有法，又不是与身混在一起，离开身心另外也不存在。这样的意识毫无实有，如《宝积经》中云：“迦叶，心于内无有，于外亦无，二者亦无有且不可得。迦叶，心无有色，无有所示，无有阻碍，非为所依，无有显现，无有有表，无有住处。迦叶，诸佛亦未见、不见、不可见心。”因此，众生本来即是涅槃的本性。

壬二、五根识不成立：

离境先有识，缘何而生识？

识境若同时，已生何待缘？

识若后境起，缘何而得生？

如果说：五根识能取五境是真实的。

那么请问，观察五根识是在五境之前、同时还是后面有的？如果说它们在所知五境之前就已存在，那么识是缘什么对境而产生的呢？因为当时对境尚未产生还不存在。如果识与所知同时产生，同样请问它是缘什么对境产生的？因为识没有产生对境也没有形成，识若已经产生，那就无需依靠对境来产生。如果识在所知对境后才有，那么当时识是从何对境中产生的呢？因为对境已灭尽而不存在。

辛四、法念住分二：

一、诸法成立无生之理；二、遣除于彼之争论。

壬一、诸法成立无生之理：

故应不能知，诸法实有生。

由此可见，以前面、后面、同时均不能产生的这一理证足可通达一切诸法并非实有产生。

壬二、遣除于彼之争论分二：

一、遣除无有世俗之过失；二、遣除分析不合理。

癸一、遣除无有世俗之过失分二：

一、辩诤；二、答辩。

子一、辩诤：

若无世俗谛，云何有二谛？

世俗若因他，有情岂涅槃？

如果对方说：倘若一切法无生，那么具生灭的世俗谛就不存在了，这样一来，中观派的二谛怎么能存在呢？根本无法存在。假设一切法无生无灭，世俗只是其他迷乱的分别心假称有生有灭才安立的，那么众生怎么会涅槃呢？不会趣入涅槃，因为尽管有些人趣入涅槃，可是他人也假立为有生有死，如此也就变成世俗了。

子二、答辩：

此由他分别，彼非自世俗。

后决定则有，非故无世俗。

尽管实际上是无生，然而由于众生没有证悟这一点而分别妄执为有生有灭，观待以心作为对境而安立为世俗，因此并不至于成为无有世俗谛的过失。

依此也可证明并非无有涅槃，因为他人的迷乱，不会导致另外人（指涅槃者）成为世俗，这种迷乱的分别念是涅槃以外他人心的妄念，它并不是涅槃者自身的世俗，因为是迷乱分别念的缘故，后来趣入涅槃时如果决定有迷乱妄念，那它就会有自己的世俗，由于当时没有迷乱妄念，因而无有世俗。《大疏》中解释道：“诸法生诸法并非是后来而生且有，因此后来决定之法若有，则尔时有世俗。”意思是说，涅槃时决定由一法生后一法的情况如果存在，则……我认为这种解释也可以。

癸二、遣除分析不合理分二：

一、辩诤；二、答辩。

子一、辩诤：

分别所分别，二者相依存。

如果对方说：能分别的心与所观察的对境二者是相互依存的关系，对境不成立，心也不存在，因此进行分析不合理。

子二、答辩分三：

一、能分析不需要实有；二、若需要则有太过；三、未分析亦成立空性。

丑一、能分析不需要实有：

是故诸观察，皆依世共称。

虽然对境无实，心也无实，但这一点并不能说明分析不合理，一切分析均是名言的分别心依据世间共称的道理而说的。

丑二、若需要则有太过：

以析空性慧，究彼空性时，

若复究空智，应成无穷过。

什么时候需要由成立实有的分析作为能分析，尔时那一分析也需要以其他分析来加以分析，结果就成了无穷无尽，由此根本的所分析也成了不一定。

丑三、未分析亦成立空性：

悟明所析空，理智无所依，

无依故不生，说此即涅槃。

对所分析的对境进行分析，如果成立空性，那么对能分析的智慧未加分析也根本不存在所依的对境，由于无有所依对境，也就不能产生能依的心，这样一来，境心无二寂灭为无生，这就是涅槃，也就是前文中所说的“无缘最寂灭”。

己三、破除所断实执分三：

一、总说；二、遮破能立；三、宣说能害。

庚一、总说：

心境实有宗，理极难安立。

如果按照有实宗的观点承认境心二者实有，这一点极难立得住脚，因为无有所立而有能害。

庚二、遮破能立分二：

一、相互依存故不成立；二、破彼遣过之回答。

辛一、相互依存故不成立：

若境由识成，依何立识有？

若识由境成，依何立所知？

如果说，由心识实有而成立对境实有。

那么心识实有又有什么依据或根据呢？如果说，由所知成立心识，那么所知存在又有何依据呢？

心境相待有，二者皆无实，

无子则无父，无父谁生子？

无子也无父，如是无心境。

如果相互观待由一者而推出另一者存在，那么当时一者不成立另一者也就不成立，因此二者都成了不存在，如若无有儿子，父亲就不能成立，父亲不成立，儿子又从何而生呢？这样一来，无有儿子就无有父亲，无有父亲就无有儿子，最终二者均不存在，同样境心二者也终归无有。

辛二、破彼遣过之回答：

如芽从种生，因芽知有种，

由境所生识，何不知有境？

由彼异芽识，虽知有芽种，

然心了境时，凭何知有识？

如果对方说：由于观待而成立故不相违，比如苗芽从种子中生，由于相互观待便可通过苗芽了知种子存在。同样，依靠所知中产生的心识为何不能了知所知存在呢？

这两者是不同的，如果苗芽可通过它以外的心识来见再进一步了知有种子，那么能了知所知实有的心识实有存在又凭借什么呢？因为它并没有能知。

庚三、宣说能害分三：

一、由因建立空性；二、由果建立空性；三、成立之摄义。

辛一、由因建立空性分二：

一、真实无生建立空性；二、名言中由因生建立空性。

壬一、真实无生建立空性分三：

一、破无因生；二、破常因生；三、摄义。

癸一、破无因生：

世人亦能见，一切能生因，

如莲根茎等，差别前因生。

破斥顺世外道与密行派所谓的“日升河水向下流，豌豆圆形刺尖长，孔雀翎艳等诸法，谁亦未作自性成”，也就是承认一切有实法无因生的观点。暂时世间现量也见到果由它本身的诸因聚合而生，并且依靠比量等也能证实，如同莲花茎等不同果的差别完全是由各不相同因的差别而形成的。

谁作因差别？由昔诸异因。

何故因生果？从昔因力故。

如果有人问：因的差别由谁所造的呢？

那是由往昔的不同因而来。那么，不同的因又为何能生不同的果呢？这也是由前因的力量才这样生果的。

癸二、破常因生分三：

一、破由大自在所生；二、破由微尘所生；三、破由主物而生。

子一、破由大自在所生分三：

一、大自在不成立；二、由彼所生不存在；三、大自在不能作为能生。

丑一、大自在不成立：

自在天是因，何为自在天？

若谓许大种，何必唯执名？

胜论派与吠陀派将所谓的大自在天作为圣尊，认为他具有清净、应供、常有、唯一、一切的作者这五种特点，是一切众生之因。

那么暂且请问，大自在天到底是什么？

如果对方说：他是一切大种。

既然他是大种所造的因，那假立为自在天只是徒有虚名了，对此为何要徒劳争论呢？不必争论。

无心大种众，非常亦非天，

不净众所践，定非自在天。

彼天非虚空，非我前已破，

若谓非思议，说彼有何义？

尽管如此，但要说明的是，你们自己所许的（自在天）法相是不存在的，由于地等一切大种具有众多、无常、无有动摇之心、非为圣尊且可践踏、不清净，可见它不是自在天。虚空不是自在天，因为它无有动摇。神我也不是自在天，对于神我前面已经破遮完毕。如果说作者自在天是不可思议的，既然不是所思，那将他称为作者又有什么用途呢？实在无有意义。

丑二、由彼所生不存在：

云何此彼生？我及自在天，

大种岂非常？识从所知生，

苦乐无始业？何为彼所生？

再请问：你们承认由大自在天所生的果到底是什么？

如果对方说：是我、地等的微尘、大自在天后面同类的相续。

那么岂不是承认这些的本体是常有了吗？由于是常有的缘故，与所生相违。

心识也是从所知中产生、具有外境行相的，这种觉知也是由无始以来的前前心识中产生，苦乐是从善业、恶业中生，因此请说说大自在天所生的果究竟是什么呢？

丑三、大自在不能作为能生分二：

一、宣说过失；二、遣除周遍之谬论。

寅一、宣说过失：

若谓因无始。彼果岂有始？

如果作为因的大自在天能生果是恒常的，无始的，那么它的果安乐等岂能有初

始？也成了无始。同样，大自在也无有终结，为什么苦乐等不是常有呢？也应成常有，但由于苦乐这些是偶尔出现的缘故，因此对方的观点不攻自破。

寅二、遣除周遍之谬论：

彼既不依他，何故不常作？

若皆彼所造，彼需观待何？

如果对方说：大自在天虽然是恒常的，但生果有时观待他缘，因而不一定恒常生果。

这样一来，那位大自在天应成不观待他法，因为非由他所造的其他实法不存在。既然如此，那他生果还需要观待什么呢？

若依缘聚生，生因则非彼。

缘聚则定生，不聚无生力。

若非自在欲，缘生依他力。

若因欲乃作，何名自在天？

如果对方说：需要观待外缘聚合，这样一来，就有外缘聚合成为因而自在天并不是因的过失。原因是：因缘聚合时自在天没有不生果的权力，因缘不聚合时他也没有生果的权力。倘若自在天在不愿意的情况下能生果，那么就成了被他法主宰了。即使是愿意而生果，那也说明将依赖于生果的意愿，如果由意愿而造出果，那又怎么能称得上是自在天呢？因为意愿是受无常控制的。

子二、破由微尘所生：

微尘万法因，于前已破讫。

胜论外道承认由常有的微尘产生器情万法，这些均是不合理的，关于微尘常有，前面以“尘析为方分”等已经破斥完毕。

子三、破由主物而生分二：

一、安立观点；二、破彼观点。

丑一、安立观点：

常主众生因，数论师所许。

喜乐忧与暗，三德平衡状，

说彼为主体，失衡变众生。

数论外道认为万事万物均可包括在神我心识与主物无情法二者当中，其中神我如前所说具有五种特点，它不是任何因果。而主物也具有唯一、恒常、无情、谁也见不到、一切的作者五种特点，是一切众生之因。主物的本体：当心所具有的精力、微尘、黑暗也就是苦、乐、等舍三德处于平衡状态时，它的自性即称为因之主物。当这三者失去平衡时，从中产生现象，首先出现如水晶般清澈的大，它由内现出神我的影像，从外显现对境的影像，因此这两者融合在一起时就作为神我享受对境的名言。

随后出现我慢以及我慢所生的眼等心之五根、口足手尿道肛门业之五根与共同意根十一根，再加上声、触、味、色、香五境，共有十六群体。其中五境按次第产生虚空、风、火、水、地五大种，这二十二法，称作果，如云：“自性生大彼生慢，慢生群体十六相，十六相中皆亦尔，五境中生五大种。”

丑二、破彼观点分四：

一、破自性是一体；二、破乐等是境；三、破实法常有；四、破生前有者。

寅一、破自性是一体：

一体有三性，非理故彼无。

如是德非有，彼复各三故。

唯一实有的主物真实具有三种自性不合理，因而主物并不存在。同样，德也并不是真实具有三种，因为每一德都同样有三种自性。

若无此三德，杳然不闻声。

推理是成立的，原因是你们自己承认无论是唯一的神我还是实有的无情物都具有三种功德自性。关于最后的推理，《大疏》中已进行了明示。如果不具有因三德，那么它的果——声音等所有现象就不可能存在了。

寅二、破乐等是境：

衣等无心故，亦无苦乐受。

谓此即因性，岂非已究讫？

你们所谓的衣等五唯（数论派所立的二十五法之一组，即色、声、香、味、触五境）不可能具有乐等本体，因为它们没有心。

如果对方说：衣等一切有实法的确有乐等因之自性，因此具有乐等。

实际上衣等一切有实法也与身体相同，而身体不是已经分析、破斥完毕了吗？确实已经破完了。

汝因具三德，从彼不生布。

若布生乐等，无布则无乐。

再者说，你们宗派承认衣服等的因也具有乐等三德，实际上从乐等根本不会有氆氇等物品生出。如果说世俗中明明见到了由氆氇等中产生乐等，对此观察分析，则由于因——氆氇等并非真实存在，所以它的果——乐等也必然无实有。

寅三、破实法常有：

故乐等常性，毕竟不可得。

乐等若恒存，苦时怎无乐？

若谓乐衰减，彼岂有强弱？

舍粗而变细，彼乐应非常。

你们所承认的乐等是恒常性这一点永远也得不到，因为这些是偶尔性的缘故。如果明显的乐等恒常存在，那么生起痛苦时为何感受不到快乐呢？应该感受到快乐。

如果对方说：生起痛苦时，由于快乐变得微弱，因此感受不到。

既然乐等是恒常性的，怎么会时而粗大、时而细微呢？以舍弃粗大而变成细微这一点，就足可证明乐等的这些粗细是无常性。

如是何不许，一切法非常，
粗既不异乐，显然乐非常。

同样，为什么不承认现象等一切有实法都是无常的本性呢？同等理之故。

如果对方说：乐的粗细阶段虽然无常，但乐的自性是恒常的。

既然乐的粗大部分并不是乐以外的他法，粗大是无常的，乐也显然是无常。

寅四、破生前有者分四：

一、他宗之观点；二、发太过；三、破彼之回答；四、遣除妨害自宗。

卯一、他宗之观点：

因位须许有，无终不生故。
显果虽不许，隐果仍许存。

如果承许：不存在的法丝毫也不生，因为无有之故，就像沙子中无有芝麻油一样。产生前所未有的明显之果这一点你们虽然不承认，但你们宗派实际上也承认有果存在，因为承认以前不明显后来生成明显的果。

卯二、发太过：

因时若有果，食成啖不净，
复应以布值，购穿棉花种。

如果在因位时果已存在，那么吃食物就成了吃不净粪，应当以买布的钱去购买棉花的种子来穿。

卯三、破彼之回答：

谓愚不见此，然智所立言，

世间亦应知。何故不见果？

世见若非量，所见应失真。

对方回答：虽然事实本是如此，但世间人由于愚昧而见不到种子是布，为此才不穿种子。

事实并不是这样吧，因为被你们承许为了知此理的色迦大师等也并没有穿着种子，而是穿着布衣。你们宗派所了知的果，它的因在世人面前也存在，为何世人不见种子中有布呢？理当见到。

如果认为世人面前虽然存在，但在因位时由于世间人的所有分别心并不是正量，所以不能了达。

这样一来，以分别心明显见到果也应成了不真实，因为是迷乱的对境之故。

卯四、遣除妨害自宗：

若量皆非量，量果岂非假？

真实修空性，亦应成错谬。

如果对方说：假设按照你们中观派所承认的，能衡量对境的所有量都不是正量，而是迷乱的，那么以其衡量的空性难道不也成了虚妄的吗？由于空性成了虚假的缘故，修行空性也就不合理了。

不依所察实，不取彼无实，

所破实既假，无实定亦假，

如人梦子死，梦中知无子，

能遮有子想，彼遮也是假。

驳斥：不依赖心所假立的有实法，也就是说没有以有实法作为对境，心就不能执著它的无实法，就像没有以石女儿作所取就不会执著他死亡一样。无实法观待有实法，既然所破有实法是虚假的，能破它的无实法也显然是虚妄的。然而，修习空性是合理的，因为它能作为实执的对治法，譬如梦中梦见儿子死去，想到无有儿子的念头能够遮止有儿子的妄念，无的执著虽然是虚妄的，但却能遣除有的执著。

癸三、摄义：

如是究诸法，则知非无因，
亦非住各别，合集诸因缘，
亦非从他来，非住非趋行。
愚痴所执谛，何异幻化物？

可见，经过这般以理分析，便会明白：任何有实法都不是无因而存在，也不是最初安住于个别的因缘或积聚的众缘中，又不是从他处重新而来，因此不是最初产生、也不是中间来安住、又不是最终灭尽去往他处。如果加以分析，这些均不成立，但众生由于愚痴而执为实有，这一切法实际上是现而无实的，因此与幻物又有什么差别呢？无有差别。

壬二、名言中由因生建立空性：

幻物及众因，所变诸事物，
应详审观彼，何来何所去？

对于幻化师所幻化的象马等与诸因缘所幻变的色法等事物进行观察：最初从何处来、中间住于何处、最终去往何处，结果就会发现都是无来无去。如经中云：“色不从何来，亦不往何处，何处亦不住……”

缘合见诸物，无因则不见，

虚伪如影像，彼中岂有真？

任何果都是依靠它的因才被见到的，如果因不存在，那么就不会见到果，可以说完全是因缘的产物，因而与影像一模一样，怎么会有真实性可言呢？经中云：“何依缘生彼无生，彼生自性皆非有，依缘何法彼空性，谁知空性即谨慎。”

辛二、由果建立空性分三：

一、破二边生；二、破二边灭；三、故成立空性。

壬一、破二边生分二：

一、破有生；二、破无生。

癸一、破有生：

若法已成有，其因何所需？

如果有实法已经存在，那么因还有什么必要呢？因为果已经形成。

癸二、破无生分二：

一、无有非为所生；二、彼不能转成有实法。

子一、无有非为所生：

若法本来无，云何需彼因？

如果某法本来就不存在，也是同样，因还有什么必要呢？因为它不是果的因。

子二、彼不能转成有实法：

纵以亿万因，无不变成有。

无时怎成有？成有者为何？

如果对方说：虽然因不能生无实法，但它还是能够转变成有实法。

这种说法不合理，纵然是以百千万数的因，也没有使无实法转变成其他有实法的，因为无实法是常有的。假设能转变，那么是在没有离开无实法还是已经离开了无实法而转变的，如果说未离开无实法而转变的，那么在没有脱离无实法的阶段如何会是有实法呢？根本不会是。如果离开无实法而转变，则离开无实法以后成为其他的有实法到底是什么呢？不可能存在。

无时若无有，何时方成有？

于有未生时，是犹未离无。

倘若未离无，则无生有时。

再者说，如果尚未舍弃无实法的阶段，那么无实法之时不可能存在有实法，既然如此，那什么时候才能变成有实法呢？相反，如果舍弃了无实阶段后变化，则有实法没有产生而不会离开无实法，既然没有脱离无实法，有实法就不可能有产生存在的机会，由于相互依存，二边不可能并存。

壬二、破二边灭：

有亦不成无，应成二性故。

同样，有实法也不会灭尽而变成无实法，原因是：如果当时没有离开有实法，则同一自性就应成有实法与无实法两种，这种情况是不可能的。如果离开有实法而转变，则在有实法之时与其真实性也相违。如云："倘若自性有，则彼不变无。"

壬三、故成立空性：

自性不成灭，有法性亦无。

是故诸众生，毕竟不生灭。

由此可见，灭是不存在的，有实法也无有生，因此一切有情恒常不生不灭，本来即是寂灭涅槃的本性。

辛三、成立之摄义：

众生如梦幻，究时同芭蕉，

涅槃不涅槃，其性悉无别。

众生现而无实犹如梦境，进行详细分析时，无有实质如同芭蕉树一般，《三摩地王经》中云："如人剥开湿芭蕉，欲从中得实有果，然而内外无实质，一切诸法如是观。"因此，涅槃、不涅槃于真实性中无有差别。经云："诸法等性故智慧波罗蜜多亦等性。"

戊三、以智慧所得之事分二：

一、平息世间八法；二、于未证悟空性者生悲心。

己一、平息世间八法：

故于诸空法，何有得与失？

谁人恭敬我？谁复轻蔑我？

苦乐由何生？何足忧与喜？

对于本为空性的一切法，有什么得有什么失呢？哪位众生在赞叹承侍我，又有谁在轻蔑我呢？以什么利益而快乐，以什么损害而痛苦呢？听到刺耳的话语有什么可忧伤的，听到悦耳之语又有什么值得喜悦的呢？

若于性中觅，孰为爱所爱？

细究此世人，谁将辞此世？

孰生孰当生？谁为亲与友？

如我当受持，一切如虚空？

如果于真如性中寻找，那么是什么有境在贪爱什么样的对境呢？若加以分析，则活着的此世尚且不成立，谁又会于此世死亡呢？谁将在后世降生，又有谁在前世

出生过呢？谁是亲戚与朋友呢？这一切的一切都如虚空一般不成立，愿诸位能像寂天我一样分析而受持实相。

己二、于未证悟空性者生悲心分二：

一、所缘；二、行相。

庚一、所缘分三：

一、今世辛苦维生；二、后世感受痛苦；三、三有共同过患。

辛一、今世辛苦维生：

世人求自乐，然由诤喜因，
频生烦乱喜。勤求生忧苦，
互诤相杀戮，造罪艰困活。

只求自我快乐的人们由争斗之因导致频频发生冲突，心烦意乱，由利益之因而数数欢喜，由于没有得到快乐而忧伤难过，为了获得安乐自己的三门辛苦奔波，与他人争论不休，自他互相残杀，频繁造罪，饱尝巨大的艰辛维持生活。

辛二、后世感受痛苦：

虽数至善趣，频享众欢乐，
死已堕恶趣，久历难忍苦。

虽然曾经三番五次投至善趣，享受众多的安乐，可是死后会堕落到恶趣中感受漫长难忍的痛苦。

辛三、三有共同过患分三：

一、与解脱相违；二、此相违难除；三、颠倒执苦为乐。

壬一、与解脱相违：

三有多险地，于此易迷真，

迷悟复相违，生时尽迷真。

将历难忍苦，无边如大海。

在三有之中，痛苦的险处多种多样，对此没有证悟解脱的方便真如本性而将色法等执为实有，之所以具有诸如此类的实执也是由于证悟空性与实执相违的缘故。因此，只要流转轮回就说明没有证悟真如，而要感受无可比拟、无法忍受、如无边无际大海般的痛苦。

壬二、此相违难除：

苦海善力微，寿命亦短促，

为活及无病，强忍饥疲苦。

睡眠受他害，伴愚行无义，

无义命速逝，观慧极难得。

此生有何法，除灭散乱习？

在三有中，由于没有证悟空性而使行善的力量微弱，并且善妙的所依暇满人身的寿命也是短短一瞬间。在世时也是为了存活、健康而想方设法疲于奔命，而且还有睡眠、他众的损恼。以与凡愚交往等无聊之事，就这样在毫无意义当中，今生的光阴很快就流逝过去了，并且观察现而无实的智慧也极难得到。对于无始以来串习实执的散乱，怎么能有遣除的办法呢？

此时魔亦勤，诱堕于恶趣，

彼复邪道多，难却正法疑。

暇满难再得，佛世难复值，

惑流不易断，呜呼苦相续！

自己非但不具足顺缘，反而经常遭受他人制造违缘，为了引堕大恶趣，恶魔也是再接再厉，魔教邪道也是屡见不鲜，而且对正道的满腹怀疑也难以遣除，正由于以上种种原因，使得暇满人身很难再度获得，值遇佛出世更是难能可贵，烦恼的河流难以阻断。为此，作者不禁悲悯地感叹道：唉，轮回众生将连续不断感受痛苦！

壬三、颠倒执苦为乐：

轮回虽极苦，痴故不自觉，
众生溺苦流，呜呼堪悲愍！
如人数沐浴，或数入火中，
如是虽极苦，犹自引为乐。

虽然处在极度痛苦的轮回中却不觉自己痛苦，趋入苦因的众生沉溺在痛苦的河流中实在是值得悲怜，比如有人数数沐浴，屡屡步入火中，虽然处于极端痛苦之中，但他却自以为快乐，实际上是将痛苦误认为快乐。

如是诸众生，度日若无死，
今生遭弑杀，后世堕恶趣。

众生尽管如此痛苦，然而却像没有老死等苦难一样仍旧在造作苦因，以致于在诸处，首先被死主所杀，死后又堕入三恶趣中招致难忍的痛苦，一直被因果痛苦所束缚。

庚二、行相分二：

一、愿安乐；二、愿成利益之因。

辛一、愿安乐：

自聚福德云，何时方能降，
利生安乐雨，为众息苦火？

什么时候才能从自己的福德祥云中降下善资的妙雨为遭受痛苦烈火逼迫的众生消除苦难？

辛二、愿成利益之因：

何时心无缘，诚敬集福德，

于执有众生，开示空性理？

但愿有朝一日能以具有证悟诸法无缘的智慧来恭敬积累福德资粮，待到自己的二种资粮圆满以后，缘他众而为一切有情开示空性的法理。

第九品释终

第十品　回向

乙三、圆满结尾分二：

一、回向福德；二、忆念恩德之作礼。

丙一、回向福德分三：

一、回向所化他利；二、回向作者之自利；三、回向共同所说之义。

丁一、回向所化他利分二：

一、回向成为诸世间利乐之因；二、回向成为诸出世间意愿之因。

戊一、回向成为诸世间利乐之因分二：

一、为总利乐而回向；二、尤其为趋入佛教而回向。

己一、为总利乐而回向分三：

一、略说回向；二、为各别利益而回向；三、为共同之利而回向。

庚一、略说回向分二：

一、为利益而回向；二、为安乐而回向。

辛一、为利益而回向：

造此入行论，所生诸福善，

回向愿众生，悉入菩萨行。

我以造此《入菩萨行论》的善根愿一切众生趋入菩萨行。

辛二、为安乐而回向：

周遍诸方所，身心病苦者，

愿彼因吾福，得乐如大海！

愿彼尽轮回，终不失安乐，

愿彼悉皆得，菩萨相续乐！

愿诸方所有遭受身心痛苦的众生都以我的福德而获得如海的喜乐！在未获得佛陀的大乐之前，愿永不失去安乐！愿众生拥有菩萨连续不断的安乐！如《经庄严论》中云："施与悲共起，能令菩萨乐，三界中乐受，比此无一分。"

庚二、为各别利益而回向分二：

一、回向恶趣众生；二、回向善趣众生。

辛一、回向恶趣众生分三：

一、为地狱众生而回向；二、为旁生而回向；三、为饿鬼而回向。

壬一、为地狱众生而回向分二：

一、愿痛苦自息；二、愿以他力而息。

癸一、愿痛苦自息分二：

一、略说；二、广说。

子一、略说：

愿诸世间界，所有诸地狱，

彼中诸有情，悉获极乐喜！

愿世间所有地狱的一切有情均获得最胜的喜乐！

子二、广说：

愿彼寒者暖，亦愿菩萨云，

飘降无边水，清凉炙热苦！

愿具疱地狱、疱裂地狱、阿秋秋地狱、紧牙地狱、虎虎婆地狱、裂如青莲花地狱、裂如红莲花地狱、裂如大莲花地狱中被严寒所逼迫的八寒地狱众生得到温暖！愿菩萨的二资浓云中降下的无边甘露水给复活地狱、黑绳地狱、众合地狱、号叫地狱、大号叫地狱、烧热地狱、极热地狱、无间地狱为炽热所恼的八热地狱众生带来清凉！

愿彼剑叶林，悉成美乐园，

铁刺树枝干，咸成如意枝！

愿狱成乐园，饰以鸥鹅雁，

悦音美飞禽，芬芳大莲池！

祈愿剑叶林也成为美丽的乐园，铁刺树长成如意树！愿由海鸥、天鹅、大雁等以悦耳的吟鸣声来装点，芳香异常的莲花池使地狱各处变得赏心悦目！

愿煨成宝聚，烧铁成晶地，

怖畏众合山，成佛无量宫！

岩浆石兵器，悉成散花雨，

刀兵相砍杀，化为互投花！

祈愿煻煨炕变成珍宝聚，烈火燃烧的铁地变成平整如掌的水晶地，众合山都变成遍满佛陀的无量宫殿！愿热炭、燃石以及兵器雨从今以后均变成纷纷缀下的花雨，兵革相斗从今起变成为游戏投抛的鲜花！

陷溺似火燃，无滩河众生，
皮肉熔蚀尽，骨露水仙白，
愿彼因吾福，得获妙天身，
缓降天池中，天女共悠游！

愿沉溺在如烈火般的无滩河中皮肉焦烂、骨白如水仙花般的众生以我的善业力而获得天人妙身，与诸天女一起缓缓悠然而游戏！

癸二、愿以他力而息：

云何此中隼，卒鹫顿生惧？
谁有此妙力，除暗生欢喜？
思已望空际，喜见金刚手，
愿以此欣喜，远罪随密主！

为什么在此令人忍受不了的阎罗狱卒、乌鸦、鹰鹫会惊恐起来呢？心里暗想：能消除黑暗带来喜乐的妙力到底是谁的威德力所致呢？想到这里不禁向上观瞧，结果发现虚空中金刚手菩萨威光赫赫地端坐在那里，不由得欢欣喜悦，愿以清净心而远离罪业，随行金刚手菩萨！

愿狱有情见，香水拌花雨，
自天迅飘降，熄灭炽狱火，
安乐意喜足，心思何因缘？
思时望空际，喜见圣观音！

愿地狱众生见到掺拌香水的花雨从天而降熄灭地狱炽热的火烬，骤然获得安乐而心满意足，不禁思维这究竟是怎么回事呢？想到这里抬头观望，喜出望外地见到了如是的作者手持莲花的观世音菩萨！

愿狱众有情，欢呼见文殊，
友朋速来此，吾上有文殊，

五髻光灿灿，已生菩提心，

力能灭诸苦，引乐护众生，

令畏尽消除，谁愿舍彼去？

彼居悦意宫，天女齐歌颂，

着冠百天神，齐礼莲足前，

花雨淋髻顶，悲泪润慈目！

偶然间见到文殊，于是情不自禁失声呼喊：诸位朋友不要害怕迅速来这里，快看：我的上方有以其威德力赐予离苦得乐救护一切有情的菩萨，他就是具有能除地狱痛苦的光芒与慈悲五髻金光闪闪的童子文殊，能令一切怖畏荡然无存，因此各位无需再颠倒地逃往别处；有百天以冠冕顶戴其足莲，以大悲浸润双目，顶上花束妙雨飘洒，这样的文殊菩萨居住在舒心悦意成千上万天女同颂赞歌的宫殿中。愿所有众生均能见到文殊菩萨，当下地狱有情便以欢喜心脱离痛苦！

复愿狱有情，以吾善根力，

悉见普贤等，无碍菩萨云，

飘降芬芳雨，清凉复安乐，

见已彼等众，由衷生欢喜！

以我的善根也愿地狱有情见到普贤菩萨、弥勒菩萨、地藏王菩萨、虚空藏菩萨、除盖障菩萨等以各自的神变力所涌现的乐云普降悦意、清凉、芬芳的妙雨，由衷生起欢喜！

壬二、为旁生而回向：

愿彼诸旁生，免遭强食畏！

但愿所有旁生都能远离互相啖食的畏惧！

壬三、为饿鬼而回向：

复愿饿鬼获，北俱卢人乐！

愿圣观世音，手出甘露乳，

饱足饿鬼众，永浴恒清凉！

也愿饿鬼能像北俱卢洲的人们那样，无有不得饮食的痛苦，安乐无比！愿圣者观世音菩萨手中洒下的甘露乳汁，满足一切饿鬼，为他们沐浴，从而恒时感受清凉！

辛二、回向善趣众生：

愿盲见形色，聋者常闻声，

如彼摩耶女，孕妇产无碍！

祈愿盲人能复明见色，聋者恒常听到声音，孕妇都能像摩耶夫人一样无有阻碍地生下儿女！

愿裸获衣裳，饥者得足食，

渴者得净水，妙味诸甘饮！

愿无衣裸体者能获得衣裳，饥肠辘辘的挨饿者得到丰足的食品，口干舌燥者获得清净的水以及味道甘美的饮品！

愿贫得财富，苦者享安乐！

愿彼绝望者，振奋意永固！

但愿穷困潦倒的贫困者获得财富，受苦受难的可怜者享受快乐！愿那些心灰意冷的绝望者振作精神，意志坚定！

愿诸病有情，速脱疾病苦！

亦愿众生疾，毕竟永不生！

愿患病的有情都能迅速摆脱疾苦！也愿众生的所有病患恒不出现！

愿畏无所惧，缚者得解脱，

弱者力强壮，心思互饶益！

愿所有惶恐不安者无所畏惧，一切受束缚者均得到解脱，所有软弱无能者具足威力，相互之间满怀饶益之心！

愿诸营商贾，处处皆安乐，
所求一切利，无劳悉成办！
愿诸航行者，成办意所愿，
安抵河海岸，亲友共欢聚！

愿所有奔波劳顿的商人，处处平安快乐，所向往的任何事都不费吹灰之力而成办！愿所有大小航船中的船客都能如愿以偿，安全顺利抵达江河海岸，与亲友欢聚一堂！

愿迷荒郊者，幸遇诸行旅，
无有盗虎惧，无倦顺利行！

愿那些迷失在荒郊野外的漂泊者有幸逢遇到旅客，无有盗匪猛虎等威胁怖畏，无有疲倦，一路平安，行程顺利！

愿诸天守护，无路险难处，
老弱无怙者，愚痴癫狂徒！

祈愿诸天神能在空旷荒野等无有路途危险之处庇护那些年迈体弱的老者、幼稚无知的孩童、无依无靠的孤苦者以及愚昧疯狂的可怜者！

愿脱无暇难，具信慈爱慧，
食用悉富饶，时时忆宿命！

愿众生都能脱离八无暇的险难处，具足信心、慈心与智慧，尽情享用无有罪业的饮食，丰足富裕，恒时回忆宿世。

受用愿无尽，犹如虚空藏，
无诤亦无害，自在享天年！

愿世间或一切有情的受用如同虚空的宝藏一般取之不竭、用之不尽，彼此之间无有争论、无有损恼，自由自在享受天年！

愿卑寒微士，容光悉焕发，

苦行憔悴者，健朗形庄严！

愿所有卑微贫寒之人个个容光焕发，神采奕奕！愿一切容颜憔悴的苦行者个个健壮，相貌端严。

愿世诸妇女，悉成男子汉，

寒门晋显贵，慢者转谦逊！

愿世间的所有女子（异生）都变成伟健的男子汉，所有下贱之人（异生）都晋升为达官显贵，贡高我慢之辈都摧毁傲气，变得谦虚谨慎！

庚三、为共同之利而回向分二：

一、回向成为利益之因；二、回向成为安乐之因。

辛一、回向成为利益之因：

愿诸有情众，因吾诸福德，

悉断一切恶，常乐福善行！

这一偈颂是说成为总利益之因，愿一切有情都以我的所有福德而断除一切恶业，恒常奉行善法！

愿不舍觉心，委身菩提行，

诸佛恒摄受，断尽诸魔业！

尤其是愿众生意乐不离菩提心，行为尽心尽力精勤于菩提行，具足顺缘，蒙受诸佛摄受，遣除违缘魔业！

辛二、回向成为安乐之因分二：

一、回向实现意愿；二、愿离不幸。

壬一、回向实现意愿：

愿诸有情众，万寿永无疆，

安乐度时日，不闻死殁名！

愿一切有情都能万寿无疆，恒时安乐度日，甚至连“死亡”的名称也听不到！

愿于诸方所，遍长如意林，

充满佛佛子，所宣妙法音！

愿于一切方位处所遍布如意树的乐园，其中充满佛与佛子演说妙法的悦耳之音！

普愿十方地，无砾无荆棘，

平坦如舒掌，光滑似琉璃！

普愿十方的大地无有瓦砾、荆棘等，平平坦坦宛如舒展的手掌一般，光滑得好似琉璃一样！

愿诸菩萨众，安住闻法眷，

各以妙功德，庄严此大地！

愿诸位菩萨能安住在闻法眷属中央，各自以神变等功德庄严整个大地！

愿诸有情众，相续恒听闻，

鸟树虚空光，所出妙法音！

但愿一切有情能连续不断地听闻到鸟类、树木、光芒等以及虚空中传出的微妙法音！

愿彼常值佛，以及诸佛子，

并以无边云，献供众生师！

祈愿他们恒常幸遇佛陀及佛子，并且以无边的供云献给众生上师佛陀！

愿天降时雨，五谷悉丰收，

仁王如法行，世事皆兴隆！

但愿天神也是应时降雨，五谷丰登，国王如法而行，世间欣欣向荣。

愿药具速效，咒语咸灵验，

空行罗刹等，悉具慈悲心！

愿所有药物均具有速效，咒语都灵验无比，空行罗刹等所有凶神恶煞全都具有慈悲心肠！

壬二、愿离不幸：

愿众无苦痛，无病未造罪，

无惧不遭轻，毕竟无不乐！

愿一切有情丝毫无有痛苦，健康无病，不造罪业，无所畏惧，不受凌辱，始终无有不悦！

己二、尤其为趋入佛教而回向分二：

一、总回向；二、分别回向。

庚一、总回向：

愿诸伽蓝寺，讲诵以兴盛，

僧伽常和合，僧事悉成办！

愿具有正法的寺院以及僧团僧众诵经等法行之事无比兴盛，也愿僧众恒常团结和合，僧众的事业如愿以偿！

庚二、分别回向：

愿欲学比丘，悉住阿兰若，

断诸散乱已，轻安堪修善！

愿尼得利养，断诤远诸害！

愿诚心诚意想修学解脱道的诸位比丘均得到、居于寂静处，断绝一切散乱使心堪能，如愿修持善法！愿诸位比丘尼获得利养，相互之间断除争论，避免遭受他者

损害！

如是众僧尼，戒圆无缺憾！

犯者愿生悔，时时净罪业，

寿终生善趣，不复失禁戒！

如是愿所有的出家僧尼戒律圆满，无有失毁！倘若破戒，愿他能生起后悔之心恒常忏悔灭尽罪业，以灭罪之力后世得到善趣，不再失毁禁行戒！

愿智受尊崇，化缘皆得足，

心续悉清净，令誉遍十方！

愿诸位智者受到人们的尊敬爱戴，化缘均获得丰足，相续完全清净我慢等烦恼，名声远扬十方！

愿离恶趣苦，以及诸艰困，

复以胜天身，迅速成正觉！

普愿所有众生不再感受恶趣的痛苦，无有三门的艰难苦行，以暂时胜过天人的身体迅速成就究竟正等觉佛果！

愿诸有情众，殷勤供诸佛，

依佛无边福，恒常获安乐！

愿一切有情常常精勤供养诸佛，依靠佛陀的无边福德，恒时获得快乐！

戊二、回向成为诸出世间意愿之因：

菩萨愿如意，成办众生利！

有情愿悉得，怙主慈护念！

独觉声闻众，愿获涅槃乐！

愿所有菩萨均如愿成办众生利益！愿一切有情均蒙受怙主诸佛慈悲垂念！愿所有声闻独觉都获得涅槃的安乐！

丁二、回向作者之自利：

我未登地前，愿蒙文殊恩，
常忆己宿命，出家恒为僧！

在我尚未获得极喜地之前，愿蒙受文殊菩萨的恩德，恒常能回忆宿世，获得出家身份！实际上这是为所化众生如是发愿而说的，依此并不能证明寂天菩萨是凡夫，就像无罪业者颂《忏悔文》一样。有些注释中也说："圣者寂天，获得了殊胜成就。"

愿吾菲饮食，维生充体能！
世世愿恒得，圆满寂静处！

愿我仅以菲薄的饮食维持生命、补充体能！愿我生生世世获得圆满寂静圣地！

何时欲相见，或欲问法义，
愿我无障碍，面见文殊尊！

无论何时想见或者想请教法义，愿我都能无有障碍地面见文殊菩萨！

为于十方际，成办有情利，
吾行愿得如，文殊圆满行！

为了成办遍布十方虚空际的芸芸众生利益，愿我的行为也能像文殊菩萨的行为那样圆满行持！

乃至有虚空，以及众生住，
愿吾住世间，尽除众生苦！

乃至虚空存在、众生存在期间，愿我一直住在世间，遣除一切有情的疾苦！

众生诸苦痛，愿悉报吾身！
愿因菩萨德，众生享安乐！

愿众生的所有痛苦全部成熟于我身上！愿以菩萨僧众的威德力使一切有情享受快乐！

丁三、回向共同所说之义：

愿除苦良药，一切安乐源，
教法伴利敬，长久住世间！

愿解除众生苦疾的唯一良药、暂时与究竟一切安乐的源泉之佛法伴随恭敬利养而长久住世！

丙二、忆念恩德之作礼：

礼敬文殊尊，恩生吾善心，
亦礼善知识，恩长吾功德。

顶礼以其恩德使我萌生造此论之善心的文殊菩萨，也敬礼以其恩德使我增长善法功德的善知识。

第十品释终

三时诸佛之遗道，六波罗蜜佛子行，
愿以开显此论善，令众生入菩提行。
愿脱恶趣难忍苦，获得解脱之正道，
具足圆满二资福，速入涅槃之城中。
愿不失毁善趣乐，悟轮回乐无实质，
尽灭二取相戏论，享受无漏之大乐。
愿依其力能遣除，苦集谛之一切暗，
开启莲苑正法日，长久留住此世间。
愿持三学德宝藏，以大智悲善巧法，
庇护教法与众生，胜善知识久住世。
愿入佛门诸教徒，解脱懈怠愦闹缚，
皆以净戒闻思修，三门恒常具义行。
愿天应时而降雨，草木丰谷饰大地，

庶民安乐互慈爱，恒常奉行十善法。

愿我未得菩提前，永不贪执轮回乐，

不求自我得解脱，恒常精勤利有情。

无论于我贪或嗔，赞毁以及作利害，

愿凡见闻念我者，悉皆速得胜菩提。

入行论释善说海，教理法师无著于吉祥艾悟寺撰著！

二〇〇三年九月二十日

译竟于杭州第六人民医院